Vom gleichen Autor erschienen außerdem
als Heyne-Taschenbücher

Im Namen der Heiligen · Band 01/6475
Die Jungfrau im Eis · Band 01/6629
Das Mönchskraut · Band 01/6702
Der Aufstand auf dem Jahrmarkt · Band 01/6820

ELLIS PETERS

EIN LEICHNAM ZUVIEL

Roman

Deutsche Erstveröffentlichung

WILHELM HEYNE VERLAG
MÜNCHEN

HEYNE ALLGEMEINE REIHE
Nr. 01/6523

Titel der englischen Originalausgabe
ONE CORPSE TOO MANY
Deutsche Übersetzung von Dirk van Gunsteren

3. Auflage

Printed in Germany 1987
Umschlaggestaltung: Atelier Ingrid Schütz, München
Satz: werksatz gmbh, Freising-Wolfersdorf
Druck und Bindung: Elsnerdruck, Berlin

ISBN 3-453-02103-7

KAPITEL I

Bruder Cadfael arbeitete in dem kleinen Küchengarten, der neben dem Fischteich des Abtes lag, als man den Jungen zu ihm brachte. Es war ein heißer Mittag im August, und wenn er genügend Helfer gehabt hätte, so wären sie um diese Zeit wahrscheinlich schnarchend im Schatten gelegen, anstatt in der sengenden Sonne zu schwitzen; aber der Einzige ihm zugeteilte Gehilfe, der sein Noviziat noch nicht beendet hatte, hatte die Meinung über seine Berufung zum Klosterleben geändert und sich aufgemacht, um im Bürgerkrieg um die Krone Englands an der Seite seines älteren Bruders für König Stephen zu kämpfen; der andere, dessen Familie für die Kaiserin Maud eintrat, hatte angesichts des Näherrükkens der königlichen Armee Angst bekommen. Das elterliche Rittergut in Cheshire erschien ihm weit sicherer als das belagerte Shrewsbury. So war Cadfael also ganz auf sich gestellt, aber er hatte in seinem Leben schon unter glühenderen Sonnen als dieser gearbeitet, und er war fest entschlossen, das ihm anvertraute Reich nicht verkommen zu lassen, ganz gleich, ob die Welt um ihm herum im Chaos unterging oder nicht.

In diesem Frühsommer 1138 dauerte der Bruderkrieg, der bis jetzt einen eher planlosen Verlauf genommen hatte, schon zwei Jahre, aber noch nie vorher war Shrewsbury so unmittelbar betroffen gewesen. Wie der Schatten des Todes hing die Drohung nun über Burg und Stadt. Dennoch waren Bruder Cadfaels Gedanken nicht auf Zerstörung und Krieg gerichtet, sondern stets auf Leben und Wachstum, und er ahnte nicht, daß eine andere Art

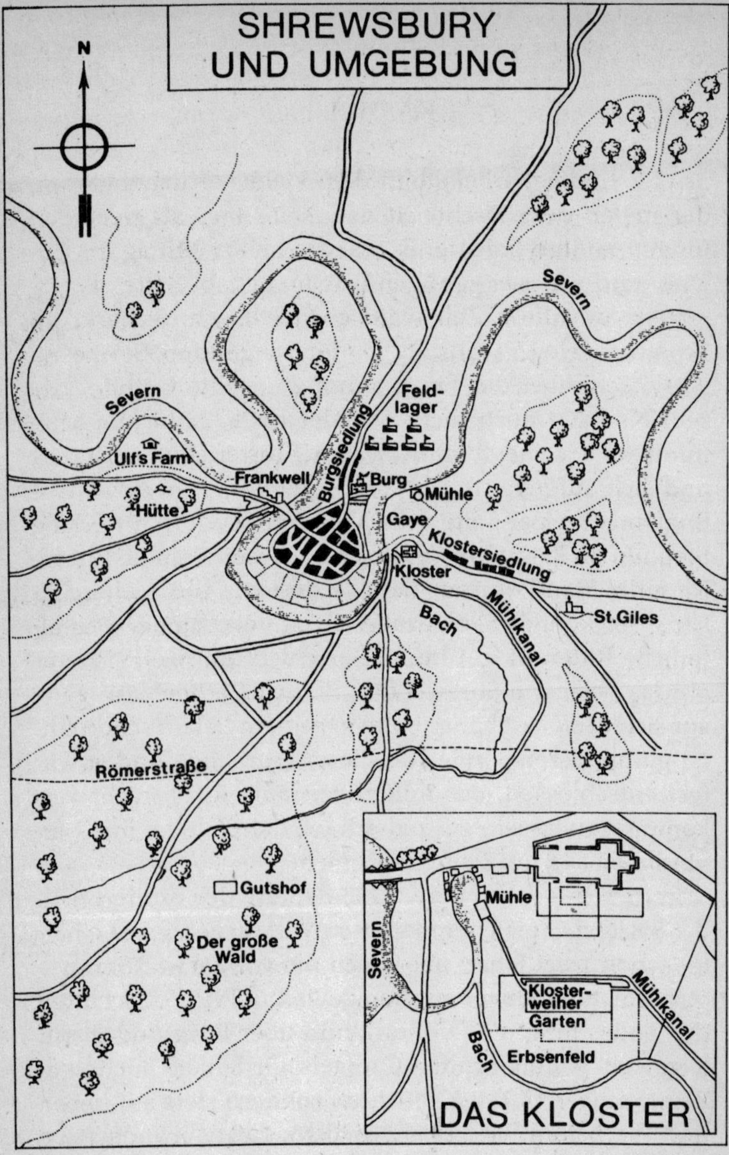
SHREWSBURY
UND UMGEBUNG
N
Severn
Severn
Feld-
lager
Burgsiedlung
Ulf's Farm
Frankwell
Burg
Mühle
Hütte
Gaye
Klostersiedlung
Kloster
Bach
Mühlkanal
St.Giles
Römerstraße
Gutshof
Der große
Wald
Mühle
Severn
Kloster-
weiher
Garten
Mühlkanal
Bach
Erbsenfeld
DAS KLOSTER

des Tötens, nämlich gemeiner Mord, der selbst in diesen gesetzlosen Zeiten ein hinterhältiges Verbrechen war, schon bald den Frieden seines Daseins stören sollte.

Normalerweise hätte er im August nicht soviel im Garten zu tun gehabt, aber für einen allein gab es mehr als genug Arbeit, die erledigt werden mußte. Man hatte ihm Bruder Athanasius als Hilfe angeboten, aber der war taub, ziemlich senil und konnte eine Heilpflanze nicht von Unkraut unterscheiden. Also hatte Cadfael das Angebot abgelehnt. Alleine kam er weit besser zurecht. Ein Beet für die späten Kohlarten mußte vorbereitet und die Samen der winterfesten Sorten ausgesät werden, die Erbsen mußten geerntet und die vertrockneten Halme der ersten Getreideernte eingebracht werden, für Futter und Streu. Und in dem Holzverschlag im Herbarium, auf das er besonders stolz war, hatte er außer Kräuterweinen, die jetzt blubbernd goren, in Glasgefäßen und Mörsern auf den Regalen ein halbes Dutzend Essenzen angesetzt, nach denen er mindestens einmal täglich schauen mußte. Jetzt war Erntezeit für die Heilkräuter, und er mußte alle Arzneien zubereiten, die man im Winter brauchen würde.

Es entspach nicht seiner Art, irgendeinen Teil seines kleinen Königreiches verkommen zu lassen, wie schlimm der Kampf um den englischen Thron zwischen den Geschwisterkindern Stephen und Maud außerhalb der Klostermauern auch tobte. Als er Kompost auf das Kohlbeet verteilte, konnte er die Rauchschwaden sehen, die sich über den Dächern des Klosters, der Stadt und der Burg drüben zusammenballten, und den ätzenden Gestank des Brandes gestern riechen. Diese Brandwolken und der üble Geruch hingen nun schon seit fast einem Monat wie eine Dunstglocke über Shrewsbury, während König Stephen in seinem Lager vor der Burgsiedlung wütete und tobte. Das Lager blockierte, wenn man von den Brücken absah, die einzige Zufahrt zur Stadt, und William FitzAlan, der ein banges Auge auf seine dahinschwindenden Vorräte hatte, hielt die Burg mit wilder Entschlossenheit und überließ es seinem unverbesserlichen Onkel Arnulf von Hesdin, der nie gelernt hatte, daß Vorsicht der bessere Teil der Tapferkeit ist, die Belagerer mit den wüstesten Verwünschungen zu bedenken. Die Einwohner der Stadt zogen die Köpfe ein, verbarrikadierten ihre Türen und schlossen ihre Geschäfte oder flohen, wenn sie konnten, westwärts nach Wales, zu alten, vertrauten Feinden, die man weniger zu fürchten hatte als Stephen. Den Walisern paßte es sehr gut, daß die Engländer – sofern man Maud und Stephen überhaupt als Engländer bezeichnen konnte! – sich gegenseitig bekämpften und Wales in Ruhe ließen, und sie halfen den Flüchtlingen bereitwillig, vorausgesetzt, der Krieg ging munter weiter.

Cadfael richtete sich auf und wischte sich den Schweiß auf seiner Tonsur ab; die kahle Stelle auf seinem Kopf war von der Sonne so verbrannt, daß sie aussah wie eine verschrumpelte Haselnuß. Bruder Oswald, der Almosenverwalter, kam den Pfad herunter eilig auf ihn zu. Die Schöße seiner Kutte flatterten, und er schob einen etwa 16jährigen Jungen vor sich her, der, wie die Bauern der Gegend, einen groben Kittel und eine kurze Hose trug. Er hatte keine Strümpfe, aber sehr ordentliche, lederne Schuhe an und wirkte alles in allem frisch gewaschen und für einen besonderen Anlaß ausstaffiert. Der Junge ließ sich willig leiten und hatte die Augen in nervöser Demut niedergeschlagen. ›Noch eine Familie, die dafür sorgt, daß ihre Kinder nicht für eine der beiden Seiten zum Kriegsdienst gezwungen wird‹, dachte Cadfael, ›und man kann es ihnen auch kaum verdenken.‹

»Ich glaube, du brauchst einen Gehilfen, Bruder Cadfael, und hier ist ein Junge, der behauptet, daß er harte Arbeit nicht scheut. Eine Frau aus der Stadt hat ihn zum Pförtner gebracht und gebeten, er möge aufgenommen und erzogen werden wie ein Laienbruder. Er ist ihr Neffe aus Hencot, sagt sie. Seine Eltern sind tot. Sie hat ihm Unterhaltsgeld für ein Jahr mitgegeben. Prior Robert hat Erlaubnis gegeben, ihn aufzunehmen, und im Dormitorium der Jungen ist noch Platz. Er wird mit den anderen Novizen am Unterricht teilnehmen, aber ein Gelübde braucht er erst ablegen, wenn er selber es will. Was meinst du – willst du ihn haben?«

Cadfael betrachtete den Jungen mit Interesse, und da er froh war, eine junge und willige Arbeitskraft zu bekommen, war er, ohne lange zu überlegen, einverstanden. Der Knabe war zart gebaut, machte aber einen lebhaften und sicheren Eindruck und bewegte sich flink. Er blinzelte aufmerksam unter einem zurechtgestutzten Gewirr brauner Locken hervor. Seine Augen mit den langen Wimpern waren dunkelblau und machten einen hellwachen und intelligenten Eindruck. Zwar benahm er sich bescheiden und wohlerzogen, aber er wirkte keineswegs verschüchtert.

»Ich nehme dich herzlich gerne«, sagte Cadfael, »wenn dir die Arbeit an der frischen Luft mit mir zusagt. Wie heißt du, mein Junge?«

»Godric«, kam die Antwort mit leiser, belegter Stimme. Der Knabe musterte Cadfael ebenso eingehend wie dieser ihn.

»Nun gut, Godric, ich glaube, wir werden ganz gut miteinander auskommen. Zuerst werde ich dir den Garten zeigen, wenn du magst, und dir erklären, welche Arbeiten erledigt werden müssen. Du wirst dich natürlich noch an das Leben innerhalb dieser Mauern gewöhnen müssen. Vielleicht wirst du es recht seltsam finden, aber immerhin ist es hier sicherer als in der Stadt dort drüben, und das ist wahrscheinlich auch der Grund, warum deine brave Tante dich zu uns gebracht hat.«

Der Junge warf ihm aus seinen blauen Augen einen kurzen Blick zu, schlug sie aber sofort wieder nieder.

»Begleite nachher Bruder Cadfael zur Vesper«, wies ihn der Almosenverwalter an, »und nach dem Abendessen wird Bruder Paul, der Aufseher der Novizen, dir dein Bett zeigen und dich über deine Pflichten aufklären. Beherzige, was Bruder Cadfael dir sagt, und sei so folgsam, wie es von dir erwartet wird.«

»Ja, Herr«, sagte der Junge gehorsam. Unter der demütigen Oberfläche ließ sich ein kleines Lachen erahnen. Als Bruder Oswald davoneilte, folgten ihm die blauen Augen, bis er außer Sichtweite war, und richteten sich dann auf Cadfael. Der Junge wirkte verschlossen; er hatte ein schmales Gesicht mit einem großen Mund, der sicher gerne lachte, aber schnell wieder in ernste Schwermut verfiel. Es waren harte Zeiten, auch für Menschen heiteren Charakters.

»Komm, schau dir mal an, welche Art von Arbeit auf dich wartet«, sagte Cadfael aufmunternd und legte den Spaten beiseite, um seinen neuen Gehilfen durch den eingezäunten Garten zu führen und ihm das Gemüse, die Kräuter, die die Mittagsluft mit ihrem Duft erfüllten, die Fischteiche und die Erbsenbeete zu zeigen, die fast bis hinunter an den Bach reichten. Das erste Feld war schon abgeerntet, aber auf dem später gesäten Feld hingen die Hülsen schwer und erntereif.

»Die müssen heute und morgen abgeerntet werden. In dieser Hitze dauert es nur einen Tag, und sie verderben. Und diese abgeernteten Beete müssen dann gejätet werden. Damit kannst du anfangen. Zieh die Pflanzen nicht heraus, sondern nimm die Sichel und schneide sie knapp über dem Boden ab. Die Wurzeln werden wir einpflügen – sie sind ein guter Dünger für den Boden.« Er sprach leichthin und aufgeräumt, um den Jungen nicht zu verschrecken. »Wie alt bist du eigentlich, Godric?«

»17«, hörte er die heisere Stimme neben sich. Für 17 war der Junge recht zierlich; sollte er sich später beim Umgraben versuchen, würde er sich schwertun.

»Ich kann gut arbeiten«, sagte der Junge, als habe er den Gedanken erraten und sich darüber geärgert. »Ich weiß zwar nicht viel, aber ich werde alles tun, was Ihr mir sagt.«

»Das sollst du auch, und du wirst also mit den Erbsen anfangen. Lege die trockenen Stengel hierher – das gibt eine gute Streu für die Ställe. Die Wurzeln kommen wieder in die Erde.«

»Wie die Menschen«, sagte Godric unvermutet.

»Ja, wie die Menschen.« In diesem Bruderkrieg wurden zu viele vor ihrer Zeit beerdigt. Cadfael bemerkte, wie der Junge fast unwillkürlich seinen Kopf wandte und über das Gelände und die Dächer des Klosters auf die Burg sah, deren halbzerstörte Türme aus einer Rauchwolke aufragten. »Sind welche von deiner Familie dort drüben?« fragte Cadfael leise.

»Nein!« erwiderte der Junge schnell – zu schnell. »Aber ich muß immer an sie denken. In der Stadt sagen sie, daß es nicht mehr lange dauern kann, daß sie vielleicht schon morgen fällt. Und doch haben sie sicher das Richtige getan! Bevor König Henry starb, ließ er die Prinzessin Maud von seinen Baronen als Nachfolgerin bestätigen, und alle haben ihr Gefolgschaft geschworen. Sie war sein einziges Kind, und sie *mußte* Königin werden. Und doch: Als ihr Vetter, Graf Stephen, sich auf den Thron setzte und sich krönen ließ, vergaßen nur zuviele ihren Eid und waren einverstanden. Das kann nicht recht sein! Und es kann nicht falsch sein, treu zur Kaiserin zu stehen! Wie können sie ihren Seitenwechsel rechtfertigen? Wie können sie behaupten, daß Graf Stephens Anspruch zu Recht besteht?«

»Zu Recht mag vielleicht das falsche Wort sein, aber es gibt Herren, die sagen, es sei besser, einen Mann als Herrscher zu haben als eine Frau, und das sind weit mehr als jene, die der gegenteiligen Ansicht sind. Und wenn man einen Mann will – nun ja, Stephen stand dem Thron so nahe wie jeder andere. So wie Maud die Enkelin, so ist er ein Enkel von König William.«

»Aber er ist nicht der Sohn des letzten Königs. Und mit König William ist er nur durch seine Mutter verwandt, einer Frau, wie Maud eine ist. Wo ist da also der Unterschied?« Der Junge sprach jetzt nicht mehr verhalten und gedämpft, sondern mit erregter Stimme. »Der eigentliche Unterschied liegt darin, daß Graf Stephen dahergekommen ist und sich genommen hat, was er wollte, während die Kaiserin weit weg in der Normandie war und nichts Böses ahnte. Und jetzt, da die Hälfte der Barone sich ihres Eides erinnert und sich schließlich wieder zu ihr bekennt, ist es fast zu spät, und was soll daraus entstehen außer Blutvergießen und Tod? Hier in Shrewsbury beginnt es, aber das wird erst der Anfang sein.«

»Vertraust du mir nicht zu sehr, mein Kind?« fragte Cadfael.

Der Junge, der die Sichel in die Hand genommen hatte und sie hin- und herschwang, wandte sich um und sah ihn aus seinen blauen Augen gerade und aufrichtig an. »Ja, das tue ich«, sagte er.

»Und das kannst du auch. Aber sei vorsichtig in Gegenwart anderer. Unsere Tore sind keinem verschlossen, und hier bist du dem Schlachtfeld so nahe wie in der

Stadt. Viele Menschen kommen hierher, und in Zeiten wie diesen wollen sich manche durch das Weitererzählen dessen, was sie gehört haben, Vergünstigungen erkaufen. Manche leben sogar vom Sammeln von Geschichten. In deinem Kopf sind deine Gedanken am sichersten – das beste ist, du behältst sie dort.«

Der Junge trat einen Schritt zurück und ließ den Kopf hängen. Vielleicht fühlte er sich getadelt, vielleicht auch nicht. »Ich werde mit dir so offen sein, wie du es mir gegenüber bist«, sagte Cadfael. »Zwischen diesen beiden Herrschern gibt es in meinen Augen keine wirkliche Wahl, aber ich respektiere es, wenn ein Mann seinen Treueschwur hält. Und jetzt geh an die Arbeit. Wenn ich mit meinem Kohlbeet hier fertig bin, werde ich dir helfen.«

Er sah, daß der Junge mit großem Eifer arbeitete. Der grobe Kittel war sehr weit geschnitten und wurde in der Taille von einem Gürtel gehalten, was dem geschmeidigen Körper des Jungen das Aussehen eines unförmigen Kleiderbündels gab; möglicherweise hatte er ihn von einem älteren und größeren Verwandten geerbt, der ihn zu schäbig gefunden hatte. Mein Freund, dachte Cadfael, bei dieser Hitze wirst du solch ein Arbeitstempo nicht lange durchhalten können, und dann werden wir sehen!

Als er an der Seite seines neuen Helfers im raschelnden Erbsenstroh arbeitete, war der Junge rot im Gesicht und schwitzte. Er atmete schwer, aber sein Arbeitstempo behielt er bei. Cadfael trug einen Arm voll getrockneter Halme an den Rand des Feldes und sagte: »Wir machen hier keine Zwangsarbeit, Junge. Mach dir den Oberkörper frei, dann fällt die Arbeit leichter.« Und er streifte seine Kutte, die er schon bis zum Knie geschürzt hatte, von seinen starken, sonnengebräunten Schultern, so daß sie, von seinem Gürtel gehalten, herabhing.

Die Reaktion war merkwürdig. Der Junge hielt kurz inne und sagte mit bewundernswerter Gelassenheit: »Danke, es geht ganz gut so!« Aber seine Stimme war nicht so tief und heiser wie vorher, und als er die Arbeit wieder aufnahm, stieg eine deutliche Röte über den schlanken Hals in seine Wangen. Durfte man daraus die naheliegenden Schlüsse ziehen? Möglicherweise hatte er ein falsches Alter angegeben – der Stimmbruch war vielleicht noch nicht lange her. Und vielleicht trug er unter seinem Kittel kein Hemd und schämte sich, seinem neuen Bekannten dies einzugestehen. Nun ja, es gab ja noch andere Methoden. Aber dieses Problem sollte besser gleich geklärt werden. Wenn das, was Cadfael vermutete, der Wahrheit entsprach, mußte die ganze Angelegenheit wohl bedacht werden.

»Da ist schon wieder dieser Reiher und räubert in unseren Fischteichen!« rief er plötzlich und wies mit ausgestrecktem Finger auf den Meole-Bach, in dem der Vogel watete. Gerade legte er seine riesigen Schwingen zusammen.

»Wirf einen Stein hinüber, Junge! Du bist näher dran als ich.« Der Reiher ließ sich nur selten sehen und war gewiß kein Räuber, aber wenn Cadfael recht hatte, würde ihm schwerlich etwas geschehen.

Godric hob einen Stein auf und warf ihn in die Richtung des Vogels. Er holte weit aus, legte das ganze Gewicht seines schmächtigen Körpers in den Schwung und schleuderte den Stein in die seichte Stelle des Baches. Obwohl er den Reiher um mehrere Meter verfehlte, schreckte das Klatschen den Vogel auf.

»So, so!« dachte Cadfael und begann scharf nachzudenken.

In seinem Heerlager, das sich von einer Schleife des Flusses Severn zur nächsten erstreckte und damit den gesamten Landzugang zur Burgsiedlung blockierte, feierte und wütete König Stephen. Er belohnte die wenigen loyalen Einwohner von Shrewsbury – loyal ihm gegenüber! –, die ihm ihre Gefolgschaft anboten, und plante seine Rache an den vielen, die nicht erschienen waren.

Er war ein großer, lauter, gutaussehender und einfältiger Mann mit sehr hellem Haar und einem sehr gut geschnittenen Gesicht. Im Augenblick war er völlig verwirrt über den Widerstreit zwischen seiner angeborenen Gutmütigkeit und dem schmerzhaften Gefühl, daß ihm Unrecht widerfuhr. Es hieß, er sei etwas langsam von Begriff, aber als sein Onkel Henry gestorben war und keinen Erben außer einer Tochter hinterlassen hatte (die, wenn sich auch die Vasallen ihres Vaters gehorsam seinem Willen gebeugt und sie als Königin anerkannt hatten, durch ihren aus Anjou stammenden Ehemann benachteiligt war und sich in Frankreich aufhielt), da jedenfalls hatte Stephen mit bewundernswerter Schnelligkeit und Entschlossenheit reagiert. Er hatte seine potentiellen Untertanen dazu gebracht, ihn als Herrscher zu akzeptieren, noch bevor sie ihre eigenen Interessen abwägen, geschweige denn sich an ihren widerwillig geleisteten Treueeid erinnern konnten. Warum also schien dieser anfangs so erfolgversprechende Staatsstreich auf einmal schiefzugehen? Das würde er nie verstehen. Warum hatte sich die Hälfte der einflußreichen Adligen, die er für eine Zeitlang so verschreckt hatte, daß sie nichts unternahmen, nun plötzlich gegen ihn erhoben? Plagten sie Gewissensbisse? Waren sie von Widerwillen gegen einen König ergriffen, der die Macht an sich gerissen hatte? Oder hatte sich ihrer gar eine abergläubische Furcht vor König Henry und seinem Einfluß bei Gott bemächtigt?

Stephen war gezwungen, die Opposition gegen ihn

ernst zu nehmen. Er hatte zu den Waffen gegriffen und jenen Weg eingeschlagen, der seiner Natur entsprach: Er hatte hart zugeschlagen, wenn er dazu gezwungen war, aber allen, die es sich anders überlegten, die Türen weit offengehalten. Und was war dabei herausgekommen? Daß er seinen Feinden Schonung gewährte, hatte man ausgenutzt und ihn dafür verachtet. Als er nordwärts, in Richtung der Stützpunkte der Rebellen, gezogen war, hatte er Unterwerfung ohne Strafgericht angeboten, aber der Adel hatte sich voller Verachtung von ihm abgewandt. Der Angriff, der im Morgengrauen stattfinden sollte, würde das Schicksal der Burg von Shrewsbury besiegeln und ein Exempel statuieren. Wenn sie seiner Aufforderung nicht loyal und friedlich folgen wollten, dann mußten sie eben wie die Ratten angekrochen kommen. Und was Arnulf von Hesdin anging... Die ehrverletzenden Worte und Beleidigungen, die er von den Zinnen der Burg herabgeschrien hatte, würde er bald bitter, wenn auch nur kurz, bereuen.

Am späten Nachmittag beriet sich der König in seinem Zelt mit Gilbert Prestcote, seinem Ersten Adjudanten, der für den Posten des Statthalters der Grafschaft Shrewsbury vorgesehen war, und Willem Ten Heyt, dem Anführer der flämischen Söldnertruppe.

Etwa zur selben Zeit wuschen sich Bruder Cadfael und Godric die Hände und brachten ihre Kleider in Ordnung, um zum Vespergottesdienst zu gehen.

Die ortsansässigen Adligen hatten ihm keine Truppen zur Verfügung gestellt, und so mußte Stephen sich hauptsächlich auf die Flamen verlassen. Man haßte sie, weil sie nicht nur Fremde, sondern auch hartgesottene Berufssoldaten waren, die sich genausogern betranken wie sie ein Dorf niederbrannten und nichts dagegen hatten, das eine mit dem anderen zu verbinden. Ten Heyt war ein hünenhafter, gutaussehender Mann mit rotblondem Haar und einem großen Schnurrbart, ein schlachtenerprobter Soldat, obwohl er erst dreißig Jahre alt war. Prestcote, ein ruhiger Edelmann, der nicht viele Worte machte, war über fünfzig, ein erfahrener, ausgezeichneter Kämpfer und ein weiser Ratgeber – sicher kein Mann, der zu extremen Ansichten neigte, aber auch er plädierte jetzt für ein hartes Vorgehen.

»Die Milde, die Ihr habt walten lassen, Euer Gnaden, ist schamlos ausgenutzt worden. Jetzt ist es an der Zeit, die Feinde in Schrecken zu versetzen.«

»Zuerst«, bemerkte Stephen trocken, »müssen wir die Burg und die Stadt einnehmen.«

»Das könnt Ihr als so gut wie geschehen betrachten. Unser Angriff morgen früh wird Euch Shrewsbury in die Hand liefern. Wenn sie ihn überleben, mögt Ihr mit FitzAlan, Adeney und Hesdin nach Belieben verfahren; die gemeinen Soldaten der Burg sind zwar unwichtig, aber selbst da mögt Ihr in Betracht ziehen, ob es nicht angebracht wäre, ein Exempel zu statuieren.« Der König wäre zufrieden gewesen, nur an den drei Anführern des örtlichen Widerstandes Rache zu nehmen: William FitzAlan verdankte ihm seinen Posten als Statthalter der Grafschaft Shrewsbury, und dennoch trat er für seine Rivalin Maud ein und hielt die Burg für sie. Fulke Adeney, der mächtigste von FitzAlans Vasallen, hatte bei dem Verrat mitgemacht und war seinem Lehensherrn treu ergeben. Und Hesdins arrogantes Mundwerk hatte ihm sein Urteil selbst gesprochen. Der Rest waren unwichtige Bauern.

»Ich habe gehört, daß man sich in der Stadt erzählt«, sagte Prestcote, »FitzAlan habe seine Frau und seine Kinder schon fortgeschickt, bevor wir den nördlichen Zufahrtsweg zur Stadt blockiert haben. Aber Adeney hat auch ein Kind, eine Tochter. Sie soll noch immer in der

Stadt sein. Man hat die Frauen schon früh aus der Burg geschafft.« Prestcote stammte aus der Grafschaft und kannte den örtlichen Adel zumindest dem Namen nach. »Adeneys Tochter wurde schon als Kind Robert Beringars Sohn aus Maesbury bei Oswestry zur Frau versprochen. Ihre Ländereien grenzten dort aneinander an. Ich erwähne das, weil dieser Mann, Hugh Beringar aus Maesbury, um Audienz bei Euch bittet. Ihr mögt ihn einsetzen wie Ihr wollt, aber bis heute hätte ich gesagt, er sei FitzAlans Mann und folglich Euer Feind. Bittet ihn herein und seht selber. Wenn er die Seite gewechselt hat, gut und schön. Er verfügt über genug Männer, um uns von Nutzen zu sein, aber ich würde es ihm nicht allzu leicht machen.«

Der Wachoffizier hatte den Pavillon betreten und wartete darauf, daß man ihm gestattete zu sprechen; Adam Courcelle, ein bewährter Soldat von etwa dreißig Jahren, war einer von Prestcotes Hauptvasallen und seine rechte Hand.

»Euer Gnaden, Ihr habt noch einen Gast«, sagte er, als der König sich ihm zuwandte. »Eine Dame. Wollt Ihr sie zuerst empfangen? Sie hat noch keine Unterkunft, und es ist schon spät... Ihr Name ist Aline Siward, und sie sagt, daß ihr erst kürzlich verstorbener Vater immer auf Eurer Seite stand.«

»Die Zeit drängt«, sagte der König. »Laßt beide eintreten, und die Dame mag zuerst sprechen.«

Courcelle führte sie an der Hand herein. Er zollte ihr ganz offensichtlich Hochachtung und Bewunderung, und tatsächlich war sie der Aufmerksamkeit eines jeden Mannes würdig. Sie war zierlich und schüchtern, sicher nicht älter als achtzehn, und der Ernst ihrer Trauer und die weiße Haube mit dem Schleier, aus der einige blonde Locken hervorlugten und ihre Wangen umrahmten, ließen sie noch jünger und verletzlicher erscheinen. Sie strahlte eine zurückhaltende Würde und den Stolz eines Kindes aus. Bei der Begrüßung sah sie den König aus großen dunkelblauen Augen an.

»Mein Fräulein«, sagte Stephen und reichte ihr die Hand, »Euer Verlust, von dem ich eben erst erfahren habe, betrübt mich. Verfügt über mich, wenn mein Schutz Euch in irgendeiner Weise dienlich sein kann.«

»Ihr seid sehr freundlich, Euer Gnaden«, sagte das Mädchen mit leiser, ehrfüchtiger Stimme. »Ich bin jetzt eine Waise und die einzige meines Hauses, die Euch die Treue und Gefolgschaft, die wir Euch schulden, anbieten kann. Ich tue, was mein Vater gewollt hätte. Krankheit und Tod haben ihn daran gehindert und mein Kommen verzögert. Bis Ihr nach Shrewsbury kamt, hatten wir keine Gelegenheit, Euch die Schlüssel der beiden Burgen, die uns gehören, zu übergeben. Das will ich nun tun!«

Ihre Zofe, eine ruhige junge Frau, die etwa zehn Jahre älter war als ihre Herrin, stand abseits. Sie trat nun vor und übergab die Schlüssel Aline, die sie feierlich in die Hände des Königs legte.

»In unseren Diensten stehen fünf Ritter und mehr als vierzig Soldaten, die ich jetzt aber alle in unseren Burgen zurückgelassen habe, da sie dort für Euer Gnaden von größerem Nutzen sind.« Sie zählte ihre Besitzungen und die Namen ihrer Burgvögte auf. Es klang wie bei einem Kind, das ein Gedicht auswendig hersagt, aber sie sprach so würdevoll und ernst wie ein General auf dem Schlachtfeld. »Noch etwas, das mir schwer auf der Seele lastet, will ich offen sagen. Ich habe einen Bruder, der diese Pflicht hätte erfüllen sollen.« Ihre Stimme bebte leicht, aber sie fing sich wieder. »Als Ihr die Herrschaft übernahmt, schlug sich mein Bruder auf die Seite der Kaiserin Maud, und nach einem offenen Streit mit meinem Vater verließ er uns, um für sie zu kämpfen. Ich weiß nicht, wo er sich jetzt befindet, aber es gehen Gerüchte, daß er zu ihr nach Frankreich ist. Ich konnte Euer Gnaden diesen Streit nicht verschweigen, der mich so sehr belastet, wie er Euch betrüben muß. Ich hoffe, Ihr werdet darum nicht ausschlagen, was ich Euch bringe, sondern freien Gebrauch davon machen, wie es mein Vater gewollt hätte und wie ich es will.«

Sie seufzte tief auf, als sei sie jetzt von einer schweren Last befreit. Der König war entzückt. Er zog sie an sich und küßte sie herzlich auf die Wange. Auf Courcelles Gesicht stand deutlich der Neid geschrieben.

»Gott bewahre, mein Kind«, sagte der König. »Ich will keinen weiteren Kummer auf Eure Schultern laden, sondern Euch nach Kräften entlasten. Von ganzem Herzen nehme ich Eure Gefolgschaft an, und sie ist mir so lieb wie die eines Grafen oder Barons. Ich danke Euch für die Mühsalen, die Ihr auf Euch genommen habt, um mir zu helfen. Und nun sagt mir, was ich für Euch tun kann, denn dies Feldlager ist kein geeigneter Aufenthaltsort für Euch, und man hat mir gesagt, Ihr hättet noch keine Unterkunft gefunden. Bald wird es Abend sein.«

»Ich hatte gedacht«, sagte sie zaghaft, »es wäre vielleicht möglich, im Gästehaus des Klosters zu wohnen, wenn uns ein Boot über den Fluß setzen könnte.«

»Selbstverständlich sollt Ihr sicher über den Fluß gebracht werden, und ich werde den Abt bitten, Euch in einem der Gästehäuser des Klosters unterzubringen, wo Ihr ungestört und geschützt seid, bis wir eine Eskorte abkommandieren können, die Euch sicher nach Hause geleitet.« Er sah sich nach einem Boten um; Courcelles eifrige Bereitschaft war schwer zu übersehen. Der junge Mann hatte hellbraunes Haar und Augen von derselben Farbe, und er wußte, daß er bei seinem König in Gunsten stand. »Adam, wollt Ihr Euch um das Fräulein Siward kümmern und dafür sorgen, daß sie alles erhält, was sie braucht?«

»Von Herzen gern, Euer Gnaden«, sagte Courcelle und reichte der Dame seine Hand.

Hugh Beringar betrachtete das Mädchen, als es an ihm vorbeiging. Ihre Hand lag folgsam in der kräftigen, sonnengebräunten Hand des Wachoffiziers, ihre Augen waren niedergeschlagen, ihr kleines, zartes Gesicht mit den ungewöhnlich großen und edel geschwungenen Augenbrauen war nun, da sie ihre Aufgabe treu erfüllt hatte, müde und traurig. Von seinem Platz vor dem königlichen Zelt hatte er jedes Wort gehört. Nun sah sie aus, als wolle sie jeden Moment in Tränen ausbrechen, wie ein kleines Mädchen nach einer anstrengenden Prüfung, eine Kind-Braut, die man ihres Reichtums oder ihrer Herkunft entsprechend in teure Kleider gesteckt hat, und die kurzerhand wieder ins Kinderzimmer geschickt wird, wenn die Zeremonie vollzogen ist. Wie verzaubert ging der Wachoffizier des Königs neben ihr her, wie ein Eroberer, der erobert worden ist, und das war auch wohl kaum verwunderlich.

»Tretet ein, der König erwartet Euch«, hörte er die gutturale Stimme Willem Ten Heyts neben sich. Er wandte sich um und bückte sich, um das Zelt zu betreten. Im Dämmerlicht, das im Inneren herrschte, war die stattliche Gestalt des Königs nur undeutlich zu erkennen.

»Hier bin ich, Herr«, sagte Hugh Beringar und verbeugte sich. »Hugh Beringar von Maesbury, mit allem was ich habe, zu Euer Gnaden Diensten. Mein Aufgebot ist nicht groß, sechs Ritter und etwa fünfzig bewaffnete Männer, aber die Hälfte von ihnen Bogenschützen und gut ausgebildet. Sie alle stehen Euch zur Verfügung.«

»Euer Name, Herr Beringar, ist uns bekannt«, sagte der König trocken. »Ebenso Eure Besitzungen und Eure Gefolgschaft. Daß sie uns zur Verfügung stehen, ist uns neu. Ich habe gehört, daß Ihr bis vor kurzem noch ein Verbündeter der Verräter FitzAlan und Adeney wart. Euer Sinneswandel kommt recht unerwartet. Seit vier Wochen bin ich in dieser Gegend, ohne daß Ihr Euch bei mir gemeldet hättet.«

Ohne sich vorschnell zu entschuldigen und mit keinem Anzeichen des Unbehagens über diesen kühlen Empfang sagte Beringar: »Euer Gnaden, von klein auf habe ich diese Männer, die Ihr verständlicherweise Verräter nennt, als Freunde und meinesgleichen betrachtet, und sie haben mich nie im Stich gelassen. Ihr seid ein einsichtiger Mann und werdet verstehen, daß für jemanden wie mich, der bis jetzt noch keinem Gefolgschaft geschworen hat, die Entscheidung über den weiteren Verlauf des Weges eine Sache ist, die wohl bedacht sein will, da sie ja nicht widerrufen werden darf. Daß König Henrys Tochter einen vertretbaren Anspruch auf den Thron hat, steht sicherlich außer Frage. Ich kann einen Mann, der für sie eintritt, nicht einen Verräter nennen, obgleich es zu verurteilen ist, wenn er den Eid, den er Euch gab, gebrochen hat. Was mich betrifft, so bin ich erst vor einigen Monaten auf meine Besitzungen zurückgekehrt, und ich habe bis jetzt noch keinem den Treueeid geleistet. Ich habe es mir reiflich überlegt, wem ich dienen will. So stehe ich denn vor Euch. Die, welche sich um Euch scharen, ohne lange überlegt zu haben, könnten Euch genauso schnell auch wieder verlassen.«

»Und das werdet Ihr nicht?« meinte der König mißtrauisch. Kritisch betrachtete er diesen kühnen und vielleicht etwas zu wortreichen jungen Mann. Nicht sehr kräftig, mittelgroß und schlank, aber mit ausgewogenen und sicheren Bewegungen; was ihm an Größe und Schlagkraft fehlte, mochte er durch Flinkheit und Beweglichkeit wettmachen. Zweiundzwanzig oder dreiundzwanzig Jahre alt, schwarze Haare, ein schmales, aufmerksames Gesicht und buschige, geschwungene Augenbrauen. Ein unberechenbarer Bursche – es war unmöglich, an seinem Gesicht abzulesen, was sich hinter den tiefliegenden Augen verbarg. Seine offenen Worte konnten ebenso gut ehrlich gemeint wie berechnend sein. Es war ihm zuzutrauen, daß er den König genau taxiert hatte und zu dem Ergebnis gekommen war, daß Aufrichtigkeit die beste Taktik sei.

»Nein das werde ich nicht«, sagte er mit Bestimmtheit. »Aber nicht nur mein Wort steht dafür. Ich bin bereit, es zu beweisen. Ich bitte Euer Gnaden, mich auf die Probe zu stellen.«

»Ihr habt Eure Streitkräfte nicht mitgebracht?«

»Nur drei meiner Männer begleiten mich. Es wäre töricht, eine gute Burg ohne Bemannung oder unterbesetzt zurückzulassen, und ich würde Euch einen schlechten Dienst erweisen, wenn ich von Euch verlangte, fünfzig weitere Männer zu versorgen. Befehlt mir nur, wo ich Euch dienen soll, und es soll geschehen.«

»Nicht so schnell«, sagte Stephen. »Auch andere wollen oft eine Bedenkzeit, bevor sie Euch mit offenen Armen empfangen, junger Mann. Vor nicht allzu langer Zeit wart Ihr noch ein Vertrauter von FitzAlan.«

»Das ist richtig. Und immer noch steht nichts zwischen uns, außer daß er den einen Weg eingeschlagen hat und ich den anderen.«

»Man sagt, Fulke Adeneys Tochter sei Euch zur Frau versprochen.«

»Ich weiß nicht, ob ich sagen soll: So ist es! oder: So war es! Die Zeiten haben viele Pläne zerstört, die früher gemacht worden sind, und das gilt nicht nur für mich. Im Augenblick weiß ich nicht einmal, wo das Mädchen ist, und ob die Abmachung überhaupt noch gilt.«

»Angeblich sind keine Frauen mehr in der Burg«, sagte der König und sah ihn scharf an. »FitzAlans Familie ist möglicherweise geflohen, vielleicht hat sie das Land jetzt schon verlassen. Von Adeneys Tochter aber heißt es, sie verstecke sich in der Stadt. Es wäre mir nicht unangenehm«, sagte er mit leisem Nachdruck, »eine so wertvolle Dame in sicherem Gewahrsam zu haben – für den Fall, daß sogar ich meine Pläne ändern muß. Da Ihr ein Parteigänger ihres Vaters wart, werdet Ihr wohl wissen, wo sie Unterschlupf gefunden haben könnte. Wenn der Weg frei ist, solltet Ihr am ehesten in der Lage sein, sie zu finden.«

Mit einem unergründlichen Gesichtsausdruck sah ihn der junge Mann an. Aus seinen schlauen schwarzen Augen sprach nur Verständnis, nicht mehr, weder Zustimmung noch Ablehnung, und auch kein Eingeständnis des Wissens, daß die Gunst des Königs von der Erfüllung dieser Aufgabe abhing. Mit ausdruckslosem Gesicht und unverbindlicher Stimme sagte er: »Das war auch meine Absicht, Euer Gnaden. Sie zu finden, hatte ich schon vor, als ich aus Maesbury aufbrach.«

»Gut«, sagte Stephen zufrieden. »Obwohl wir im Augenblick keine bestimmte Aufgabe für Euch haben, mögt Ihr Euch bis zum Fall der Stadt zur Verfügung halten. Wo werdet Ihr zu finden sein, wenn ich Euch brauche?«

»Wenn dort Platz ist«, sagte Beringar, »werde ich im Gästehaus des Klosters wohnen.«

Während des Vespergottesdienstes stand Godric bei den Jüngsten der Klosterschüler und Novizen in der Nähe der Laien, die außerhalb der Stadt auf dieser Seite des

Flusses lebten und diesen Zufluchtsort noch aufsuchen konnten. Er sieht richtig klein und verloren aus, dachte Bruder Cadfael, als er sich nach dem Jungen umsah, und sein Gesicht, das im Herbarium noch recht unbekümmert und fast frech wirkte, hatte hier in der Kirche einen sehr feierlichen Ausdruck angenommen. Die Nacht brach herein, seine erste Nacht innerhalb dieser Mauern. Aber jemand hatte sein Geschick in die Hand genommen, und zwar besser, als er selbst wohl annahm, und der Prüfung, auf die er sich vorbereitete, brauchte er sich, wenn alles klappte, nicht zu stellen – jedenfalls nicht heute nacht. Bruder Paul, der Novizenmeister, hatte genug andere Jungen zu beaufsichtigen und war froh, wenn ihm die Verantwortung für einen abgenommen wurde.

Cadfael nahm sich seines Schützlings nach dem Abendessen wieder an, bei dem Godric, wie er befriedigt feststellte, tüchtig zulangte. Offenbar war der Junge entschlossen, den Ängsten und Schwierigkeiten, denen er sich gegenübersah, zu widerstehen, und war vernünftig genug, sich durch die Stärkung des Fleisches gegen die Anfechtungen des Geistes zu wappnen. Noch beruhigender war der erleichterte Blick, den er Cadfael zuwarf, als dieser ihn beim Verlassen des Refektoriums die Hand auf die Schulter legte.

„Komm, bis zum Komplet haben wir frei, und in den Gärten ist es kühl. Wir brauchen nicht hier drinnen zu bleiben, wenn du nicht willst.«

Godric wollte nicht, er war froh, in den Sommerabend hinauszukommen. Langsam gingen sie auf die Fischteiche und das Herbarium zu. Der Junge lief an Cadfaels Seite und pfiff vor sich hin, brach dann aber plötzlich ab.

»Ihr sagtet, der Novizenmeister werde sich nach dem Abendessen meiner annehmen. Darf ich denn wirklich so einfach mit Euch gehen?«

»Es ist alles geregelt, mein Kind, keine Sorge. Ich habe mit Bruder Paul gesprochen, wir haben sein Einverständnis. Du bist mein Gehilfe, und ich bin verantwortlich für dich.« Sie hatten den umzäunten Garten betreten und waren plötzlich von sonnendurchwärmten Gerüchen umgeben: Rosmarin, Tymian, Fenchel, Dill, Salbei, Lavendel – eine Welt geheimnisvoller Düfte. Selbst in der Kühle des Abends konnte man die mit dem Aroma der Pflanzen angereicherte Hitze des Tages ahnen. Über ihnen schossen Mauersegler zirpend durch die Luft.

Sie waren bei dem hölzernen Schuppen angelangt, dessen ölgetränkte Bretter Wärme ausstrahlten. Cadfael öffnete die Tür. »Hier wirst du schlafen, Godric.«

Am einen Ende des Raumes stand eine Bank, auf der ein Bett bereitet war. »Hier setze ich die Arzneien an«, erklärte Cadfael, »man muß sich regelmäßig um sie kümmern, um manche auch schon sehr früh, denn wenn man nicht achtgibt, verderben sie. Ich werde dir zeigen, was du zu tun hast, es ist nicht weiter schwer. Hier ist dein Bett, und diese Luke kannst du öffnen, wenn du frische Luft willst.« Der Junge musterte Cadfael mit einem abschätzenden Blick; seine großen dunkelblauen Augen blickten ihn unverwandt an. Es schien, als spiele ein Lächeln um seine Lippen, aber es schimmerte auch ein Gefühl verletzten Stolzes durch. Cadfael wandte sich zur Tür und machte ihn auf den schweren Riegel aufmerksam, der sie von innen sicherte, und daß es, wenn er einmal vorgelegt war, unmöglich war, sie von außen zu öffnen. »Du kannst die Welt und mich aussperren, so lange du willst.«

Der Junge Godric war in Wirklichkeit alles andere als ein Junge. Er sah Cadfael jetzt trotzig und gekränkt, aber alles in allem sehr erleichtert an.

»Wie habt Ihr es herausgefunden?« fragte sie und reckte das Kinn vor.

»Wie wärst du im Dormitorium zurechtgekommen?« fragte Bruder Cadfael zurück.

»Das wäre kein großes Problem gewesen. Jungen sind nicht sehr schlau, ich hätte sie schon irregeführt. Bei einer solchen Verkleidung«, sie raffte einige Falten ihres Kittels, »sehen alle gleich aus, und Männer sind blind und dumm.«

Sie mußte lachen, als ihr einfiel, wie mühelos Cadfael sie durchschaut hatte, und mit einemmal war sie ganz Frau, und ihre Heiterkeit und Erleichterung machten sie überraschend schön. »Oh, Ihr nicht! Aber wie habt Ihr es herausgefunden? Ich habe mich so bemüht, ich dachte, ich könnte jeden täuschen. Was habe ich falsch gemacht?«

»Du hast es sehr gut gemacht«, sagte Cadfael beruhigend. »Aber ich bin vierzig Jahre lang in der Welt herumgekommen, von einem Ende zum anderen, bevor ich das Gelübde ablegte und hierher kam, um ein ruhiges, erfülltes Ende zu finden. Ja, was hast du falsch gemacht? Versteh mich jetzt richtig und betrachte das, was ich dir sage, als einen guten Rat von einem Freund. Als du mir hitzig widersprachst, wurde deine Stimme heller, und zwar ganz übergangslos. Das kann man lernen – wenn wir Zeit haben, werde ich es dir beibringen. Und dann, als ich dir sagte, du solltest es dir bequem machen und deinen Kittel ausziehen – nein, du brauchst nicht rot zu werden, zu dem Zeitpunkt war ich noch gar nicht sicher! –, da hast du dich natürlich geweigert. Und schließlich, als ich dich den Stein werfen ließ, da hast du ihn geschleudert wie ein Mädchen, ohne den Arm über deinen Kopf zu heben. Hast du schon einmal einen Jungen so werfen sehen? Laß dich nicht dazu verleiten, bis du es gelernt hast. Es verrät dich sofort.«

Er hielt inne und schwieg geduldig, denn sie hatte sich auf das Bett gesetzt und den Kopf in die Hände gestützt. Erst lachte sie, dann weinte sie, und dann tat sie beides gleichzeitig. Er ließ sie in Ruhe – sie hatte nicht mehr die Fassung verloren als ein Mann, der Gewinne und Verluste erlitten hatte und jetzt die Bilanz zog. Nun glaubte er wohl, daß sie siebzehn war, ein Mädchen an der Schwelle zur Frau. Und sie würde eine gute Frau sein.

Nach einer Weile wischte sie ihre Tränen mit dem Handrücken ab und sah ihn lächelnd an. »Habt Ihr das wirklich ernst gemeint?« sagte sie. »Daß Ihr verantwortlich seid für mich? Daß ich Euch vertraue, habe ich Euch ja schon gesagt.«

»Mein Kind«, sagte Cadfael geduldig, »was kann ich anderes tun als dir dienen, so gut ich kann, und dich sicher von hier wegbringen, wo immer du hinwillst?«

»Aber Ihr wißt doch nicht einmal, wer ich bin«, sagte sie verwundert. »Wer vertraut jetzt wem zu sehr?«

»Was macht es schon, wenn ich weiß, wie du heißt? Ein Mädchen, das hier Zuflucht sucht und das zu seiner Familie will – ist das nicht genug? Was du mir sagen willst, wirst du mir sagen, und mehr brauche ich nicht zu wissen.«

»Es wird am besten sein, wenn ich Euch alles erzähle«, sagte das Mädchen und sah ihn mit großen, aufrichtigen Augen an. »Mein Vater ist in diesem Augenblick entweder in der Burg von Shrewsbury und in äußerster Lebensgefahr oder aber zusammen mit William FitzAlan auf der Flucht in die Normandie zur Kaiserin, und er wird sicher von allen gehetzt. Ich bin eine Last für jeden, der sich jetzt mit mir abgibt, und wahrscheinlich wird man versuchen, meiner als Geisel habhaft zu werden, sobald sie merken, daß ich nicht da bin, wo ich sein sollte. Und auch Euch bringe ich in Gefahr, Bruder Cadfael. Ich bin die Tochter von FitzAlans Hauptvasallen und Freund. Mein Name ist Godith Adeney.«

Osbern, der Krüppel, der schon als Säugling verkümmerte Beine gehabt hatte, war das niederste Wesen im Lager der königlichen Armee. Er saß auf einem kleinen Karren und stieß sich mit den Händen am Boden ab, und so war es ihm möglich, sich mit unglaublicher Geschwindigkeit fortzubewegen. Normalerweise hatte er seinen Platz bei dem Tor, das von der Burg in die Stadt führte, aber er hatte diesen gefährlichen Ort rechtzeitig verlassen und hoffnungsvoll einen Posten am Rande des Lagers bezogen, so nahe wie möglich an der Hauptwache, wo die Großen ein- und ausgingen. Der König war bekannt für seine Großzügigkeit (außer seinen Feinden gegenüber), und die Einnahmen waren nicht schlecht. Die hohen Offiziere waren vielleicht zu beschäftigt, um einen Gedanken oder ein Almosen an einen Bettler zu verschwenden, aber einige von denen, die nach reiflicher Überlegung, welcher Seite das Glück sich zuwendete, beschlossen hatten, die Gunst des Königs zu erlangen, waren geneigt, den Armen etwas zu geben – als eine Art Bestechungsgeld an Gott. Und wenn sie dienstfrei hatten und guter Laune waren, warfen auch die gemeinen Soldaten und sogar die Flamen Osbern ein paar Kupfermünzen oder die Reste ihrer Mahlzeit zu.

Er hatte sich mit seinem kleinen Karren in den Windschatten einiger kleiner Bäume in der Nähe des Wachtpostens zurückgezogen, wo er um eine Brotrinde oder einen Schluck Wasser bitten konnte und in der Nacht etwas von der Wärme des Feuers abbekam. Nach der Hitze eines Augusttages konnten auch die Sommernächte kühl sein, und wenn man nur einige Lumpen besaß, war ein Feuer erst recht willkommen. Die Soldaten legten hin und wieder Torf auf, so daß es nicht zu hoch brannte, aber genug Licht spendete, um jeden, der so spät noch kam, kontrollieren zu können.

Es war fast Mitternacht, als irgend etwas Osbern aus seinem leichten Schlaf weckte. Er lauschte angestrengt und hörte ein Rascheln im Gebüsch links hinter sich, in Richtung der Burgsiedlung, aber abseits von der offenen Straße. Jemand näherte sich von der Stadt her, und er war gewiß nicht durch das Haupttor gekommen, sondern hatte einen Umweg entlang des Flusses genommen. Osbern kannte die Stadt in- und auswendig. Entweder handelte es sich um einen Kundschafter – aber warum sollte der hier, in der Nähe des Lagers, noch Vorsicht walten lassen? –, oder jemand hatte die Stadt oder die Burg heimlich über den einzigen noch verbleibenden Weg durch das Fluß-Tor verlassen.

Eine dunkle Gestalt, die sich in der mondlosen Nacht fast nur aufgrund ihrer Bewegung erahnen ließ, schlich sich aus dem Gebüsch und näherte sich gebückt und lautlos den Wachtposten. Auf den Anruf der Wache blieb der Mann sofort stehen und hielt schweigend aber gespannt inne. Osbern sah den undeutlichen Umriß eines schlanken Körpers, der in einen schwarzen Umhang gehüllt war, so daß nur der bleiche Schimmer eines Gesichtes zu erkennen war. Die Stimme, die auf den Anruf antwortete, war jung und hell; quälende Angst und verzweifelte Dringlichkeit schwangen in ihr mit.

»Ich bitte um Audienz – ich bin nicht bewaffnet! Bringt mich zu Eurem Befehlshaber. Ich habe Informationen – zum Vorteil des Königs...«

Sie hießen ihn ins Wachzelt treten und durchsuchten ihn, um sicher zu gehen, daß er wirklich unbewaffnet war; Osbern konnte nicht verstehen, was gesprochen wurde, aber jedenfalls bekam der Fremde seinen Willen.

Er wurde ins Lager geführt, und Osbern konnte ihn nicht mehr sehen.

Osbern konnte nicht mehr einschlafen. Die Kälte der frühen Morgenstunden drang durch seine ärmlichen Lumpen. Wenn mir der liebe Gott doch einen Umhang wie den da schenken würde! dachte er. Und doch hatte sogar der Besitzer dieses prächtigen Kleidungsstückes gezittert; aus dem Beben seiner Stimme waren sowohl Angst als auch Hoffnung herauszuhören gewesen. Ein merkwürdiger Zwischenfall, gewiß, aber ohne Bedeutung für einen armen Bettler. Jedenfalls nicht, bis er dieselbe Gestalt wieder in den dunklen Gassen des Lagers auftauchen und am Tor Halt machen sah. Die Schritte des Mannes waren jetzt unbeschwerter und länger, sein Auftreten weniger ängstlich und verstohlen. Er hatte jetzt einen Passierschein und durfte das Lager ungehindert verlassen. Osbern fing ein paar Satzfetzen auf: »Ich muß zurück, man darf keinen Verdacht schöpfen... Ich habe Befehle erhalten!«

O ja, jetzt mochte er, aus purer Dankbarkeit für die glückliche Wendung seines Unternehmens, zu einer kleinen Spende geneigt sein. Osbern fuhr dem Mann eilig in den Weg und streckte bittend die Hand aus.

»Um der Liebe Gottes Willen, Herr! Wenn Er Euch gnädig gewesen ist, seid Ihr nun einem Armen gnädig!«

Er sah ein bleiches, aber nicht mehr ängstliches Gesicht und hörte einen tiefen Seufzer, aus dem Hoffnung und Erleichterung sprachen. Im flackernden Licht des Feuers konnte er eine kunstvoll gearbeitete metallene Spange erkennen, die den Umhang am Hals zusammenhielt. Aus den Falten streckte sich ihm eine Hand mit einer Münze entgegen. »Sprich morgen ein Gebet für mich«, flüsterte der Mann kaum hörbar und schlich so geräuschlos davon, wie er gekommen war. Bevor Osbern ein Wort des Dankes sagen konnte, war er schon zwischen den Bäumen verschwunden.

Noch vor Morgengrauen erwachte Osbern wieder aus einem unruhigen Schlaf und zog sich hastig in die Büsche zurück, wo er keinem im Weg war. Denn obwohl der Morgen noch nicht angebrochen war, herrschte im königlichen Lager emsige Betriebsamkeit. Das Antreten der Soldaten erfolgte so leise und diszipliniert, daß er es eher fühlen als hören konnte. Die Morgenluft schien vom Marschtritt der Regimenter zu beben, aber es war kaum ein Geräusch zu hören. Vom einen bis zum anderen Ufer des Severn, quer über die Landzunge, über die der einzige Zufahrtsweg zur Stadt führte, herrschte ein geschäftiges, aufgeregtes Summen. König Stephens Armee trat an zum letzten, entscheidenden Angriff auf die Burg von Shrewsbury.

KAPITEL II

Lange vor Mittag war alles vorbei. Die Tore waren verbrannt und eingerammt, die Burghöfe einer nach dem anderen genommen worden, die letzten Bogenschützen waren von den Zinnen und Türmen geschossen worden, und Rauch hing in schweren, dicken Schwaden über der Burg und der Stadt. Keine Menschenseele, nicht einmal ein Hund, war in den Straßen zu sehen. Als der Angriff begann, hatten sich alle Männer mit ihren Familien und ihrem Vieh in den Häusern eingeschlossen und die Türen verrammelt. Der Kampf dauerte nicht lange. Die Burgbesatzung war erschöpft; die vielen Deserteure, die geflohen waren, solange sie noch konnten, hatten ihre

Kampfkraft geschwächt. Die Kaufleute und Händler von Shrewsbury sahen der unvermeidlichen Plünderung ängstlich entgegen und atmeten erleichtert auf, als diese vom König höchstpersönlich untersagt wurde. Nicht, daß er seinen Flamen ihre Beute mißgönnte – er legte nur Wert darauf, sie in seiner Nähe zu wissen. Auch ein König ist verwundbar, und dies war eine Stadt des Feindes gewesen. Noch war sie nicht befriedet. Außerdem mußte man sich zunächst um die Burg und ihre Besatzung kümmern, und im besonderen um FitzAlan, Adeney und Arnulf von Hesdin. Stephen schritt durch den blutbedeckten, mit zerbrochenen Waffen übersäten Hof in die Burghalle und gab Courcelle und Ten Heyt den Befehl, die feindlichen Anführer aufzustöbern und vor ihn zu bringen. Prestcote behielt er bei sich; er sollte der neue Statthalter sein, und die Schlüssel der Burg befanden sich bereits in seinen Händen. Schon war man dabei, die Vorkehrungen, die für die neue königliche Garnison getroffen werden mußten, zu besprechen.

»Alles in allem«, sagte Prestcote, »waren die Kosten für Euer Gnaden ziemlich niedrig. Jedenfalls, was die Verluste betrifft. Zwar hat die Belagerung viel Geld gekostet, aber die Burg ist unversehrt. Es müssen nur einige Mauern ausgebessert und neue Tore gezimmert werden. Diese Feste werdet Ihr nie mehr verlieren – mir scheint, sie war die Zeit wohl wert, die Ihr brauchtet, um sie zu nehmen.«

»Wir werden ja sehen«, sagte Stephen grimmig. Er dachte an Arnulf von Hesdin und an die unverschämten Beleidigungen, die dieser von den Zinnen herabgeschrien hatte. Als wollte er seinen eigenen Tod herausfordern!

Courcelle erschien; er hatte seinen Helm abgenommen und sein kastanienbraunes Haar schimmerte im Mittagslicht. Einviel versprechender Offizier, dachte Stephen anerkennend. Aufmerksam, ungeheuer stark im Zweikampf, und seine Männer folgten ihm bedingunslos. »Nun, Adam? Sind sie vernichtet? FitzAlan versteckt sich doch nicht etwa in den Ställen wie ein feiger Knecht?«

»Nein, Euer Gnaden, keineswegs!« sagte Courcelle bedauernd. »Wir haben die Burg gründlich durchsucht, von den Kellern bis zu den Zinnen, das kann ich Euch versichern. Aber FitzAlan ist nirgends zu finden! Gebt uns ein wenig Zeit, und wir werden herausfinden, wann sie geflohen sind, auf welchem Weg, und welche Pläne sie verfolgen.«

»*Sie*?« rief Stephen aufgebracht.

»Adeney ist mit ihm entkommen. Es tut mir leid, Euer Gnaden diese Nachricht bringen zu müssen, aber das ist die reine Wahrheit. Nur Hesdin haben wir gefangen. Er ist verwundet, wenn auch nicht schwer, er hat kaum mehr als einen Kratzer abbekommen. Sicherheitshalber habe ich ihn in Eisen legen lassen, aber ich glaube, von der Dreistigkeit, die er gestern noch besaß, ist nichts mehr vorhanden.«

»Bringt ihn her«, befahl der König. Die Tatsache, daß zwei seiner größten Feinde ihm entkommen waren, hatte ihn erneut in Wut versetzt. Stark humpelnd, mit Blut, Staub und Ruß verschmiert und mit schweren Ketten an Händen und Füßen, wurde der Gefangene vorgeführt. Arnulf von Hesdin war ein stattlicher Mann von fast sechzig Jahren. Zwei flämische Söldner warfen ihn vor dem König auf die Knie. Sein Gesicht war unbewegt, aber immer noch trotzig.

»Seid Ihr nun gezähmt?« fragte der König triumphierend. »Wo ist jetzt Eure Unverschämtheit? Vor ein, zwei Tagen noch hattet Ihr eine Menge zu sagen. Seid Ihr nun still? Oder habt Ihr genug Vernunft, jetzt eine andere Sprache zu sprechen?«

»Euer Gnaden«, sagte Hesdin, und es war ihm anzumerken, wie verhaßt ihm diese Worte waren, »Ihr seid der Sieger, und ich bin Euch ausgeliefert. Ich liege zu Euren Füßen, aber ich habe fair gekämpft und darf eine ehrenhafte Behandlung erwarten. Ihr braucht Geld, und wenn Ihr ein Lösegeld fordert, wie es eines Grafen angemessen ist, so bin ich in der Lage, es zu zahlen.«

»Es ist zu spät, an meine Großherzigkeit zu appellieren. Ich habe geschworen, daß Ihr für Eure Beleidigunen mit dem Leben bezahlen sollt. Das Lösegeld eines Grafen kann Euch nicht freikaufen. Soll ich Euch meinen Preis nennen? Wo ist FitzAlan? Wo ist Adeney? Sagt mir, auf der Stelle, wo ich der beiden habhaft werden kann, und betet, daß es mir gelingt, und ich könnte – *könnte*! – in Erwägung ziehen, Euch Euer erbärmliches Leben zu schenken.«

Hesdin hob den Kopf und sah dem König in die Augen. »Ich finde Euren Preis zu hoch«, sagte er. »Was meine Kameraden angeht, so sage ich Euch nur eines: Sie sind erst geflohen, als die Lage aussichtslos war. Und mehr werdet Ihr von mir nicht erfahren.«

»Das werden wir schon sehen!« schrie der König wutentbrannt. »Schafft ihn fort, Adam, und übergebt ihn Ten Heyt. Soll der sich an ihm versuchen. Bis zwei Uhr habt Ihr Zeit, Hesdin, uns alles zu erzählen, oder Ihr werdet an den Zinnen aufgeknüpft. Schafft ihn mir aus den Augen!«

Sie zerrten ihn fort. Nachdenklich sah Stephen ihm nach. Dann wandte er sich an Prestcote. »Glaubt Ihr ihm, was er sagte? Daß sie erst flohen, als die Lage aussichtslos war? Dann müssen sie sich noch immer in der Stadt verbergen. Findet sie!«

»Über die Brücken sind sie nicht entkommen«, sagte Prestcote. »Es gibt nur einen anderen Ausweg, nämlich durch das Flußtor. Ich glaube kaum, daß sie den Severn durchschwommen haben können, ohne gesehen worden zu sein, und ich bin sicher, daß sie kein Boot hatten. Ja, sehr wahrscheinlich verstecken sie sich in der Stadt.«

»Dann durchsucht sie! Ich verbiete jede Plünderung, bevor sie nicht gefangen sind.«

Während Ten Heyt und seine flämischen Söldner die Männer zusammentrieben, die man mit der Waffe in der Hand gefangengenommen hatte, marschierte Courcelle mit den restlichen Soldaten des Königs in die Stadt ein, besetzte die beiden Brücken und begann mit der Durchsuchung eines jeden Hauses und Geschäftes innerhalb der Mauern. Der König zog sich mit seiner Leibgarde ins Lager zurück und wartete auf Nachrichten von den beiden Flüchtlingen. Es war nach zwei Uhr, als Courcelle ihm Bericht erstattete.

»Euer Gnaden«, sagte er, »ich kann Euch keine Erfolgsmeldung bringen. Wir haben alle Straßen abgesucht, die Vorsteher und alle Kaufleute der Stadt sind verhört und alle Häuser durchsucht worden. Es ist keine große Siedlung, und ich verstehe nicht, wie sie ungesehen entkommen konnten, es sei denn, durch ein Wunder. Ich habe eine Patrouille ausgesandt, für den Fall, daß sie den Fluß durchschwommen und die andere Seite bei der Klostersiedlung erreicht haben. Aber ich habe wenig Hoffnung. Und Hesdin schweigt noch immer beharrlich, obwohl Ten Heyt sein Bestes getan hat. Wir werden nichts von ihm erfahren. Er kennt die Strafe, und Drohungen beeindrucken ihn nicht.«

»Er soll bekommen, was ich ihm versprochen habe«, sagte Stephen entschlossen. »Und die übrigen? Wie viele wurden gefangengenommen?«

»Dreiundneunzig, außer Hesdin.« Courcelle sah den König an. Der war zwar wütend und verbittert, aber sein

Zorn verrauchte schnell. »Euer Gnaden, wenn Ihr jetzt Gnade walten laßt, wird Euch das als Schwäche ausgelegt werden«, sagte er mit Nachdruck.

»Dann hängt sie!« sagte Stephen.

»Alle?«

»Alle! Und zwar sofort. Schafft sie noch heute aus dieser Welt!«

Das grausige Werk der Hinrichtung überließ man den Flamen. Dazu waren Söldner schließlich da. Den ganzen Tag waren sie damit beschäftigt, und hatten daher gar keine Gelegenheit, die Häuser der Stadt zu plündern. Dieser kleine Aufschub ermöglichte es den Gilden und Gemeindevorstehern, in aller Eile eine Delegation aufzustellen, die den König ihrer Loyalität versichern sollte.

Prestcote übernahm die Burg und befahl, mit den Aufräumungsarbeiten zu beginnen, während Ten Heyt und seine Männer die Soldaten der alten Burgbesatzung an den Zinnen aufhängten. Arnulf von Hesdin starb als erster. Der zweite war ein junger Edelmann, der den Rang eines Unterführers gehabt hatte; er hatte verzweifelte Todesangst. Als man ihn aus der Gruppe der Gefangenen herauszerrte, wehrte er sich wie wild und schrie, man habe ihm versprochen, sein Leben zu schonen. Aber die flämischen Söldner verstanden nur wenig Englisch und waren höchst unbeeindruckt von seinem Flehen, und schließlich wurde es durch die Schlinge um seinen Hals erstickt.

Adam Courcelle machte kein Hehl daraus, daß er nur zu froh war, der Hinrichtung nicht beiwohnen zu müssen, und sich statt dessen um die Fortsetzung der Suche in der Stadt und ihrer näheren Umgebung auf der anderen Seite des Flusses kümmern zu können. Er fand jedoch keine Spur von William FitzAlan oder Fulke Adeney.

Vom Bginn des Angriffs im frühen Morgen bis in die späte Nacht hinein, als die Hinrichtung endlich beendet war, lastete eine bedrückte, ängstliche Stille über dem Kloster. Es gab Gerüchte zuhauf, und obwohl niemand wußte, was wirklich geschah, ahnte jeder, daß es schrecklich sein mußte. Mechanisch gingen die Mönche ihrer Arbeit nach; der genau geregelte Tagesablauf wurde beibehalten, denn nur mit Hilfe dieser Stütze war das Leben zu ertragen, ließen sich Krieg, Katastrophen oder Tod vergessen. Zur Messe nach der Bibellesung erschien Aline Siward in Begleitung ihrer Zofe Constance. Sie war bleich und ängstlich, aber gefaßt. Und vielleicht ihretwegen nahm auch Hugh Beringar am Gottesdienst teil, denn er hatte sie das Haus in der Nähe der Hauptmühle des Klosters, das man ihr zugewiesen hatte, verlassen sehen. Während der Messe schenkte er ihrem sorgenvollen, kindlichen Gesicht unter dem weißen Trauerschleier wesentlich mehr Aufmerksamkeit als den Worten des Priesters.

Nach der Messe folgte Beringar ihr, bis sie wieder das Haus betrat. Er hatte nicht vor, sie einzuholen oder anzusprechen – noch nicht. Als sie im Haus verschwunden war, ließ er seine Gefolgsleute zurück und ging durch die Klostersiedlung bis zur Brücke. Sie war teilweise immer noch hochgezogen, so daß niemand die Stadt verlassen oder betreten konnte, aber der Schlachtenlärm zu seiner Rechten, wo die Burg hinter einem Schleier von Rauch lag, ebbte langsam ab. Es würde wohl noch dauern, bevor er mit der Suche nach seiner Braut beginnen konnte. Wenn er die Zeichen richtig deutete, würde die Brücke innerhalb der nächsten Stunde heruntergelassen werden. Genug Zeit also, um in Ruhe zu Mittag zu essen. Es war keine Eile geboten.

Wie überall sonst schwirrten auch im Gästehaus die Gerüchte hin und her. Die allgemeine Meinung war, daß die Burg mit Sicherheit gefallen sei, und daß man teuer dafür bezahlen müsse. Es würde ratsam sein, sich von nun an nach König Stephens Anordnungen zu richten, denn er war hier, und siegreich dazu, und die Kaiserin Maud, wie legitim ihr Anspruch auch sein mochte, war weit weg in der Normandie und konnte unmöglich wirksamen Schutz gewähren. Man munkelte auch, daß FitzAlan und Adeney im letzten Moment aus der Falle entkommen waren. Für diese Schicksalswendung sprachen viele ein Dankgebet, wenn auch ein unhörbares.

Als Beringar wieder hinausging, war die Brücke herabgelassen und von Wachtposten aus König Stephens Armee besetzt. Sie prüften seinen Passierschein eingehend, ließen ihn dann aber ohne weiteres durch. Anscheinend hatte Stephen entsprechende Anweisungen gegeben. Er ging über die Brücke und betrat die Stadt durch das bewachte, aber offene Tor. Beringar kannte sie gut, und er wußte genau, wohin er sich wenden mußte. Die Stadt lag auf einem Hügel, und auf seinem Gipfel befand sich die Metzgergasse.

Edric Fleshers Laden war der stattlichste von allen, aber auch er war verschlossen wie alle anderen. Es sah nicht so aus, als sei hier schon geplündert worden. Beringar klopfte an die verriegelte Tür, und als er drinnen gedämpfte Laute hörte, sagte er: »Ich bin Hugh Beringar! Edric – Petronilla – laßt mich ein, ich bin allein!«

Er hatte halb damit gerechnet, daß die Tür verriegelt bleiben würde; jetzt aber wurde sie geöffnet, und Petronilla strahlte ihn an und schloß ihn in ihre Arme, als sei er ihr Retter. Sie wurde alt, aber sie war noch immer rundlich und frisch – er hatte in dieser belagerten Stadt noch keinen Menschen gesehen, der so gesund wirkte wie sie. Ihr graues Haar hatte sie ordentlich unter eine weiße Haube gesteckt, und ihre grauen Augen blitzten so lebhaft und intelligent wie eh und je.

„Herr Hugh – endlich ein Mensch, den man kennt und dem man vertrauen kann!« Beringar spürte sofort, daß sie ihm keineswegs vertraute. »Tretet ein und seid willkommen! Edric, es ist Hugh – Hugh Beringar.« Edric Flesher trat hinzu, ein großer, verantwortungsbewußt wirkender Mann mit rosiger Haut, der Zunftmeister der Fleischer in dieser Stadt und außerdem ein Ratsherr.

Sie zogen Beringar ins Haus, und es entging ihm nicht, daß sie die Tür wieder fest verriegelten. Das konnte ihm nur recht sein. Ohne Einleitung sagte er, was von einem liebenden Mann in dieser Situation erwartet wurde: »Wo ist Godith? Ich bin gekommen, sie zu suchen und in Sicherheit zu bringen. Wo hat er sie verborgen?«

Sie schienen etwas zu angestrengt damit beschäftigt, an der Tür auf feindliche Fußtritte zu lauschen, um dem, was er sagte, viel Aufmerksamkeit zu schenken. Und sie waren mit ihren eigenen Fragen zu schnell bei der Hand, um seine zu beantworten.

„Hat man Euch verfolgt?« fragte Edric besorgt. »Sollen wir Euch verstecken?«

»Wart Ihr in der Burg?« fragte Petronilla und tastete ihn nach etwaigen Wunden ab. Als sei sie nicht Godiths, sondern sein Kindermädchen gewesen und habe sich um ihn von klein auf bis jetzt gekümmert! Dabei hatte sie ihn doch seit der Kinderverlobung nur zwei- oder dreimal gesehen. Ihre Sorge war ein bißchen zu übertrieben. Nein, sie wollten nur etwas Zeit schinden, um zu überlegen, wieviel er wissen durfte.

»Sie sind schon hier gewesen«, sagte Edric. »Ich glaube nicht, daß sie noch einmal her kommen – sie haben alles nach dem Statthalter und Lord Fulke abgesucht. Wir können Euch unterbringen, wenn Ihr ein sicheres Versteck braucht. Sind sie Euch hart auf den Fersen?«

Sie wußten sicherlich, daß er nie in der Burg gewesen war und sich in keinster Weise zu FitzAlan bekannt hatte. Adeney hatte zu dieser gewieften alten Dienerin und ihrem Mann großes Vertrauen gehabt; sie wußten ganz genau, wer zu ihm gehalten hatte und wer in sicherer Entfernung geblieben war.

„Nein, ich bin nicht in Gefahr und brauche kein Versteck. Ich suche Godith. Man sagt, daß ihr Vater sie nicht mit FitzAlans Familie fortgeschickt hat. Wo kann ich sie finden?«

»Hat Euch jemand geschickt, um nach ihr zu suchen?« fragte Edric.

„Nein, niemand... aber wo sollte Adeney sie sonst verstecken? Natürlich kam ich zuerst zu euch. Nun sagt mir nicht, daß sie nicht hier war!«

„Doch, sie war hier«, sagte Petronilla. „Jedenfalls bis vor einer Woche. Aber sie ist weg, Hugh, Ihr kommt zu spät. Er schickte zwei Edelmänner, die sie mitnahmen. Nicht einmal wir wissen, wohin. Ich bete zu Gott, daß sie in Sicherheit ist!« Die Inbrunst, mit der sie das sagte, ließ keinen Zweifel daran, daß sie bereit war, für ihren Schützling zu kämpfen und zu sterben. Und zu lügen, wenn es sein mußte.

»Aber könnt ihr mir denn nicht helfen, zu ihr zu gelangen? Schließlich bin ich ihr doch zum Ehemann versprochen. Falls ihr Vater tot sein sollte, bin *ich* für sie verantwortlich. Und wie die Dinge stehen, könnte das durchaus möglich sein...«

»Gott bewahre!« riefen sie beide wie aus einem Munde. Aufgrund der Durchsuchungen wußten sie, daß weder FitzAlan noch Adeney tot oder gefangengenommen waren. Sie konnten zwar noch nicht sicher sein, daß die beiden Gegner des Königs sich jetzt in Sicherheit befanden, aber sie wären bereit gewesen, ihr Leben dafür hinzugeben. Er wußte jetzt also, daß er, der Verräter, von ihnen nichts in Erfahrung bringen würde. Jedenfalls nicht auf dem direkten Wege.

„Es tut mir leid«, sagte Edric Flesher ernst, »daß ich Euch keinen besseren Trost bieten kann, aber so ist es nun einmal. Wenigstens ist Godith bis jetzt noch nicht in die Hände der Feinde gefallen, und wir beten zu Gott, daß das nie geschehen wird.« Damit konnte ebensogut er selber gemeint sein, dachte Beringar.

„Dann werde ich jetzt gehen und versuchen, woanders etwas in Erfahrung zu bringen«, sagte er entmutigt. »Ich will euch nicht weiter in Gefahr bringen. Petronilla, sieh nach, ob die Straße frei ist.« Sie tat es bereitwillig und sagte, es sei niemand zu sehen. Beringar drückte ihr und ihrem Mann die Hand und trat durch die halbgeöffnete Tür, die hinter ihm sofort wieder verriegelt wurde. Nicht zu geräuschvoll, da er ja angeblich heimlich gekommen war, aber doch hörbar, ging er mit hastigen Schritten die Straße hinunter bis zur Ecke des Hauses. Dort kehrte er um, schlich auf Zehenspitzen zurück und legte sein Ohr an die Tür.

»Seine Braut will er fangen!« hörte er Petronilla verächtlich sagen. »Ja, und einen schönen Batzen Geld würde er für sie zahlen! Sie ist ein guter Lockvogel für ihren Vater, wenn nicht sogar für FitzAlan. Er muß sich jetzt mit Stephen gutstellen, und da kommt ihm mein Mädchen gerade recht.«

»Vielleicht urteilen wir zu hart über ihn«, wandte Edric ein. »Vielleicht will er sie wirklich nur in Sicherheit bringen. Aber ich gebe zu, daß es besser ist, vorsichtig zu sein. Wir werden ihm bei der Suche nicht helfen.«

»Gott sei Dank«, sagte sie heftig, »kann er nicht wissen, daß ich mein Lämmchen an einem Ort versteckt habe, wo jeder vernünftige Mann es am wenigsten suchen wird!« Sie lachte in sich hinein. »Später, wenn man nicht mehr nach ihr sucht, werden wir sie dort abholen. Jetzt bete ich, daß ihr Vater schon weit weg ist, und daß er schnelle Pferde hat. Und daß den beiden Männern in Frankwell, die mit dem Schatz des Grafen heute nacht nach Westen reiten, nichts zustößt. Mögen sie unversehrt die Normandie erreichen und der Kaiserin – Gott segne sie! – gut dienen.«

»Sei still!« sagte Edric warnend. »Auch wenn die Türen verschlossen sind...«

Sie gingen in ein anderes Zimmer; eine Tür fiel ins Schloß. Hugh Beringar verließ seinen Lauschposten und ging ruhig den langen, steilen Hügel hinunter bis zum Stadttor und der Brücke. Leise und zufrieden pfiff er vor sich hin.

Er hatte mehr erfahren, als er gehofft hatte. Man wollte also nicht nur FitzAlan selbst, sondern auch seinen Schatz nach Wales schmuggeln, und zwar noch heute nacht! Und den hatte man, womit niemand gerechnet hatte, aus der Stadt und in diese kleine Siedlung Frankwell gebracht. So mußten keine Tore passiert, keine Brücken überquert werden. Und Godith... nun, er hatte schon eine Idee, wo sie versteckt sein könnte. Mit dem Mädchen *und* dem Geld, überlegte er, könnte man sich die Gunst weit weniger bestechlicher Männer als König Stephens erkaufen!

In dem Schuppen, der im Kräutergarten stand, war Godith damit beschäftigt, Pflanzenauszüge und Mixturen herzustellen, wie Cadfael es ihr gezeigt hatte. Es war eine Stunde vor der Vesper. Sie machte sich Sorgen, und ihre Gedanken schwankten zwischen Hoffnung und Verzweiflung. Ihr Gesicht war verschmiert, weil sie die Tränen mit ihren schmutzigen Händen weggewischt hatte, und tiefe Ringe unter den Augen verrieten ihren Kummer und Schmerz. Obwohl sie versuchte, sie zurückzuhalten, liefen ihr zwei Tränen über die Wangen, und da sie keine Hand frei hatte, sie aufzufangen, fielen sie in einen Extrakt, der gar nicht verdünnt werden sollte. Sie stieß einen Fluch aus, den sie als kleines Mädchen im Falkenhaus gelernt hatte, als die Falkner einen Freund von ihr in die Lehre genommen hatten, der recht unachtsam und nachlässig war.

„Du solltest sie lieber segnen«, hörte sie Bruder Cadfaels sanfte, beruhigende Stimme hinter sich. „Das wird die beste Augensalbe, die ich je hergestellt habe. Ich bin sicher, das war Gottes Werk.« Sie hatte ihm schweigend ihr schmutziges, müdes, hilfloses Gesicht zugewandt. Schon der Ton seiner Stimme gab ihr Trost. »Ich bin beim Torhaus, in der Mühle und an der Brücke gewesen. Es sind wirklich schlechte Nachrichten, die man hört, und gleich werden wir für die Seelen beten müssen, die Leute diese Welt verlassen. Aber wir alle müssen sie verlassen, auf welche Art auch immer, das ist nicht das Schlimmste. Aber es gibt auch bessere Neuigkeiten. Aus dem, was ich auf dieser Seite des Flusses und an der Brücke herausfinden konnte – ein Bogenschütze in der Wachabteilung dort war mit mir im Heiligen Land –, kann man entnehmen, daß dein Vater und FitzAlan weder tot noch verwundet oder gefangen sind, und daß eine Durchsuchung der Stadt ergebnislos geblieben ist. Sie sind entkommen, Godric, mein Junge. Und ich bezweifle, daß Stephen ihrer jetzt noch habhaft werden kann. Und jetzt kümmere dich wieder um diese Arznei, die du mit deinen Tränen verdünnt hast, und übe dich im Junge-Sein bis wir dich sicher hier heraus und zu deinem Vater bringen können.«

Einige Augenblicke lang vergoß sie Tränen wie ein Frühlingsregen, aber gleich darauf strahlte sie wieder. Es gab so vieles zu betrauern, aber auch so vieles zu feiern, daß sie nicht wußte, was sie zuerst tun sollte, und so fiel beides zusammen – wie im April. Aber sie stand ja im Frühling ihres Lebens und schließlich siegte die hoffnungsvolle Sonne. »Bruder Cadfael«, sagte sie, als sie sich beruhigt hatte, »ich wollte, mein Vater hätte Euch kennengelernt. Und doch steht Ihr nicht auf seiner Seite, oder?«

»Mein Kind«, sagte Cadfael gelassen, »mein Herrscher heißt weder Stephen noch Maud, und in meinem ganzen Leben und all meinen Kämpfen habe ich nur für einen König gekämpft. Aber ich weiß Ergebenheit und Treue zu schätzen, und es ist sicher zweitrangig, ob das Objekt ihrer wert ist. Was du tust, und was du bist – das ist es, was zählt. Deine Treue ist ebenso heilig wie meine. Doch jetzt wasch dir das Gesicht und kühle deine Augen. Du kannst vor der Vesper noch eine halbe Stunde schlafen – ach nein, du bist zu jung, um diese Gabe zu besitzen!«

Sie besaß die Fähigkeit zu einem kurzen Schlaf, die das Alter mit sich bringt, zwar nicht, wohl aber die Erschöpfung, die von jugendlichem Eifer herrührt, und so war sie Augenblicke später erleichtert auf der Bank eingeschlafen. Er weckte sie rechtzeitig zum Vespergottesdienst. Schweigend ging sie neben ihm her. Sie hatte sich ihre Stirnlocken ins Gesicht gekämmt, um ihre immer noch geröteten Augen zu verdecken.

Der Schrecken der Ereignisse hatte alle Bewohner des Gästehauses in die Kirche getrieben. Unter ihnen befand sich auch Hugh Beringar. Ihn hatte es sicher nicht aus Furcht dorthin gezogen, sondern weil er hoffte, Aline Siward zu begegnen, die von ihrem Haus neben der Mühle mit niedergeschlagenen Augen und schwerer Sorge im Herzen in die Kirche geeilt war. Nichtsdestoweniger hatte er ein wachsames Auge auf alles, was für ihn von Interesse sein könnte. Er sah die beiden merkwürdig gegensätzlichen Gestalten aus den Gärten kommen – den breiten, kräftigen Mönch in mittleren Jahren, dessen Gesicht von der Sonne verbrannt war und dessen wiegender Gang den ehemaligen Seemann verriet. Er hatte seine Hand schützend und um die Schulter eines zierlichen Jungen in einem viel zu weiten Kittel gelegt, der große Schritte mit seinen nackten Beinen machte und mit aufmerksamen Augen unter den Haaren, die ihm ins Gesicht hingen, hervorspähte. Beringar betrachtete die beiden und dachte nach; dann lächelte er, aber so verstohlen, daß es kaum wahrzunehmen war.

Godith ließ sich nichts anmerken. In der Kirche gesellte sie sich zu den anderen Klosterschülern und machte sogar bei ihren verstohlenen Späßen mit. Wenn er sie noch länger beobachtete, würde er nur grübeln, zweifeln und seine Meinung ändern. Seit mehr als fünf Jahren hatte er sie nicht mehr gesehen. Welchen Verdacht er auch hegte – er konnte nicht sicher sein. Außerdem bemerkte sie, daß er nicht den Teil der Kirche beobachtete, in dem sie stand; seine Augen ruhten die meiste Zeit auf der Dame in Trauerkleidung. Godith begann freier zu atmen und betrachtete ihrerseits ihren Bräutigam ebenso eingehend wie dieser Aline Siward. Bei ihrer letzten Begegnung war er ein achtzehnjähriger, ungelenker Junge gewesen. Jetzt besaß er die selbstsichere und lässige Eleganz einer Katze und gab sich kühl und reserviert. Ein gutaussehnder Bursche, das mußte sie zugeben, aber die Zeiten, da sie sich für ihn interessiert hatte, waren vorbei, und jetzt hatte er keinen Anspruch mehr auf sie. Alles ändert sich mit den Umständen. Sie war erleichtert, daß er nicht mehr in ihre Richtung sah.

Trotzdem erzählte sie Bruder Cadfael davon, als sie nach dem Essen wieder allein im Garten waren. Cadfael nahm es sehr ernst.

„Also das ist der Bursche, den du heiraten solltest! Er kam geradewegs aus dem Lager des Königs hierher, und er ist mit Sicherheit einer von Stephens Männern. Allerdings sagt Bruder Dennis, der alle Gerüchte hört, die sich die Gäste erzählen, daß er nur zur Probe aufgenommen worden ist und sich erst noch bewähren muß, bevor er ein Kommando übertragen bekommt.« Gedankenverloren rieb er seine dicke, sonnengebräunte Nase und dachte nach. »Hattest du das Gefühl, daß er dich erkannt hat? Oder daß er dich nachdenklich angesehen hat, als würdest du ihn an jemanden erinnern?«

»Zuerst dachte ich, er sei erstaunt, mich hier zu sehen. Aber dann hat er nicht mehr herübergeschaut oder irgendein Interesse gezeigt. Nein, ich glaube, ich habe mich getäuscht. Er hat mich nicht erkannt. In den letzten fünf Jahren habe ich mich verändert, und in dieser Verkleidung... Und nächstes Jahr«, sagte Godith erstaunt und fast erschreckt über den Gedanken, »hätten wir heiraten sollen.«

»Das alles gefällt mir nicht!« sagte Cadfael nachdenklich. »Er darf dich nicht sehen. Wenn er die Gunst des Königs erlangt, wird er in einer Woche vielleicht mit ihm weiterziehen. Bis dahin halte dich fern vom Gästehaus, von den Ställen, vom Torhaus oder von jedem anderen Ort, wo du auf ihn treffen könntest. Du darfst nicht von ihm gesehen werden, wenn du es verhindern kannst.«

»Ich weiß!« sagte Godith ernst. »Wenn er mich findet, könnte er mich ausliefern, um seine Beförderung zu beschleunigen. Ja, ich weiß! Auch wenn mein Vater schon das Schiff erreicht hätte, würde er zurückkommen und sich ergeben, falls meine Sicherheit gefährdet wäre. Und dann müßte er sterben wie alle diese armen Teufel dort drüben...« Sie wagte es nicht, den Kopf zur Burg hinzuwenden, deren Zinnen so grausig geschmückt waren. Dort mußten immer noch Gefangene sterben, auch wenn sie es nicht sehen konnte; die Hinrichtung wurde fortgesetzt bis lange nach Einbruch der Dunkelheit. »Ich werde ihn meiden wie die Pest«, sagte sie erregt, »und dafür beten, daß er bald verschwindet.«

Abt Heribert war ein alter, müder und friedliebender Mann. Die Enttäuschungen durch die grauenhaften Ereignisse seiner Zeit sowie der Ehrgeiz und die Energie seines Priors Robert hatten ihn bewogen, sich auf der Suche nach seinem eigenen Seelenfrieden immer weiter von der Welt zurückzuziehen. Außerdem wußte er, daß er beim König, wie alle, die ihn nicht schnell genug unterstützt hatten, in Ungnade gefallen war. Aber wenn ihn die Pflicht rief, und sei es auch eine schwere und unangenehme, brachte er immer noch die Kraft auf, sie zu erfüllen. In der Burg gab es vierundneunzig tote oder sterbende Männer, deren man sich entledigt hatte wie Vieh, und jeder von ihnen hatte eine Seele und ein Anrecht auf ein ordnungsgemäßes Begräbnis, ganz gleich, welchen Verbrechens er sich schuldig gemacht hatte. Für dieses Recht traten die Benediktiner des Klosters ein, und Heribert war nicht geneigt zuzulassen, daß König Stephens Gegner in einem namenlosen und unmarkierten Grab verscharrt wurden. Gleichwohl schreckte er vor der Schwere dieser Aufgabe zurück und sah sich nach jemandem um, der hier, wo es um Krieg und Blutvergießen ging, mehr Erfahrung besaß als er selber und der ihm helfen konnte. Und natürlich kam ihm Bruder Cadfael in den Sinn, der beim ersten Kreuzzug die halbe damals bekannte Welt durchreist hatte und danach zehn Jahre lang Kapitän eines Schiffes in den Küstengewässern des Heiligen Landes gewesen war, wo Schlachten zum Alltag gehörten.

Nach der Komplet ließ er Cadfael in sein Studierzimmer kommen.

»Bruder, ich will heute nacht noch zu König Stephen gehen und ihn um Erlaubnis bitten, den hingerichteten Gefangenen ein christliches Begräbnis zu geben. Wenn er sie gewährt, werden wir sie morgen holen und für die Beerdigung vorbereiten müssen. Um einige werden sich dann ihre Familien kümmern, die übrigen werden wir nach den vorgeschriebenen Riten bestatten. Du bist Soldat gewesen, Bruder Cadfael. Wirst du – wenn der König es erlaubt – diese Arbeit übernehmen?«

»Ja, Vater, das werde ich«, sagte Cadfael, »wenn auch schweren Herzens.«

KAPITEL III

»Ja, das werde ich tun«, sagte Godith, »wenn ich Euch so am besten von Nutzen sein kann. Ich werde zu den Morgen- und Abendlesungen gehen, beim Essen niemanden ansehen und mit niemandem reden und mich danach hier im Schuppen einschließen, den Riegel vorlegen und nicht öffnen, bis ich Eure Stimme höre. Natürlich werde ich tun, was Ihr mir sagt. Und trotzdem würde ich lieber mit Euch gehen. Es waren die Leute meines Vaters und auch meine Leute – ich wollte, ich könnte an dem Letzten teilhaben, das ihnen auf dieser Welt widerfährt.«

»Selbst wenn es sicher für dich wäre, würde ich dich nicht gehen lassen«, sagte Cadfael mit Bestimmtheit. »Die Schrecklichkeit dessen, was ein Mensch seinen Mitmenschen antun kann, könnte sich zwischen dich und die Gewißheit schieben, daß Gott uns jenseits dieser Welt Gnade und Gerechtigkeit widerfahren läßt. Es braucht ein halbes Leben, um jenen Punkt zu erreichen, wo man die Ewigkeit immer vor Augen hat und die rohe Ungerechtigkeit des Tages zur Bedeutungslosigkeit zusammenschrumpft. Nein, du bleibst besser hier und hältst dich fern von Hugh Beringar.«

Er hatte auch daran gedacht, diesen jungen Mann für seine Arbeitsgruppe aus kräftigen freiwilligen Helfern zu gewinnen, um sicherzugehen, daß sich seine Wege nicht mit Godith's kreuzten. Sei es, daß sie Verdienste um ihr eigenes Seelenheil sammeln wollten, sei es, daß sie heimlich auf der Seite standen, für die jene toten Männer gekämpft hatten, sei es, daß sie nach Freunden oder Verwandten suchen wollten – jedenfalls hatten drei der Reisenden im Gästehaus ihre Hilfe angeboten und mit dem Hinweis auf das Beispiel, das sie gaben, wäre es sicher möglich gewesen, auch andere, vielleicht sogar Hugh Beringar, für diese Arbeit zu gewinnen. Aber es sah so aus, als sei der junge Mann fortgeritten, vielleicht, um sich beim König sehen zu lassen; ein Neuling am Hof konnte es sich nicht leisten, sein Gesicht in Vergessenheit geraten zu lassen. Auch am vergangenen Abend, erzählten die Laienbrüder in den Ställen, sei er gleich nach dem Vespergottesdienst ausgeritten. Seine drei Begleitsoldaten waren da und langweilten sich, da sie nicht mehr zu tun hatten, als die Pferde zu füttern, zu striegeln und zu bewegen. Aber sie sahen keinen Grund, sich an einer Arbeit zu beteiligen, die sicherlich unangenehm war und möglicherweise das Mißfallen des Königs erregte. Cadfael konnte ihnen das nicht verdenken. Als er über die Brücke und durch die Gassen der Stadt zur Burg ging, hatte er zwanzig Männer bei sich, Klosterbrüder, Laienbrüder und die drei hilfsbereiten Reisenden.

Vielleicht war König Stephen erleichtert, daß ihm freiwillig eine Arbeit abgenommen wurde, für die er sonst Soldaten hätte abkommandieren müssen. Die Toten mußten schließlich beerdigt werden, oder man würde die Folgen am eigenen Leib zu spüren bekommen, denn in einer von Mauern umgebenen Stadt konnten sich Seuchen mit furchtbarer Geschwindigkeit ausbreiten. Und doch würde Stephen dem Abt Heribert seinen unausgesprochenen Vorwurf und die Erinnerung an des Königs Christenpflicht vielleicht nie vergeben. Nichtsdestoweniger hatte er dem Abt die benötigte Erlaubnis erteilt; man ließ die Männer ohne weiteres in die Stadt, und Cadfael wurde sofort zu Prestcote gebracht.

»Euer Lordschaft ist sicher über unser Kommen informiert worden«, sagte er ohne weitere Einleitung. »Wir sind gekommen, um uns der Toten anzunehmen. Wir brauchen einen sauberen und ausreichend großen Raum, wo wir sie bis zur Beerdigung aufbahren können, und wir wären Euch verbunden, wenn wir Wasser aus Eurem Brunnen schöpfen dürften. Leichentücher haben wir selber mitgebracht.«

»Ich habe einen Raum im Südturm räumen lassen«, sagte Prestcote gleichgültig. »Er ist groß genug, und Ihr findet dort Bretter, die Ihr als Bahren benützen könnt.«

»Der König hat auch gestattet, daß diejenigen unter diesen Unglücklichen, die aus dieser Stadt stammen und hier Familie oder Freunde haben, von diesen identifiziert und abgeholt werden dürfen. Würdet Ihr, sobald wir fertig sind, eine entsprechende Bekanntmachung in der Stadt ausrufen lassen und den Leuten freies Geleit zusagen?«

»Wenn sie es wagen zu kommen«, sagte Prestcote trocken, »habe ich nichts dagegen, wenn sie ihre Verwandten abholen. Diese Leichen müssen verschwinden – je schneller, desto besser!«

»Das ist auch meine Meinung. Wohin habt Ihr sie bringen lassen?«

Noch vor Morgengrauen waren die Leichen der Hingerichteten von den Flamen fortgeschafft worden. Sicher war das nicht ihre eigene Idee gewesen, eher schon die Prestcotes. Daß er die Hinrichtungen guthieß, bedeutete noch lange nicht, daß er Freude daran hatte, und da er ein alter Soldat war, der auf Ordnung hielt, sorgte er für Sauberkeit in der neuen Garnison.

»Als wir sicher waren, daß der Tod bei allen eingetreten war, wurden sie abgeschnitten und über die Brustwehr in den Burggraben geworfen. Wenn Ihr durch das Tor geht, das zur Burgsiedlung führt, werdet ihr sie zwischen den Türmen und der Straße finden.«

Cadfael nahm den Raum, den Prestcote ihm zugewiesen hatte, in Augenschein und stellte fest, daß er sauber war und ausreichend Platz für alle Toten bot. Er führte seine Männer durch das Stadttor und in den tiefen, trokkenen Graben unter den Türmen. Langes, blühendes Gras und niedrige Büsche verbargen zum Teil, was beim Näherkommen wie ein Schlachtfeld aussah. Am Fuß der Mauer lagen die Toten an einer Stelle aufgetürmt, und zu beiden Seiten dieses Haufens lagen sie verstreut – wie zerbrochenes Spielzeug. Cadfael und seine Helfer schürzten ihre Kutten und gingen jeweils zu zweien ans Werk. Sie entwirrten das Durcheinander der Körper, indem sie zunächst die wegtrugen, die am leichtesten aufzuheben waren, und dann die starren Umarmungen lösten, die von dem Sturz von der Burgmauer herrührten. Keiner sprach ein Wort. Die Sonne stieg immer höher, und die Hitze wurde von den Steinen der Mauer reflektiert. In dem tiefen Graben wurde die Luft immer dumpfer und stickiger. Sie schwitzten und rangen nach Atem, arbeiteten aber ohne Pause weiter.

»Gebt gut acht«, sagte Cadfael ermahnend. »Es könnte sein, daß noch einer lebt. Sie waren in Eile – vielleicht haben sie einen zu früh abgeschnitten.«

Aber die Flamen hatten, trotz aller Eile, gründliche Arbeit geleistet. Sie fanden keinen, der noch atmete.

Sie hatten früh begonnen, aber es war fast Mittag, bis sie schließlich alle Toten aufgebahrt hatten und mit dem Waschen der Leichen beginnen konnten. Gebrochene Glieder wurden ausgerichtet, Augenlider zugedrückt, die Haare gekämmt und die Kinnladen hochgebunden, damit das Aussehen des Toten seine Hinterbliebenen, die ihn geliebt hatten, nicht erschreckte. Bevor er sich zu Prestcote begab und ihn um die versprochene Proklamation bat, ging Cadfael durch die Reihen und zählte die geborgenen Leichen. Als er fertig war, blieb er stehen, runzelte die Stirn und dachte nach. Dann ging er zurück und zählte von neuem. Nach dem zweiten Durchgang nahm er die Tücher von den Gesichtern und untersuchte diejenigen, die er nicht selber getragen hatte, noch einmal eingehend. Als er sich von dem Letzten erhob, lag ein grimmiger Ausdruck auf seinem Gesicht, und wortlos machte er sich auf die Suche nach Prestcote.

»Wieviele Männer habt Ihr auf Befehl des Königs hingerichtet?«

»Vierundneunzig«, antwortete Prestcote verwirrt und ungeduldig.

»Entweder habt Ihr nicht nachgezählt«, sagte Cadfael, »oder Ihr habt Euch geirrt. Es sind fünfundneunzig Leichen.«

»Vierundneunzig oder fünfundneunzig«, sagte Prestcote verärgert, »einer mehr oder weniger, was macht das schon? Sie waren allesamt verurteilte Verräter – soll ich mir deswegen die Haare raufen?«

»Wenn Ihr es schon nicht tut«, erwiderte Cadfael, »so

wird Gott doch um so genauer zählen. Vierundneunzig solltet Ihr töten. So lautete der Befehl, ob er gerecht war oder nicht, Ihr hattet jedenfalls die Erlaubnis dazu, und die steht hier nicht zur Debatte. Die Rechenschaft dafür werdet Ihr später und vor einem anderen König ablegen müssen. Aber für den fünfundneunzigsten gilt das nicht: Kein König hat seinen Tod angeordnet, kein Burgverwalter hatte Befehl, ihn zu töten, er war nie wegen Verrat, Rebellion oder anderer Verbrechen angeklagt oder verurteilt, und der Mann, der ihn getötet hat, ist des Mordes schuldig.«

»Herrgott!« rief Prestcote aufgebracht. »Wenn ein Offizier sich in der Hitze des Gefechts verzählt, wollt Ihr das vor den König bringen? Vielleicht hat man falsch gezählt, aber er wurde unter Waffen gefangengenommen und aufgehängt wie alle anderen, so wie er es verdiente. Er war mit den anderen am Aufruhr beteiligt, und mit den anderen ist er hingerichtet worden – das ist alles, was dazu zu sagen ist. In Gottes Namen, Mann, was verlangt Ihr von mir?«

»Fürs erste ist das genug«, sagte Cadfael, »wenn Ihr mich begleiten und ihn Euch ansehen würdet. Denn er ist *nicht* wie die anderen. Er wurde nicht hingerichtet wie die anderen, seine Hände waren nicht gefesselt wie die der anderen – er ist in keiner Weise mit ihnen zu vergleichen, obwohl irgend jemand damit rechnete, daß wir alle denken würden wie Ihr und daß niemand nachzählen würde. Unter Euren Hingerichteten befindet sich ein Ermordeter, ein Blatt, das jemand in diesem Wald von Leichen versteckt hat. Und wenn Ihr es verwünscht, daß ich ihn gefunden habe, so hat Gott das Verbrechen doch schon lange gesehen. Und wenn Ihr meint, Ihr könntet mich zum Schweigen bringen, glaubt Ihr auch, daß Gott schweigen wird?«

Prestcote sah ihn durchdringend an. »Ihr meint es ernst«, sagte er nachdenklich. »Aber wie kommt ein Mann dorthin, der auf andere Art zu Tode gekommen ist? Seid Ihr Euch wirklich sicher?«

»Absolut. Kommt mit und überzeugt Euch selbst! Er lag bei den anderen, weil ein Verbrecher ihn dort hingelegt hat. Er wurde dort versteckt, damit keine Neugier aufkommt und keine Fragen gestellt würden.«

»Dann hätte der Verbrecher wissen müssen, daß die anderen alle dort liegen würden.«

»Bei Einbruch der Nacht wußten das die meisten Leute in der Stadt und alle Soldaten des Königs. Und die Tat wurde in der Nacht ausgeführt. Kommt mit und seht selbst!«

Und Prestcote begleitete ihn und zeigte alle Anzeichen der Bestürzung und der Unruhe. Aber das würde der Schuldige auch tun, und wer hätte besser als er wissen können, was der Mörder wissen mußte, um sich zu schützen? Trotzdem kniete er in jenem zur Verfügung gestellten Raum, der sich mit modrigem Leichengeruch zu füllen begann, mit Cadfael neben der Leiche nieder.

Es war ein junger Mann. Er trug keine Rüstung, aber natürlich hatte man auch allen übrigen abgenommen, was irgendwie von Wert war. Seine Kleidung deutete jedoch darauf hin, daß er weder ein Lederwams noch einen Brustpanzer getragen hatte. Er trug einen leichten, dunklen Umhang und Stiefel, die richtige Kleidung für eine Sommerreise, bei der man nicht zuviel Gepäck mitnehmen wollte. Bei Nacht hielt sie warm, und in der Hitze des Tages konnte er den Umhang abnehmen. Er war nicht älter als fünfundzwanzig ahre, hatte rotbraunes Haar und ein rundes, hübsches Gesicht, soweit man das beurteilen konnte, denn der Tod hatte es entstellt.

»Er ist durch Erwürgen gestorben«, sagte Prestcote mit einiger Erleichterung.

»Das stimmt, aber nicht durch Erhängen. Und nicht mit gefesselten Händen wie die anderen. Seht doch!« Cadfael zog das Leichentuch vom Hals des Jünglings und zeigte auf einen dünnen Einschnitt, der den Kopf vom Körper zu trennen schien.

»Seht Ihr, wie fein die Schnur war, mit der man ihn ermordete? An so dünnen Seilen wird niemand aufgehängt. Der Einschnitt verläuft waagerecht um seinen Hals und ist so dünn wie eine Angelschnur. Und eine Angelschnur könnte es auch gewesen sein. Seht Ihr, daß diese Rille in seinem Fleisch verfärbte, glänzende Ränder hat? Die Schnur muß gewachst gewesen sein, damit sie tief und sauber einschnitt. Und seht Ihr das hier hinten?« Er hob den leblosen Kopf sanft an und zeigte auf eine tiefe Druckstelle neben der Wirbelsäule, in deren Mitte ein schwarzer Fleck zu sehen war. »Das ist die Spur eines hölzernen Griffes – des Griffes, mit dem die Schlinge zugezogen wird, wenn sie sich um den Hals des Opfers gelegt hat. Würger gebrauchen solche gewachsten Schnüre mit einem Holzgriff an jedem Ende – Meuchelmörder und Wegelagerer. Wenn man nur etwas Kraft in den Händen hat, ist es ein leichtes, seine Feinde auf die Weise aus dieser Welt zu befördern. Und seht Ihr hier, Herr Prestcote, das getrocknete Blut an seinem Hals, dort, wo die Schlinge eingeschnitten hat? Und jetzt seine Hände – auch unter seinen Nägeln ist getrocknetes Blut. Er hat versucht, die Schnur, mit der er getötet wurde, wegzureißen. Seine Hände waren nicht gebunden. Habt Ihr irgendeinem bei den Hinrichtungen nicht die Hände gefesselt?«

»Nein!« Prestcote war von den Einzelheiten, die Cadfael festgestellt hatte, so fasziniert, daß die Antwort ihm unabsichtlich entschlüpft war. Er richtete seinen Blick über den Körper des jungen Mannes hinweg auf den Mönch, und die Züge seines Gesichtes verhärteten sich feindselig. »Es ist nichts damit gewonnen«, sagte er eindringlich, »eine solche Geschichte öffentlich zu machen. Begrabt die Toten und laßt sie ruhen!«

»Ihr habt nicht in Betracht gezogen«, gab Cadfael zu bedenken, »daß bis jetzt noch niemand diesen Jungen identifiziert hat. Er kann ebensogut ein Verbündeter wie ein Feind des Königs gewesen sein. Laßt ihm also Gerechtigkeit widerfahren und handelt nicht wider Gott und die Menschen. Außerdem«, fügte er in salbungsvollem Ton hinzu, »könnten Zweifel an Eurer eigenen Rechtschaffenheit aufkommen, wenn Ihr die Wahrheitsfindung verhindert. An Eurer Stelle würde ich das sofort melden und es in der Stadt ausrufen lassen, denn unsere Arbeit hier ist getan. Wenn irgend jemand diesen jungen Mann abholt, dann trifft Euch keine Schuld. Und wenn nicht, dann habt Ihr wenigstens alles getan, was in Eurer Macht stand, und mehr kann niemand von Euch verlangen.«

Einige Augenblicke lang sah Prestcote ihn finster an, dann stand er ruckartig auf. »Ich werde es ausrufen lassen«, sagte er und ging hinaus.

Die Nachricht wurde in der Stadt verkündet und ein Bote zum Kloster gesandt, damit sie auch beim dortigen Gästehaus ausgerufen werde. Hugh Beringar, der vom Lager des Königs aus östlicher Richtung zurückkehrte, weil er den Severn ein Stück weiter flußabwärts überquert hatte, hörte die Bekanntmachung und erblickte unter den Zuhörern Aline Siward, die aus dem Haus getreten war, um die Neuigkeiten zu hören. Zum erstenmal sah er sie mit unbedecktem Kopf. Ihr Haar war hellblond, ganz wie er es sich vorgestellt hatte, und ihr Gesicht wurde von zwei herabhängenden lockigen Strähnen eingerahmt. Sie wirkte unentschlossen, besorgt und sehr jung.

Beringar stieg nur ein paar Schritte von ihr entfernt von seinem Pferd, als habe er rein zufällig diesen Platz gewählt, um in Ruhe zu hören, was Prior Robert jetzt bekanntgab:

»... und seine Gnaden der König stellt es jedem, der will, frei, sich die Toten anzusehen und abzuholen, wenn es Verwandte sind, und sie selber zu beerdigen. Außerdem bittet er alle, die kommen, sich einen der Toten anzusehen, dessen Name und Herkunft nicht bekannt sind, und ihn, wenn möglich, zu identifizieren. Niemand braucht eine Strafe oder einen Nachteil für sich zu befürchten.«

Nicht jeder schenkte dieser Behauptung Glauben. Aber Aline fürchtete weniger die Folgen für sich selber – sie hatte das verzweifelte Gefühl, daß sie diesen schweren Weg auf sich nehmen mußte –, doch gleichzeitig schrak sie vor den Schreckensbildern zurück, die dort auf sie warteten. Beringar fiel ein, daß sie einen Bruder hatte, der sich mit seinem Vater entzweit und sich den Anhängern der Kaiserin angeschlossen hatte; und obwohl Gerüchte zu ihr gedrungen waren, er habe Frankreich erreicht, wußte sie doch nicht, ob sie der Wahrheit entsprachen.

Mit sanfter Stimme und voller Ehrerbietung sprach er sie an. »Mein Fräulein, ich bitte Euch, über mich zu verfügen, wenn ich Euch in irgendeiner Weise zu Diensten sein kann.«

Sie sah ihn an und lächelte, denn sie hatte ihn in der Kirche gesehen und wußte, daß er ebenso wie sie ein Gast des Klosters war. Trotzdem hielt er es für angebracht, sich vorzustellen:

»Vielleicht erinnert Ihr Euch – wir haben am selben

Abend dem König unsere Treue geschworen. Mein Name ist Hugh Beringar von Maesbury. Es wäre mir eine Freude, Euch helfen zu dürfen. Und es scheint mir, als habe die Bekanntmachung, die wir soeben hörten, Sorge und Bestürzung bei Euch ausgelöst. Wenn Ihr einen Auftrag für mich habt, so werde ich ihn mit Freuden erfüllen.«

»Ja, ich erinnere mich«, sagte Aline. »Euer Angebot ist sehr freundlich, aber es handelt sich hier um etwas, das ich selber tun muß. Außer mir ist niemand hier, der weiß, wie mein Bruder aussieht. Ich kann jedoch nicht leugnen, daß ich davor zurückschrecke... Und trotzdem – ich weiß, daß es Frauen in der Stadt gibt, die dort hingehen mit der Gewißheit, daß sie ihren Sohn dort finden werden. Und was sie können, kann ich auch.«

»Aber Ihr habt keinen Grund zu der Annahme«, antwortete er, »daß sich Euer Bruder unter diesen Unglücklichen befindet.«

»Nein, außer daß ich nicht weiß, wo genau er sich aufhält. Ich weiß nur, daß er für die Kaiserin kämpft. Nein, es ist besser, wenn ich mir Gewißheit verschaffe.«

»Habt Ihr ihn sehr geliebt?« fragte Beringar sanft.

Sie antwortete nicht sofort. »Nein, wir standen uns nicht so nahe wie Bruder und Schwester eigentlich sollten. Giles ist fünf Jahre älter als ich und hatte immer schon seinen eigenen Freundeskreis. Als ich elf oder zwölf war, hatte er das Haus schon verlassen und kam nur zurück, um sich mit meinem Vater zu streiten. Aber er ist mein einziger Bruder. Und es heißt, daß unter den Toten einer ist, den niemand kennt.«

»Es ist bestimmt nicht Giles«, erklärte Hugh mit Bestimmtheit.

»Und wenn er es doch ist? Dann muß ich mich um ihn kümmern.« Sie hatte sich entschlossen. »Ich muß hingehen.«

»Ich bin anderer Meinung. Aber wenigstens solltet Ihr nicht alleine gehen.« Er rechnete damit, daß sie jetzt sagen würde, ihre Zofe werde sie begleiten, aber statt dessen antwortete sie, ohne zu zögern: »Ich werde Constance nicht an diesen Ort des Schreckens mitnehmen! Sie hat keinen Verwandten unter den Toten, und warum sollte sie erleiden, was ich auf mich nehme?«

»Dann werde ich Euch begleiten, wenn Ihr nichts dagegen habt.«

Ihr besorgtes Gesicht hellte sich auf, sie sah ihn voller Überraschung, Hoffnung und Dankbarkeit an. Dennoch zögerte sie, das Angebot anzunehmen. »Das ist sehr freundlich von Euch, aber ich kann es nicht zulassen. Warum solltet Ihr Euch dem aussetzen, nur weil ich eine Pflicht zu erfüllen habe?«

»Um mich macht Euch keine Sorgen!« erwiderte er. Er war sich jetzt ihrer und seiner selbst sehr sicher. »Ich werde keinen Moment Ruhe finden, wenn Ihr mich zurückweist und alleine geht. Wenn Ihr mir jedoch sagt, daß ich Euch mit meiner Beharrlichkeit nur lästig bin, werde ich schweigen und Euch gehorchen. Aber nur dann.«

Sie brachte es nicht über sich. Ihre Lippen zitterten. »Nein – das wäre gelogen. Ich bin nicht sehr tapfer!« sagte sie traurig. »Ich wäre Euch dankbar, wenn Ihr mich begleiten würdet.«

Er hatte erreicht, was er wollte; jetzt kam es darauf an, das Bestmögliche aus dieser Situation zu machen. Warum reiten, wenn ein Fußmarsch durch die Stadt viel länger dauerte und er dadurch auch mehr Zeit hatte, sie kennenzulernen? Hugh Beringar ließ sein Pferd in den Stall bringen und ging zusammen mit Aline die Straße hinunter und über die Brücke nach Shrewsbury.

Bruder Cadfael stand bei der Bahre, auf der der Ermordete lag, gleich neben der Tür, so daß jeder, der unter den Toten nach einem Verwandten suchte, direkt an ihm vorbei mußte und von ihm befragt werden konnte. Aber bis jetzt hatte jeder nur halb mitleidig, halb erleichtert den Kopf geschüttelt. Niemand kannte den jungen Mann.

Prestcote hatte Wort gehalten. Es wurde keine Liste der Kommenden geführt, niemand wurde behindert oder mit Fragen belästigt. Der Burgverwalter wollte die Erinnerung an die Rache des Königs so schnell wie möglich tilgen. Die Wache unter dem Kommando von Adam Courcelle hatte Anweisung, sich im Hintergrund zu halten und sogar, wenn nötig, Hand anzulegen, damit diese unerwünschten Gäste möglichst noch vor Einbruch der Dunkelheit aus der Burg geschafft werden konnten.

Cadfael hatte jeden Mann der Wache gebeten, sich den Unbekannten anzusehen, aber keiner von ihnen konnte ihn identifizieren. Courcelle hatte einen langen, finsteren Blick auf den Toten geworfen und den Kopf geschüttelt.

»Ich kann mich nicht erinnern, ihn schon einmal gesehen zu haben. Welchen Grund könnte es nur geben, einen jungen Burschen wie diesen so zu hassen, daß man ihn aus der Welt schafft?«

»Morde geschehen nicht nur aus Haß«, sagte Cadfael grimmig. »Wegelagerer töten Menschen, die sie nicht nicht einmal kennen, Menschen, von denen sie nicht wissen, ob sie sie mögen oder hassen würden.«

»Aber was kann so ein Jüngling bei sich gehabt haben, das des Tötens wert wäre?«

»Mein Freund«, sagte Cadfael, »es gibt Menschen, die einen Bettler wegen der paar Münzen, die er geschenkt bekommen hat, ermorden. Und wenn ein König mehr als neunzig Männer auf einmal töten läßt, deren einziger Fehler es war, für die andere Seite zu kämpfen, ist es dann verwunderlich, wenn Meuchelmörder das als Rechtfertigung für ihr Tun betrachten? Oder zumindest als eine Art Freibrief?« Er sah, daß Courcelle die Röte ins Gesicht stieg und seine Augen wütend blitzten, aber der junge Mann widersprach nicht. »Oh, ich weiß – Ihr habt nur auf Befehl gehandelt, es blieb Euch keine andere Wahl. Auch ich bin einmal Soldat gewesen und hatte zu gehorchen, und ich habe Dinge getan, die ich heute gerne ungeschehen machen würde. Das ist einer der Gründe, warum ich mich schließlich einer anderen Gerechtigkeit unterstellt habe.«

»Ich glaube nicht«, bemerkte Courcelle, »daß es mit mir einmal soweit kommen wird.«

»Das habe ich damals auch gedacht. Aber jetzt bin ich, was ich bin, und ich möchte nicht mit Euch tauschen. Nun ja, wir alle versuchen, aus unserem Leben das Beste zu machen.« Und das Schlechteste mit dem Leben anderer, wenn es in unserer Macht steht, fügte er in Gedanken hinzu und betrachtete die vielen leblosen Körper, die in dem Raum aufgebahrt waren.

Hier und da war eine Lücke in den Reihen entstanden. Etwa ein Dutzend der Hingerichteten war von Eltern oder Ehefrauen abgeholt worden. Immer noch traten Leute aus der Stadt zaghaft ein – Frauen, deren Gesichter von den Kopftüchern halb verborgen waren, alte Männer, die schicksalsergeben nach ihren Söhnen suchten. Kein Wunder, daß Courcelle, für den eine Totenwache wie diese wohl auch etwas Neues war, fast genauso unglücklich wie die trauernden Hinterbliebenen aussah.

Mit gerunzelter Stirn und in düstere Gedanken versunken sah er zu Boden, als Aline an der Seite Hugh Beringars in der Tür erschien. Ihr Gesicht war weiß und angespannt, sie hatte die Augen weit aufgerissen und die Lippen zusammengepreßt und klammerte sich mit einer

Hand an den Ärmel ihres Begleiters wie ein Ertrinkender an einen vorbeitreibenden Ast.

Beringar versuchte nicht, ihre Aufmerksamkeit von dem schrecklichen Anblick, der sich ihnen bot, abzulenken, sondern warf ihr nur hin und wieder einen kurzen, forschenden Seitenblick zu. Es wäre auch ein entscheidender taktischer Fehler gewesen, überlegte Cadfael, ihr jene Art von Schutz anzubieten, die gleichzeitig einen Besitzanspruch darstellt; Aline mochte zwar jung und zart sein, aber sie war auch ein stolzes Mädchen aus einem alten Adelsgeschlecht, und die Kraft, die sie daraus schöpfte, durfte man nicht unterschätzen. Wie die anderen Bürger der Stadt, die unter den Toten nach einem Verwandten suchten, war sie in einer Familienangelegenheit hier, und jeder, der versuchte, ihr diese Arbeit abzunehmen, würde es zu bereuen haben. Nichtsdestoweniger mochte sie Beringar dankbar sein für seine stille und teilnahmsvolle Begleitung.

Courcelle sah auf, als die beiden den Raum betraten. Die Nachmittagssonne schien durch die Fenster. »Lieber Gott!« rief er leise aus und stürzte ihnen entgegen, um sie auf der Schwelle aufzuhalten. »Aline! – Mein Fräulein, was habt denn Ihr hier zu suchen? Dies ist ein Ort des Schreckens. Ich muß mich wundern«, sagte er wütend zu Beringar, »daß Ihr sie hierhergebracht habt.«

»Er hat mich nicht hergebracht«, unterbrach ihn Aline. »Ich habe darauf bestanden. Da er mich nicht davon abbringen konnte, war er so freundlich, mich zu begleiten.«

»Es war töricht von Euch, diese Buße auf Euch zu nehmen«, sagte Courcelle aufgebracht. »Hier gibt es nichts für Euch zu tun. Keiner von denen, die hier liegen, ist ein Verwandter von Euch.«

»Ich bete, daß Ihr recht habt«, sagte sie. »Aber ich muß

Gewißheit haben! Wie alle diese anderen auch. Und Gewißheit kann ich mir nur auf eine Art verschaffen – das ist für mich nicht schlimmer als für diese. Ihr wißt, daß ich einen Bruder habe – Ihr wart dabei, als ich dem König erzählte...«

»Aber er kann nicht unter diesen Toten sein. Ihr sagtet, er sei in die Normandie geflohen.«

»Ich sagte, ich hätte entsprechende Gerüchte gehört – aber wie kann ich sicher sein? *Vielleicht* ist er in Frankreich, er könnte sich aber auch in dieser Gegend in die Dienste der Kaiserin gestellt haben. Wie kann ich das wissen? Möglicherweise war er hier in Shrewsbury.«

Zum erstenmal ergriff Beringar das Wort. »In der Proklamation des Sheriffs war die Rede von einem, dessen Name und Herkunft nicht bekannt sind. Offenbar einer, der auf der offiziellen Liste nicht aufgeführt war.«

»Ihr müßt mich selber sehen lassen«, sagte Aline saft, aber bestimmt, »sonst werde ich keine Ruhe finden.«

Trotz aller Sorge und Erregung sah Courcelle keine Möglichkeit, sie daran zu hindern. Wenigstens war die Leiche des Unbekannten gleich neben dem Eingang aufgebahrt. »Er liegt hier«, sagte er und wandte sich der Ekke zu, in der Bruder Cadfael stand. Bei seinem Anblick spielte ein kleines, überraschtes Lächeln um ihren Mund, das jedoch gleich darauf wieder verschwand. »Ich glaube, ich kenne Euch. Ich habe Euch im Kloster gesehen – Ihr seid Bruder Cadfael, der Botaniker.«

»So ist es«, sagte Cadfael. »Woher Ihr meinen Namen kennt, ist mir jedoch unerklärlich.«

»Ich habe mich beim Pförtner über Euch erkundigt«, antwortete sie errötend. »Ich habe Euch bei Vesper und Komplet gesehen, und... Vergebt mir, Bruder, wenn ich zu neugierig war, aber es umgibt Euch etwas, als hättet Ihr viele Abenteuer erlebt, bevor Ihr in das Kloster eintratet. Der Pförtner sagte mir, Ihr hättet am Kreuzzug teilgenommen und wäret mit Gottfried von Bouillon bei der Belagerung von Jerusalem dabeigewesen! Von solch einem christlichen Dienst kann ich nur träumen... Oh!«

Sie hatte vor Verlegenheit über ihre Schwärmerei die Augen niedergeschlagen, und ihr Blick war auf das junge Gesicht des Toten zu ihren Füßen gefallen. Sie betrachtete es schweigend. Es war nicht abstoßend – der Unbekannte sah jugendlich und fast hübsch aus.

»Und jetzt erfüllt Ihr für alle diese Unglücklichen die christlichste aller Pflichten«, sagte Aline mit gedämpfter Stimme. »Ist dies jener, der so unerwartet auftauchte? Der eine, der zuviel ist?«

»Er ist es.« Cadfael beugte sich nieder und zog das Leichentuch zurück, um ihr die einfache, aber gute Kleidung und die unkriegerische Erscheinung des Jünglings zu zeigen. »Außer einem Dolch, den jeder Mann mit sich führt, wenn er auf Reisen geht, war er unbewaffnet.«

Sie sah unvermittelt auf. Über ihre Schulter hinweg betrachtete Beringar eindringlich das runde Gesicht, das im Leben sicher heiter und fröhlich gewesen war. »Wollt Ihr damit sagen«, fragte Aline, »daß er am Kampf in der Burg gar nicht beteiligt war und nicht zusammen mit der Burgbesatzung gefangengenommen wurde?«

»Ich habe diesen Eindruck. Kennt Ihr ihn?«

»Nein.« Noch einmal sah sie den Jüngling mit reinem, unpersönlichem Mitleid an. »So jung! Was für ein Jammer! Ich wollte, ich könnte Euch sagen, wie er heißt, aber ich habe ihn nie zuvor gesehen.«

»Herr Beringar?«

»Nein. Er ist mir nicht bekannt.« Beringar betrachtete den Toten immer noch düster und nachdenklich. Jeder, der an der Bahre eines Gleichaltrigen steht, sieht seinen eigenen Tod.

Courcelle, der immer noch besorgt dabeistand, legte seine Hand auf Alines Arm und versuchte sie zum Gehen zu bewegen: »Kommt nun, Ihr habt Eure Aufgabe erfüllt, jetzt solltet Ihr diesen traurigen Ort verlassen. Ihr seht ja – Eure Sorgen waren unbegründet, Euer Bruder ist nicht hier.«

»Nein«, sagte Aline, »dies ist er nicht, obwohl er es sein *könnte*... Doch wie kann ich sicher sein, bevor ich sie nicht alle gesehen habe?« Sie sah sich suchend um. »Bruder Cadfael, Ihr versteht, daß ich mir Gewißheit verschaffen muß. Wollt Ihr mir zur Seite stehen?«

»Sehr gern«, sagte Cadfael, und ohne ein weiteres Wort führte er sie durch die Reihen der Toten, denn Worte hätten sie nicht von ihrem Entschluß abgebracht, und er fand, daß sie ein Recht hatte, darauf zu beharren. Die beiden jungen Männer folgten ihnen. Sie gingen nebeneinander – keiner wollte dem anderen den Vortritt lassen. Beklommen, aber entschlossen sah Aline auf die Gesichter der Hingerichteten herab. Plötzlich blieb sie stehen und klammerte sich an Cadfaels Arm. Aus ihrem Mund drang kein Schrei, sie hatte gerade genug Atem für ein leises Stöhnen, und nur Cadfael, der ihr am nächsten stand, hörte das Wort, das sich dahinter verbarg. »Giles!« wiederholte sie etwas lauter. Die Farbe war aus ihrem Gesicht gewichen, so daß es fast durchsichtig zu sein schien. Sie starrte auf das Gesicht eines Toten zu ihren Füßen, das einmal willensstark und hübsch gewesen war. Sie sank auf die Knie, und dann entrang sich ihrer Kehle der einzige Schmerzensschrei, den sie je für ihren Bruder ausstieß. Als sie sich über seine Leiche warf und ihn in die Arme schloß, verrutschte ihre Haube, ihr Haar löste sich und legte sich wie ein goldener Schleier über Bruder und Schwester.

Bruder Cadfael war erfahren genug, um zu wissen, daß sie jetzt weniger des tröstenden Beistandes als der schweigenden Zurückhaltung bedurfte, und er hätte sie ihrem Schmerz überlassen, aber er wurde beiseite gestoßen. Adam Courcelle fiel neben ihr auf die Knie und zog sie an seine Schulter. Die Entdeckung ihres Bruders unter den Toten hatte ihn ebenso getroffen wie Aline. Sein Gesicht war entsetzt und verstört, und er brachte nur ein verzweifeltes Stottern heraus.

»Aline! Lieber Gott, ist dies wirklich Euer Bruder? Hätte ich das gewußt... hätte ich das gewußt, dann hätte ich sein Leben um Euretwillen geschont... ich hätte ihn gerettet... lieber Gott, sei mir gnädig!«

Auf ihrem Gesicht waren keine Tränen zu sehen. Voller Verwunderung über seine Gewissensbisse sah sie ihn an. »Nein, so dürft Ihr nicht sprechen! Es war nicht Euer Fehler, Ihr kanntet ihn ja nicht. Ihr habt nur getan, was Euch befohlen war. Und wie hättet Ihr die anderen hinrichten und ihn schonen können?«

»Dann ist er wirklich Euer Bruder?«

»Ja«, sagte sie und sah den Toten mit einem Gesicht an, aus dem jetzt sogar Schrecken und Schmerz verschwunden waren. »Das ist Giles.« Nun hatte sie die furchtbare Gewißheit, und da es keine weiteren Verwandten gab, oblag es nun ihr, alles Nötige in die Wege zu leiten. Bewegungslos ließ sie sich von Courcelle am Arm halten und blickte ernst auf das tote Gesicht ihres Bruders.

Plötzlich stieß sie einen kurzen Seufzer aus und stand auf. Hugh Beringar, der sich während dieser ganzen Szene klugerweise im Hintergrund gehalten hatte, reichte ihr die Hand und stützte sie. Noch nie in ihrem Leben war sie einer so schweren Prüfung ausgesetzt gewesen, aber jetzt hatte sie sich voll in der Gewalt. Sie konnte und würde alles tun, was nötig war.

»Bruder Cadfael, ich danke Euch für alles, was Ihr getan habt – nicht nur für Giles und mich, sondern auch für alle diesc anderen Unglücklichen. Wenn Ihr erlaubt, werde ich die Bestattung meines Bruders in die Hand nehmen, wie es sich gebührt.«

Courcelle stand immer noch erschüttert neben ihr. »Wohin wollt Ihr ihn überführen?« fragte er. »Meine Männer werden ihn hinbringen und Euch zur Verfügung stehen, solange Ihr ihrer bedürft. Ich wollte, ich könnte Euch persönlich zu Diensten sein, aber ich darf meinen Posten nicht verlassen.«

»Ihr seid sehr freundlich«, sagte sie gefaßt. »Die Familie meiner Mutter hat eine Gruft in der Kirche von St. Alkmund hier in der Stadt. Pater Elias kennt mich. Ich wäre Euch dankbar, wenn Ihr meinen Bruder dorthin bringen lassen würdet, aber ich will Eure Männer nicht länger beanspruchen als unbedingt nötig. Ich werde alles Nötige selber regeln.« Ihr Gesicht war ernst, ihre Gedanken jetzt ganz auf das Praktische gerichtet. Alles mögliche wollte bedacht sein – die Sommerhitze, die Beschaffung der Dinge, die für ein ordentliches Begräbnis nötig waren. Es war Eile geboten. Sie traf ihre Entscheidungen mit Bestimmtheit.

»Herr Beringar, ich weiß Eure Freundlichkeit zu schätzen, aber jetzt muß ich mich um meinen toten Bruder kümmern. Es besteht keine Notwendigkeit, Euch den Rest des Tages zu verderben. Ihr braucht Euch um mich keine Sorgen zu machen.«

»Ich bin mit Euch hergekommen«, sagte Hugh Beringar, »und ich werde ohne Euch nicht zurückkehren.« Instinktiv spürte er, daß es unangebracht gewesen wäre, irgend etwas mehr zu sagen oder sie seines Mitgefühls zu versichern. Sie akzeptierte seine Entscheidung und wandte sich wieder ihren Pflichten zu. Zwei Soldaten der Wache brachten eine Bahre und betteten Giles Siwards Leiche darauf.

In diesem Moment rief Courcelle, dcr die ganze Zeit bekümmert den Toten angeblickt hatte: »Wartet! Mir ist etwas eingefallen – ich glaube, da ist noch etwas, das ihm gehört hat.«

Eilig verließ er den Raum, ging in den Wachtturm und kehrte einige Augenblicke später mit einem schwarzen Umhang über dem Arm zurück. »Dies war unter den Kleidungsstücken, die sie vor der Hinrichtung ablegen mußten. Ich glaube, dieser Umhang gehörte ihm – die Spange hat dieselbe Form wie seine Gürtelschnalle.« Und tatsächlich war auf beiden Teilen in erhabener Bronzearbeit derselbe Drache der Ewigkeit dargestellt, der die Spitze seines Schwanzes im Maul hielt. »Das ist mir erst jetzt aufgefallen. Das kann kein Zufall sein. Laßt mich ihm wenigstens dies mitgeben.« Er entfaltete den Umhang und breitete ihn über die Bahre, so daß er das Gesicht des Totenbedeckte. Als er aufblickte, sah er in Alines Augen, und zum erstenmal bemerkte er in ihnen Tränen.

»Das war sehr freundlich von Euch«, sagte sie und reichte ihm die Hand. »Ich werde es Euch nicht vergessen.«

Cadfael nahm seine Totenwache bei dem Unbekannten wieder auf, aber seine Fragen erbrachten kein Ergebnis. Am Abend würden alle Toten, die nicht abgeholt worden waren, ins Kloster gebracht werden müssen; man würde ein Massengrab auf einem Stück Land am Rande des Klostergeländes ausheben, das von Abt Heribert gesegnet werden würde. Aber dieser Unbekannte, der nie wegen eines Verbrechens angeklagt oder verurteilt worden war und dessen Tod nach Gerechtigkeit verlangte, sollte nicht mit den anderen Hingerichteten beerdigt werden.

Im Hause von Pater Elias wurde Giles Siwards Leiche von seiner Schwester gewaschen und in ein Leichenhemd gekleidet. Der Pater half ihr dabei. Hugh Beringar wartete vor der Tür auf sie. Sein Angebot, ihr zu helfen, hatte sie abgelehnt, sie war dieser Aufgabe wohl gewachsen, und sie hätte nicht Dankbarkeit, sondern Widerwillen empfunden, wenn man versucht hätte, ihr auch nur einen Teil davon abzunehmen. Aber als ihr Bruder schließlich vor dem Altar aufgebahrt war, fühlte sie sich plötzlich zu Tode erschöpft, und obwohl er kaum ein Wort sagte, war sie doch froh, Beringar auf dem Rückweg zu ihrem Haus neben der Mühle an ihrer Seite zu wissen.

Am folgenden Morgen wurde Giles Siward in der Familiengruft von St. Alkmund beigesetzt, und die Mönche des Klosters beerdigten die sechsundsechzig gefallenen Soldaten, die sich immer noch in ihrer Obhut befanden.

KAPITEL IV

Aline hatte die Jacke, die Hose und den Umhang ihres Bruders an sich genommen. Es waren gute Kleidungsstücke, die nicht einfach weggeworfen werden durften – es gab so viele, die halb nackt waren und unter der Kälte litten. Sie faltete sie zu einem Bündel zusammen und ging in den Garten des Klosters, um Bruder Cadfael zu suchen, aber sie konnte ihn nicht finden. Ein Grab auszuheben, das groß genug ist, um sechsundsechzig Tote aufzunehmen, dauert länger als das Öffnen einer Gruft. Zwar halfen viele Hände mit, aber die Klosterbrüder waren doch bis lange nach Mittag damit beschäftigt.

Aber wenn sie auch Cadfael nicht antraf, so doch seinen Gehilfen, der emsig vertrocknete Blüten abschnitt und Blätter und Stengel sammelte, die er in Büscheln zum Trocknen aufhängte. Die ganze Schmalseite des Schuppens war mit trocknenden Kräutern behängt. Der Junge arbeitete barfuß; er war staubbedeckt, und einer seiner Wangen war verschmiert. Als er sie kommen hörte, blickte er auf und kam eilig auf sie zu. Er strich sich mit seiner Hand das Haar aus dem Gesicht und verschmierte so auch noch die andere Wange und seine Stirn mit Gartenerde.

»Eigentlich habe ich Bruder Cadfael gesucht«, sagte Aline fast entschuldigend. »Du bist sicher Godric, der Junge, der ihm hilft.«

»Ja«, sagte Godric mit belegter, tiefer Stimme. »Bruder Cadfael ist immer noch bei der Arbeit, sie sind noch nicht fertig.« Sie hatte ihm helfen wollen, aber das hatte er nicht zugelassen; je weniger Leute sie bei Tageslicht sahen desto besser.

»Oh!« sagte Aline verlegen. »Natürlich, daran hätte ich denken müssen. Kann ich bei dir eine Nachricht für ihn hinterlassen? Ich habe nämlich die Kleider meines Bruders mitgebracht. Er braucht sie nicht mehr, aber sie sind gut erhalten, ein anderer wird sich darüber freuen. Bitte richte Bruder Cadfael aus, er möge sie jemandem geben, der sie gebrauchen kann.«

Godith hatte ihre schmutzigen Hände an ihrem Kittel abgewischt, bevor sie das Bündel an sich nahm. Reglos drückte sie die Kleider des Toten an sich und betrachtete die Frau ihr gegenüber. Sie war so erschrocken, daß sie einen Augenblick lang vergaß, ihre Stimme zu verstellen. »Er braucht sie nicht länger... war Euer Bruder denn in der Burg? Oh, das tut mir leid! Das tut mir wirklich leid!«

Aline blickte auf ihre leeren Hände. »Ja. Er hatte seine Wahl getroffen«, sagte sie. »Man hat mir zwar gesagt, daß er die falsche Seite gewählt hat, aber immerhin hat er bis zum Ende durchgehalten. Mein Vater wäre sicher wütend auf ihn gewesen, aber wenigstens hätte er sich seiner nicht zu schämen brauchen.«

»Es tut mir leid!« Godith wußte nichts Besseres zu sagen. »Ich werde es Bruder Cadfael ausrichten, sobald er kommt. Und ich danke Euch in seinem Namen für Eure milde Gabe.«

»Gib ihm auch dieses Geld. Davon sollen Messen für alle Toten gelesen werden, und eine Messe für den einen, der nicht dorthin gehörte, den Unbekannten.«

Godith sah sie überrascht an. »Ein Unbekannter? Einer, der nicht dorthin gehört? Davon wußte ich nichts!« Sie hatte Cadfael nur kurz gesehen. Er war spät und müde heimgekommen und hatte keine Zeit gehabt, ihr irgend etwas zu erzählen. Sie wußte nur, daß die Toten, die nicht von ihren Familien abgeholt worden waren, im Kloster beerdigt wurden.

»Ja, das hat er gesagt. Anstatt vierundneunzig waren es fünfundneunzig Tote, und einer von ihnen schien unbewaffnet gewesen zu sein. Bruder Cadfael hat alle, die kamen, befragt, ob sie ihn kannten, aber ich glaube, keiner wußte seinen Namen.«

»Und wo ist er jetzt?« fragte Godith verwundert.

»Das weiß ich nicht. Sicher haben sie auch ihn ins Kloster gebracht. Aber ich darf dich nicht weiter von der Arbeit abhalten. Bitte richte Bruder Cadfael einen Gruß von mir aus.«

Aline drehte sich um und ging zurück.

Godith legte das Kleiderbündel auf ihr Bett im Schuppen und ging wieder an die Arbeit. Mit einiger Unruhe erwartete sie Cadfaels Rückkehr, aber als er schließlich kam, war er müde und hatte trotzdem noch etwas zu erledigen.

»Der König hat nach mir geschickt. Es sieht so aus, als habe sein Verwalter ihm erzählt, worauf ich gestoßen bin, und er will eine Erklärung von mir. Aber ich vergesse ganz«, sagte er und strich mit seiner schwieligen Hand über ihre Wange, »daß ich noch keine Zeit gehabt habe, dir alles zu erzählen. Du weißt ja noch gar nichts davon.«

»Doch etwas weiß ich«, sagte Godith. »Aline Siward war hier und hat nach Euch gefragt. Sie hat diese Kleider gebracht, damit Ihr sie als Almosen verteilt. Sie haben ihrem Bruder gehört. Und von diesem Geld sollen Messen gelesen werden – und eine besondere Messe für den einen, der zuviel war. Jetzt sagt mir, was für ein Geheimnis dahintersteckt!«

Es war angenehm, für eine Weile alles zu vergessen und den Dingen ihren Lauf zu lassen, und so setzte er sich neben sie und erzählte ihr alles. Sie hörte aufmerksam zu. Als er geendet hatte, fragte sie: »Und wo ist er jetzt, dieser Fremde, den niemand kennt?«

»Er ist in der Kirche. Wir haben ihn vor dem Altar aufgebahrt. Ich will, daß alle, die zum Gottesdienst kommen, an ihm vorbeigehen. Vielleicht kennt ihn doch jemand. Er kann nur bis morgen dort bleiben«, sagte er bedauernd, »das Wetter ist zu heiß. Aber wenn wir ihn morgen begraben müssen, dann an einem Ort, wo er leicht wieder exhumiert werden kann. Wir werden seine Kleider aufbewahren und eine Zeichnung von seinem Gesicht anfertigen lassen für den Fall, daß wir herausfinden, wer er ist.«

»Und Ihr glaubt wirklich, daß er ermordet wurde? Und daß er unter die Hingerichteten gelegt wurde, damit das Verbrechen nicht entdeckt würde?«

»Ja, er ist von hinten erwürgt worden, und zwar mit einer Schnur, die eigens zu diesem Zweck präpariert worden ist. Und das ist in derselben Nacht geschehen, in der die anderen hingerichtet und in den Graben geworfen wurden. Der Mörder hätte keine bessere Gelegenheit finden können. Wer würde diese vielen Toten denn schon zählen? Es war ein sicheres Versteck.«

»Das war es offenbar nicht!« rief sie triumphierend. »Denn dann kamt Ihr. Wer außer Euch hätte es mit fünfundneunzig Toten so genau genommen? Wer außer

Euch würde sich für die Rechte eines Mannes einsetzen, der nicht verurteilt war, der ohne rechtliche Befugnis getötet wurde? Oh, Bruder Cadfael, ich denke in dieser Sache ebenso wie Ihr. Laßt den König noch etwas warten und geht mit mir in die Kirche, damit ich einen Blick auf diesen Mann werfen kann.«

Cadfael dachte kurz nach. Dann stand er mit einem leisen Stöhnen auf. Er war kein junger Mann mehr, und er hatte eine lange Nacht und einen harten Tag hinter sich. »Nun gut, dann komm. Wahrscheinlich ist jetzt alles ruhig, aber bleib trotzdem dicht bei mir. Ach, Mädchen, dich muß ich auch noch so bald wie möglich sicher hier herausbringen.«

»Seid Ihr so eifrig darauf bedacht, mich loszuwerden?« sagte sie entrüstet. »Und das gerade jetzt, wo ich anfange zu lernen, was der Unterschied zwischen Salbei und Majoran ist! Was würdet Ihr ohne mich anfangen?«

»Nun, ich müßte einen Novizen anlernen, der länger als nur ein paar Wochen bei mir bleibt. Und da wir gerade von Kräutern sprechen«, sagte Cadfael und zog einen kleinen Lederbeutel aus seiner Kutte, »weißt du, was das hier ist?« Er hatte den Beutel geöffnet und schüttelte einen etwa zehn Zentimeter langen, trockenen Halm heraus, an dem in regelmäßigen Abständen paarweise Blätter standen. Wo die Blätter am Halm entsprangen, waren winzige, braune Kügelchen zu sehen.

Sie betrachtete das Kraut neugierig. »Nein. Hier im Garten wächst das nicht.«

»Das ist Klebkraut – man nennt es auch Labkraut. Es ist ein Rankengewächs, das sich mit kleinen Haken überall festhält. Und siehst du: Auch an diesen kleinen Samenbällchen befinden sich kleine Häkchen. Ist dir aufgefallen, daß der Halm in der Mitte geknickt ist? Ich habe es in dem Einschnitt gefunden, den die Schnur in der Kehle des armen Kerls hinterlassen hat. Und die Schnur hat auch den Knick im Halm verursacht. Er stammt aus dem Heu, das letztes Jahr geschnitten worden ist. Das Labkraut wächst heuer reichlich, man findet es überall, ein gutes Kraut, das beste Mittel für Wunden, die schlecht heilen. Alle Dinge in der Natur haben ihren Nutzen, nur Mißbrauch macht sie schlecht.« Er steckte den trockenen Halm wieder in den Lederbeutel und legte einen Arm um ihre Schultern. »Komm, laß uns gehen und einen Blick auf diesen jungen Mann werfen.«

Man hatte den geheimnisvollen Unbekannten am Chorende des Kirchenschiffes aufgebahrt. Er war von einem Leichentuch bedeckt, aber sein Kopf war frei. In der Kirche herrschte dämmriges Licht; man brauchte einige Minuten, bis sich die Augen daran gewöhnt hatten, aber dann war er gut zu erkennen. Godith stand neben der Bahre und sah ihn schweigend an. Als Cadfael leise fragte: »Kennst du ihn?« war er sich ihrer Antwort fast schon sicher.

»Ja«, flüsterte sie.

»Komm!« Sanft führte er sie wieder aus der Kirche hinaus. Draußen holte sie tief Luft, sagte aber nichts, bis sie wieder sicher im Herbarium waren. Sie setzten sich, umgeben von den Gerüchen des Sommers, eingehüllt in den Schatten des Schuppens.

»Nun, wer ist dieser junge Mann, der dir und mir solche Sorgen macht?«

»Er heißt Nicholas Faintree«, sagte sie sehr leise und verwundert. »Seit ich zwölf Jahre alt war, bin ich ihm immer wieder einmal begegnet. Er ist einer von FitzAlans Edelleuten von einer seiner nördlichen Besitzungen und hat ihm in den letzten Jahren einige Male als Kurierreiter gedient. Nein, ich glaube nicht, daß man ihn in Shrewsbury kennt. Wenn man ihm hier aufgelauert und ihn ermordet hat, muß er wohl im Auftrag seines Herrn unterwegs gewesen sein.« Sie stützte ihren Kopf in die Hände und dachte nach. »Es gibt in Shrewsbury einige Leute, die ihn hätten identifizieren können, wenn sie Grund gehabt hätten, unter den Toten nach Familienmitgliedern zu suchen. Ich kenne einige, die Euch erzählen könnten, warum Nicholas an jenem Tag und in jener Nacht hier war. Seid Ihr sicher, daß ihnen nichts geschehen wird?«

»Nicht durch mich«, sagte Cadfael, »das kann ich versprechen.«

»Da ist mein Kindermädchen, die Frau, die mich hergebracht und als ihren Neffen ausgegeben hat. Petronilla hat spät geheiratet, zu spät, um selber Kinder bekommen zu können, und bis dahin stand sie in den Diensten meiner Familie. Sie hat einen Mann geheiratet, der FitzAlans und meinem Hause nahestand: Edric Flesher, den Meister der Fleischerzunft in Shrewsbury. Als FitzAlan sich für Kaiserin Maud entschied, waren die beiden in alle Pläne eingeweiht. Wenn Ihr ihnen sagt, ich habe Euch geschickt, werden sie Euch alles erzählen, was sie wissen.«

Cadfael rieb sich nachdenklich seine Nase. »Ich werde mir den Esel des Abtes leihen. Wahrscheinlich ist es besser, den König nicht länger warten zu lassen, aber auf dem Rückweg kann ich bei Edrics Laden halten. Gib mir ein Erkennungszeichen, damit sie mir Glauben schenken.«

»Petronilla kann lesen, und sie kennt meine Schrift. Ich werde ihr ein paar Zeilen schreiben«, sagte Godith eifrig. Sie war ebenso entschlossen wie er, dieses Geheimnis aufzuklären. »Nicholas war ein so fröhlicher Mensch, er hat niemals jemandem etwas zuleide getan, und ich kann mich nicht erinnern, daß er einmal schlechte Laune gehabt hätte. Er hat immer viel gelacht... Aber wenn Ihr dem König sagt, daß er zur Gegenpartei gehört hat, wird er den Mörder wohl nicht verfolgen wollen. Er wird sagen, daß Nicholas ein gerechtes Schicksal ereilt hat, und Euch befehlen, die Sache auf sich beruhen zu lassen.«

»Ich werde dem König sagen«, erwiderte Cadfael, »daß ganz offensichtlich ein Mann ermordet wurde, und daß wir die Art und die Zeit des Verbrechens kennen, nicht aber den Ort und den Grund. Außerdem werde ich ihm den Namen des Toten nennen – ich glaube nicht, daß Stephen ihn kennt. Im Augenblick ist das alles, mehr wissen wir nicht. Und auch, wenn der König mir befiehlt, die Sache auf sich beruhen zu lassen, werde ich das nicht tun. Nein, ich werde nicht eher ruhen, bis Nicholas Faintrees Tod gesühnt ist – mit meiner Hilfe oder mit Gottes Hilfe.«

Bruder Cadfael nahm die Kleidungsstücke mit, die Aline ihm überlassen hatte. Er hatte es sich zur Gewohnheit gemacht, die ihm übertragenen Aufgaben möglichst gleich zu erledigen, und auf dem Weg in die Stadt ab es Bettler genug. Die Hose gab er einem alten, blinden Mann, der im Schatten des Stadttores hockte. Die Jacke erhielt ein schwachsinniger, unkontrolliert zuckender Jüngling von etwa zwanzig Jahren, den eine gebeugte alte Frau an der Hand führte. Ihre Segenswünsche klangen Cadfael bis zum Tor der Burg nach. Der Umhang lag immer noch zusammengefaltet vor ihm, als er den Wachtposten am Eingang des königlichen Feldlagers erreichte und unter einem Baum ganz in der Nähe den Krüppel Osbern erblickte. Als dieser den Mönch auf dem Esel heranreiten sah, rollte er sich auf seinem kleinen Karren ihm in den Weg.

»Bitte gebt einem Krüppel eine milde Gabe«, flehte Osbern, »Gott wird es Euch lohnen!«

»Ja, ich werde dir etwas geben, mein Freund«, sagte Cadfael, »und zwar etwas Besseres als eine kleine Münze. Und du magst ein Gebet für die Dame sprechen, die dir dies durch meine Hand geschickt hat.« Und er entfaltete Giles Siwards Umhang und ließ ihn in die Hände des verdutzten Bettlers fallen.

»Ihr habt recht daran getan, mir wahrheitsgemäß zu berichten, was Ihr herausgefunden habt«, sagte der König nachdenklich. »Es ist nicht sehr verwunderlich, daß mein Burgvogt diese Sache nicht entdeckt hat – er hatte alle Hände voll zu tun. Ihr sagt, der Mann sei von hinten erwürgt worden? Was für eine gemeine, hinterhältige Art – so tötet nur ein Schurke! Und um das Verbrechen zu vertuschen, hat er sein Opfer unter meine hingerichteten Feinde gelegt. Das werde ich nicht ungestraft lassen! Er hat es gewagt, mich und meine Offiziere zu Komplizen seiner Tat zu machen! Das ist eine Beleidigung der Krone, und dafür allein verdient er es, angeklagt und verurteilt zu werden. Und der Name des jungen Mannes war Faintree?«

»Nicholas Faintreee. Das jedenfalls sagte jemand, der ihn erkannte, als wir ihn in der Kirche aufgebahrt hatten. Er stammt aus einer Familie aus dem Norden des Landes. Aber das ist alles, was ich von ihm weiß.«

»Möglicherweise«, sagte der König, »war er auf dem Weg nach Shrewsbury, um in meine Dienste zu treten. Mehrere junge Männer aus dem Norden sind hier zu uns gestoßen.«

»Das ist möglich«, räumte Cadfael ein.

»Und dann wurde er von einem Wegelagerer wegen seiner Habseligkeiten umgebracht! Ich wollte, ich könnte sagen, daß unsere Straßen sicher sind, aber, weiß Gott!, in diesen gesetzlosen Zeiten sind sie es nicht. Gut, Ihr mögt in dieser Sache weiter Nachforschungen anstellen, wenn Ihr wollt. Ich werde nicht zulassen, daß man mich als Schutzschild für ein so gemeines Verbrechen mißbraucht.«

Das war die Wahrheit, und vielleicht hätte sich an seiner Einstellung nicht einmal dann etwas geändert, dachte Cadfael, wenn er gewußt hätte, daß Faintree FitzAlans Gefolgsmann und Kurier gewesen war. Alle Zeichen deuteten darauf hin, daß es in naher Zukunft in Stephens Reich noch viele Tote geben würde, und sicher würde das dem König keinen unruhigen Schlaf bescheren. Aber einen hinterhältigen Mörder, der in seinem Schatten Zuflucht suchte, betrachtete er als tödliche Beleidigung, die entsprechend bestraft werden mußte. Energie und Lethargie, Großzügigkeit und Bosheit, kluges Handeln und unbegreifliche Tatenlosigkeit wechselten bei König Stephen ständig und verwirrten seine Umgebung. Aber irgendwo in diesem stattlichen, einfältigen Menschen war ein edler Kern verborgen.

»Ich danke Euer Gnaden für Eure Unterstützung«, sagte Bruder Cadfael wahrheitsgemäß, »und ich werde mein Bestes tun, um der Gerechtigkeit zum Siege zu verhelfen. Außer seinem Namen weiß ich nicht viel über diesen jungen Mann. Er hat ein offenes und unschuldiges Gesicht, er war keines Verbrechens angeklagt, er hat niemandem ein Leid zugefügt, und er ist unrechtmäßig getötet worden. Ich glaube, daß Ihr diese Sache ebensowenig hinnehmen könnt wie ich. Wenn ich sie klären kann, will ich das tun.«

In Edric Fleshers Haus in der Fleischergasse wurde Cadfael mit jener achtsamen Höflichkeit empfangen, die die Bürger der Stadt den Mönchen des Klosters entgegenbrachten. Petronilla ließ ihn ein, und er übergab ihr sofort das Pergamentblatt, auf dem Godith aufgeschrieben hatte, daß sie dem Überbringer trauen konnten. Sie überflog es und sah ihn mit tränenverschleierten Augen an.

»Ach, mein Lämmchen! Geht es ihr gut? Sorgt Ihr auch gut für sie? Aber hier steht es ja, ich kenne ihre Schrift. Ich habe zusammen mit ihr schreiben gelernt. Gleich nach ihrer Geburt wurde sie in meine Obhut gegeben – sie war das einzige Kind, leider. Sie hätte Brüder und Schwestern haben sollen. Setzt Euch, Bruder, setzt Euch und erzählt mir von ihr! Braucht sie irgend etwas, das ich Euch für sie mitgeben kann? Und wie können wir sie in Sicherheit bringen? Kann sie denn im Kloster bleiben, auch wenn es noch Wochen dauern sollte?«

Es gelang ihm kaum, ihren Redefluß zu unterbrechen und ihr zu erzählen, wie es ihrem Schützling ging, und als Edric Flesher von einem kurzen Gang durch die Stadt zurückgekehrt war, auf dem er die Lage erkundet hatte, stand Cadfael schon hoch in Petronillas Gunst und wurde als ein Freund betrachtet, dem man vertrauen konnte.

Edric ließ seinen schweren Körper auf einen Stuhl fallen und sagte mit vorsichtiger Zuversicht: »Morgen können wir unseren Laden wieder öffnen. Es sieht so aus, als ob er die Rache bereute, die er genommen hat. Jedenfalls hat er jede Plünderung verboten, und ausnahmsweise achtet er darauf, daß sein Verbot eingehalten wird. Ich glaube, ich würde auf seiner Seite stehen, wenn sein Anspruch auf den Thron nur gerecht wäre. Und es ist hart für einen Mann, wie ein Held auszusehen und keiner zu sein.« Er warf Cadfael einen Blick zu. »Petronilla sagt, daß unser Mädchen Euch vertraut, und mehr brauche ich nicht zu wissen. Sagt uns, was Ihr braucht, und wir werden es beschaffen, wenn wir können.«

»Was das Mädchen angeht«, sagte Cadfael, »so kann

sie bei uns bleiben, solange es nötig ist, und wenn sich die Gelegenheit bietet, werde ich sie dahin bringen lassen, wo sie hingehört. Und was mich betrifft, so könnt Ihr mir wohl helfen. In der Klosterkirche ist ein Mann aufgebahrt, den wir morgen beerdigen werden, und den Ihr vielleicht kennt. In der Nacht nach dem Fall der Burg, als die Gefangenen hingerichtet und in den Burggraben geworfen wurden, ist er ermordet worden. Aber die Tat geschah an einem anderen Ort, und er wurde unter die Hingerichteten geworfen, damit niemand Verdacht schöpfte. Godith sagte, sein Name sei Nicholas Faintree, und er sei ein Gefolgsmann von FitzAlan gewesen.«

Als er geendet hatte, war die Stille im Raum fast mit Händen zu greifen. Gewiß wußten sie einiges, aber ebenso gewiß hatten sie nichts von diesem Tod gewußt, und die Nachricht traf sie wie ein Schlag.

»Noch etwas will ich Euch sagen«, fuhr er fort. »Ich bin entschlossen, die Wahrheit über diese Sache ans Tageslicht zu bringen und den Tod dieses Jünglings zu sühnen. Der König hat mir sein Wort gegeben, daß er den Mörder bestrafen wird. Er verabscheut diese Tat ebenso sehr wie ich.«

Nach langem Schweigen fragte Edric: »Es wurde nur ein Ermordeter gefunden?«

»Ist einer nicht genug?«

»Es waren zwei«, erklärte Edric. »Sie ritten zu zweit fort, um diesen Auftrag auszuführen. Wie ist diese Tat entdeckt worden?«

Bruder Cadfael erzählte ihnen, was er wußte. Er ließ sich Zeit dabei. Wenn er den Vespergottesdienst versäumte, so war das eben nicht zu ändern. Und Godith würde, wenigstens bis zum Beginn des abendlichen Unterrichtes, in der sicheren Zurückgezogenheit des Kräutergartens auf ihn warten. »Aber nun müßt

Ihr mir erzählen, was Ihr wißt«, sagte er, als er seinen Bericht beendet hatte. »Ich muß Godith beschützen und Faintrees Mörder finden, und beides will ich tun, so gut ich kann.«

Die beiden wechselten einen raschen Blick, dann begann Edric zu sprechen.

»Eine Woche, bevor die Burg und die Stadt eingenommen wurden, als FitzAlans Familie schon in Sicherheit gebracht worden war und wir beschlossen hatten, Godith im Kloster zu verstecken, machte sich FitzAlan Gedanken darüber, was zu tun sei, wenn er fallen sollte. Wußtet Ihr übrigens, daß er erst geflohen ist, als sie die Tore aufbrachen? Zusammen mit Adeney hat er den Fluß durchschwommen und ist um Haaresbreite entkommen, Gott sei Dank! Aber am Tag vor dem Fall entschied er, daß sein ganzer Schatz, den er uns übergeben hatte, zur Kaiserin gebracht werden sollte. An jenem Tag haben wir ihn in einen Garten in Frankwell gebracht, der mir gehört. So brauchten wir später keine Brücke zu überqueren, um ihn aus der Stadt zu bringen. Und wir vereinbarten ein Erkennungszeichen: Wenn seine Leute mit einer bestimmten Zeichnung zu uns kamen, sollten wir ihnen den Schatz zeigen und sie mit Pferden und allem, was sie brauchten, ausrüsten, damit sie noch in der Nacht losreiten könnten.«

»Und so geschah es?«

»Es war am Morgen des letzten Angriffs. Zwei Männer kamen – wir schickten sie über die Brücke und sagten ihnen, sie sollten die Nacht abwarten. Bei Tageslicht hätten sie nicht reiten können.«

»Erzählt mir mehr. Wann kamen diese beiden Männer an jenem Morgen zu Euch, was sagten sie, und von wem hatten sie Befehl erhalten? Wie viele waren in die Sache eingeweiht? Wie viele wußten, welchen Weg sie nehmen würden? Und wann habt Ihr die beiden zuletzt lebend gesehen?«

»Sie kamen im Morgengrauen. Wir konnten den Schlachtenlärm hören, der Angriff hatte gerade begonnen. Sie hatten die vereinbarte Zeichnung bei sich und sagten, es habe in der Nacht zuvor eine Beratung stattgefunden, auf der FitzAlan ihnen befohlen habe, am nächsten Tage aufzubrechen. Sie sollten seinen Schatz zur Kaiserin bringen, ganz gleichgültig, ob er lebte oder gefallen war.«

»Dann wußten also alle, die bei der Beratung zugegen waren, daß diese beiden Kuriere in der nächsten Nacht, sobald es dunkel genug war, aufbrechen würden. War auch bekannt, welchen Weg sie nehmen würden? Und wußte man auch, wo der Schatz versteckt war?«

»Nein, nur FitzAlan und ich wußten, wo er sich befand. Ich habe die beiden dorthin geführt.«

»Dann konnte also niemand, der es auf den Schatz abgesehen hatte, losgehen und ihn holen, selbst wenn er wußte, wann er weggebracht werden sollte. Er konnte sich nur an der Straße auf die Lauer legen. Wenn alle Offiziere um FitzAlan wußten, daß er nach Wales gebracht werden sollte, dann wußten sie auch den Weg, den die Kuriere einschlagen würden. Denn die Straße, die von Frankwell nach Westen führt, gabelt sich erst nach einer Meile oder mehr.«

»Meint Ihr, daß einer von FitzAlans eigenen Männern das Gold durch Mord an sich bringen wollte?« sagte Edric. »Das kann ich nicht glauben! Und außerdem sind alle, oder wenigstens die meisten, bis zum Ende in der Burg geblieben und dort getötet worden. Die beiden Männer könnten doch ebenso gut in der Nacht von Räubern überfallen worden sein.«

»Nur eine Meile von der Stadt entfernt? Vergeßt nicht,

wer immer Nicholas Faintree tötete, achtete darauf, daß er es nicht zu weit nach Shrewsbury hatte, denn dadurch hatte er ausreichend Zeit und die Möglichkeit, die Leiche zu den anderen im Burggraben zu legen, lange bevor die Nacht vorüber war. Und er wußte sehr wohl, daß man die Hingerichteten dorthin werfen würde. Nun gut – sie kamen also, wiesen das verabredete Zeichen vor und erzählten Euch von dem Plan der vorangegangenen Nacht, der unbedingt ausgeführt werden mußte. Aber der Angriff kam früher als irgend jemand erwartet hatte, und es war Eile gboten. Was geschah dann? Ihr gingt mit ihnen nach Frankwell?«

»Ja. Ich habe einen Garten und eine Scheune dort, in der sie sich und ihre Pferde bis zum Einbruch der Dunkelheit verstecken konnten. Das Gold befand sich in zwei Paar Satteltaschen, die in einem ausgetrockneten Brunnen auf meinem Land versteckt waren. Ich vergewisserte mich, daß sie dort gut versteckt waren, und verließ sie gegen neun Uhr morgens.«

»Und um welche Zeit wollten sie aufbrechen?«

»Erst bei völliger Dunkelheit. Und Ihr sagt, daß Faintree, kurz nachdem sie aufgebrochen waren, ermordet wurde?«

»Ohne jeden Zweifel. Wenn die Tat weiter weg erfolgt wäre, hätte man sich seiner Leiche auf andere Art entledigt. Alles war schlau geplant – wenn auch nicht schlau genug. Ihr kanntet Faintree, aber wer war der andere?«

Langsam und nachdenklich sagte Edric: »Ich weiß es nicht. Nicholas schien ihn gut zu kennen, aber er schloß immer schnell Freundschaft. Nein, ich habe ihn noch nie zuvor gesehen. Er stamte von einer der Besitzungen FitzAlans im Norden und sagte, sein Name sei Torold Blund.«

Edrics grüblerisches Gesicht spach für sich selbst. Der

junge Mann, den sie kannten und dem sie vertrauten, war tot. Der andere war verschwunden, und mit ihm FitzAlans Gold. Der Mörder hatte offenbar alles gewußt, was er wissen mußte, um diesen Schatz in seinen Besitz zu bringen; und wer war besser im Bilde gewesen als dieser zweite Reiter? Torold Blund brauchte gar nicht erst einen Hinterhalt zu legen. Die beiden hatten sich den ganzen Tag über zusammen in Edrics Scheune versteckt, und es war immerhin möglich, daß Nicholas Faintree sie erst tot verlassen hatte – über den Rücken eines Pferdes gelegt, mit dem seine Leiche den kurzen Weg bis zum Burggraben transportiert wurde, bevor der andere Reiter mit zwei Pferden westwärts nach Wales aufbrach.

»Noch etwas ist an jenem Tag geschehen«, sagte Petronilla, als Cadfael aufstand, um zu gehen. »Um etwa zwei Uhr, als die Soldaten des Königs die beiden Brücken besetzt und die Zugbrücke herabgelassen hatten, erschien Hugh Beringar bei uns. Godith ist ihm schon als Kind zur Frau versprochen worden, und nun kam er und tat, als mache er sich große Sorgen um sie. Er fragte uns, wo er sie finden könne. Ich sagte ihm, sie sei schon vor einer guten Woche weggebracht worden und wahrscheinlich schon weit weg und in Sicherheit. Wir wußten wohl, daß er auf Stephens Befehl zu uns gekommen war – man hätte ihn sonst nie so früh schon durchgelassen. Bevor er nach ihr suchte, ist er im Lager des Königs gewesen, da bin ich sicher. Und nicht aus Liebe ist er um sie besorgt, sondern weil eine hübsche Belohnung auf sie ausgesetzt ist. Sie ist ein Lockvogel für ihren Vater, wenn nicht sogar für FitzAlan. Ich habe gehört, daß er im Kloster Quartier bezogen hat. Gebt acht, daß er mein Lämmchen nicht zu sehen bekommt!«

Cadfael horchte auf. »Und er war an jenem Nachmittag hier?« fragte er. »Ich weiß, daß er gefährlich ist, und ich versichere euch, daß ich aufpassen werde. Aber seid ihr sicher, daß er bei euch nichts von Faintrees Auftrag erfahren hat? Nichts, wodurch er Verdacht hätte schöpfen können? Er ist sehr gerissen. Nein, ich bitte um Vergebung – ihr würdet nie etwas verraten. Nun gut, ich danke euch für eure Hilfe. Ich werde euch über den weiteren Verlauf der Sache auf dem laufenden halten.«

Er war schon an der Tür, als er Petronilla bekümmert sagen hörte: »Und er war so ein netter Junge, dieser Torold Blund...«

»Torold Blund.« Godith sprach den Namen langsam vor sich hin. »Das ist ein sächsischer Name. Im Norden gibt es viele von der Art – gute, alte Familien. Aber ich kenne ihn nicht, und ich glaube nicht, daß ich ihn jemals gesehen habe. Und Nicholas schien mit ihm befreundet zu sein? Nicholas schloß zwar immer schnell Bekanntschaften, aber er war nicht dumm. Sie waren beide im selben Alter, und er muß ihn gut gekannt haben. Und doch...«

»Ja«, sagte Cadfael, »ich weiß! ›Und doch...‹ Mein liebes Kind, ich bin zu müde, um weiter darüber nachzudenken. Ich gehe jetzt zur Komplet und danach ins Bett, und du solltest dasselbe tun. Und morgen...«

»Morgen«, sagte sie und stand auf, »werden wir Nicholas beerdigen. *Wir*! Ich will dabei sein – in gewisser Hinsicht war er ja mein Freund.«

»So soll es auch sein«, sagte Cadfael, gähnte und legte seinen Arm um ihre Schultern. Zusammen machten sie sich auf den Weg zur Kirche, um mit Dankbarkeit, Schmerz und Hoffnung im Herzen den Tag zu beschließen.

KAPITEL V

Nicholas Faintree wurde unter einem Stein im Querschiff der Klosterkirche beigesetzt. Die weltlichen Dinge desillusionierten und deprimierten Abt Heribert in zunehmendem Maße, und so war ihm dieser einsame Gast willkommen, der kein Symbol des Brügerkrieges, sondern ein Opfer individueller Bosheit geworden war. Und wer weiß, vielleicht mochte aus Nicholas im Laufe der Zeit noch ein Heiliger werden. Er war jung, geheimnisumwoben, offensichtlich reinen Herzens, und er war hinterrücks ermordet worden – das war der Stoff, aus dem Märtyrer gemacht werden.

Aline Siward wohnte der Beerdigung bei, und in ihrer Begleitung befand sich, absichtlich oder zufällig, Hugh Beringar. Dieser junge Mann machte Cadfael immer nervöser. Gewiß, wenn er überhaupt nach seiner Verlobten suchte, so legte er dabei jedenfalls keinen großen Eifer an den Tag. Aber gleichwohl lag etwas Gefährliches in seiner lässigen und selbstsicheren Art, dem geringschätzigen, zynischen Zug um seine Lippen und in der herausfordernden Geradheit, mit der er Cadfael aus seinen schwarzen Augen ansah, wenn sich ihre Blicke trafen. Ich kann es nicht leugnen, dachte Cadfael, mir wird ein Stein vom Herzen fallen, wenn ich das Mädchen erst einmal sicher von hier fortgebracht habe, und in der Zwischenzeit werde ich dafür sorgen, daß er sie nicht zu sehen bekommt.

Die Obst- und Gemüsegärten des Klosters befanden sich nicht auf dem Klostergelände, sondern auf der anderen Seite der Hauptstraße in einer fruchtbaren Ebene, die sich am Fluß entlang erstreckte und ›die Gaye‹ genannt wurde; am Ende dieser Ebene befand sich auf einer kleinen Anhöhe ein Kornfeld. Es lag fast genau gegenüber der Burg und in unmittelbarer Nähe des königlichen Lagers. Das Einbringen war bisher zu gefährlich gewesen, obwohl das Getreide schon seit einer Woche reif war, aber jetzt war alles ruhig, und es wurden alle verfügbaren Kräfte für die Ernte eingesetzt. Die zweite der beiden Mühlen, die dem Kloster gehörten, lag am Rande des Feldes. Sie war aber bei den Kampfhandlungen beschädigt worden und konnte bis zu ihrer Reparatur nicht eingesetzt werden.

»Du gehst mit den Schnittern«, sagte Cadfael zu Godith. »Ich habe so ein Gefühl, daß es besser ist, wenn du nicht hier bist – und sei es auch nur für einen Tag.«

»Ohne Euch?« sagte Godith überrascht.

»Ich muß hierbleiben und die Dinge im Auge behalten. Sollte irgend etwas passieren, dann werde ich so schnell wie möglich bei dir sein. Aber keine Angst – bei dieser harten Arbeit wird niemand Gelegenheit haben, dich genau anzusehen. Aber halte dich trotzdem in Bruder Athanasius' Nähe. Er ist blind wie ein Maulwurf.«

Froh, aus dem Kloster herauszukommen, reihte sie sich also unter die Schnitter ein. Sie hatte keine Angst, aber schließlich, dachte Cadfael väterlich, hatte sie ja ihn – und er hatte Angst um sie. Er sah ihr nach, wie sie mit den anderen durch das Klostertor und über die Straße zur Gaye ging, und widmete sich dann mit einem erleichterten Seufzer seiner Arbeit im Kräutergarten. Er hatte noch nicht lange gekniet und Unkraut gejätet, als er hinter sich eine leise Stimme vernahm, fast so leise wie die Schritte im Gras, die er nicht gehört hatte. »So also verbringt Ihr Eure friedvolleren Stunden. Freilich eine angenehmere Beschäftigung als Tote zu beerdigen.«

Cadfael beendete erst noch seine Arbeit am Pfefferminzbeet, bevor er sich zu Hugh Beringar umdrehte. »Eine angenehmere Beschäftigung, sehr richtig. Wir wollen hoffen, daß diese traurige Arbeit in Shrewsbury fürs erste beendet ist.«

»Und Ihr scheint den Namen des Unbekannten schließlich doch noch herausgefunden zu haben. Wie das? Niemand in der Stadt schien ihn zu kennen.«

»Auf alle Fragen gibt es eine Antwort«, sagte Bruder Cadfael, »wenn man sich nur lange genug geduldet.«

»Und jede Suche ist schließlich von Erfolg gekrönt? Aber natürlich«, sagte Beringar und lächelte, »habt Ihr ja nicht gesagt, wie lange ›lange genug‹ ist. Wenn jedoch ein Mann mit achtzig findet, was er mit zwanzig zu suchen begann, könnte er leicht undankbar werden.«

»Er könnte auch schon lange vorher aufgegeben haben, es zu suchen«, erwiderte Bruder Cadfael, »und auch damit hätte seine Sehnsucht ein Ende. Sucht Ihr hier im Herbarium nach irgend etwas Bestimmtem, oder seid Ihr nur neugierig auf meine einfältigen Weisheiten?«

»Nein«, antwortete Beringar, und sein Lächeln wurde noch breiter, »ich würde nicht sagen, daß ich gekommen bin, um Einfalt zu bewundern. Und was sollte einer wie ich hier schon suchen? Ich habe wohl schon Wunden *geschlagen*, aber ich bin gänzlich ungeeignet, sie zu heilen. Ich habe gehört, daß Ihr ein recht bewegtes Leben geführt habt, bevor Ihr in dieses Kloster eingetreten seid, Bruder Cadfael. Findet Ihr es, nach so vielen Schlachten, nicht unerträglich langweilig hier, so ganz ohne Feinde, gegen die Ihr kämpfen könnt?«

»Nein, in letzter Zeit finde ich es überhaupt nicht langweilig«, sagte Cadfael und zupfte ein Unkrautpflänzchen aus dem Thymianbeet. »Und was die Feinde angeht: Der Teufel findet seinen Weg überall hin – ins Kloster, in die Kirche und sogar ins Herbarium.«

Beringar warf den Kopf zurück und brach in lautes Gelächter aus. »Wo Ihr seid, wird er allerdings wenig Unheil stiften können! Aber ich habe Euren Wink verstanden.«

Obwohl er die ganze Zeit seiner Umgebung wenig Aufmerksamkeit zu schenken schien, entging seinen scharfen Augen nichts, und während er lachte und scherzte, hielt er die Ohren gespitzt. Aber inzwischen wußte er, daß er den wohlerzogenen und höflichen Jungen, den Aline beiläufig erwähnt hatte, nicht zu Gesicht bekommen würde, und obendrein machte Bruder Cadfael den Eindruck, als habe er nicht das Geringste dagegen einzuwenden, daß er sich hier umsah – offenbar würde er also nichts finden. Das Bettzeug war von der Bank genommen worden. Auf ihr standen nun ein großer Mörser und eine Gärflasche mit blubberndem Wein. Nichts deutete darauf hin, daß Godith jemals hiergewesen war. Dieser Junge war eben ein Junge wie die anderen, und ohne Zweifel schlief er wie sie im Dormitorium.

»Ich werde Euch jetzt wieder Eurer Arbeit überlassen«, sagte Beringar, »und Eure Meditationen nicht weiter durch mein unnützes Geschwätz stören. Oder habt Ihr etwas für mich zu tun?«

»Ich dachte, Ihr steht in den Diensten des Königs«, antwortete Cadfael bedächtig.

Wieder lachte Beringar. »Noch nicht, noch nicht, aber das kommt schon noch. Auf die Dauer kann er es sich nicht leisten, die Fähigkeiten, die ich besitze, brachliegen zu lassen. Allerdings hat er mir zur Probe eine Aufgabe gegeben, bei der ich nicht recht vorankomme. Bruder Cadfael, mir scheint, Ihr seid der fähigste Mann hier weit und breit. Wenn ich Euch um Hilfe bitten sollte, würdet Ihr sie mir doch sicher nicht einfach so und ohne nachzudenken verweigern, oder?«

Cadfael richtete sich auf und sah ihn an. »Ich bemühe

mich, nie, etwas zu tun, ohne nachzudenken«, sagte er vorsichtig, »wenn auch meine Gedanken manchmal sehr flink sein müssen, um mit meinen Taten Schritt halten zu können.«

»Eben diesen Eindruck hatte ich von Euch«, sagte Beringar mit einem feinen Lächeln. »Ich fasse das als Zusage auf.« Er machte eine kleine Verbeugung und ging gemächlich zum Kloster zurück.

Sonnenverbrannt, müde und verschwitzt kamen die Schnitter rechtzeitig zum Vespergottesdienst ins Kloster zurück. Nach dem Abendmahl kam Godith eilig zu Cadfael gelaufen.

»Bruder Cadfael, Ihr müßt mitkommen! Es ist wichtig!« In ihrem Flüstern lag äußerste Dringlichkeit. »Es ist noch Zeit bis zur Komplet – Ihr müßt mit mir zum Kornfeld gehen.«

»Was ist los?« flüsterte er zurück, denn einige andere standen in Hörweite. »Ist irgend etwas geschehen? Was hast du gefunden, das so wichtig ist?«

»Einen Mann! Einen verwundeten Mann! Man hat ihn verfolgt. Weiter oben ist er in den Fluß gesprungen und hat sich von der Strömung treiben lassen. Ich konnte nicht lange bleiben, um ihn weiter zu befragen, aber ich weiß, daß er Hilfe braucht. Er hat eine Nacht und einen Tag am Ufer gelegen...«

»Wie hast du ihn gefunden? Weiß noch jemand davon?«

»Nein, niemand. Ich habe mich in die Büsche bei der Mühle geschlagen, und dort habe ich ihn gefunden. Niemand hat es gesehen...«

»Natürlich, Kind, ich weiß.« Glücklicherweise hatten ihre Altersgenossen wohl so viel zu tun gehabt, daß ihnen diese Zimperlichkeit nicht aufgefallen war. »Und ist er immer noch dort?«

»Ja. Ich habe ihm etwas Brot und Fleisch gegeben und ihm gesagt, daß ich sobald wie möglich zurückkommen würde. Seine Kleider sind getrocknet, und er hat Blut am Ärmel. Aber ich glaube, er wird gesund werden, wenn *Ihr* Euch um ihn kümmert. Wir könnten ihn in der Mühle verstecken – im Augenblick wird sie ja nicht benützt.« Sie hatte schon alles bedacht, und jetzt zog sie ihn am Ärmel zu dem Schuppen im Kräutergarten. Sie brauchten jetzt vor allem Arzneien, Verbandsstoff und etwas Essen für den Verwundeten.

»Wie alt ist er?« fragte Cadfael, als sie außer Hörweite der anderen waren.

»Ungefähr so alt wie ich«, antwortete sie. »Und er wird verfolgt! Natürlich denkt er, daß ich ein Junge sei. Ich habe ihn aus meiner Wasserflasche trinken lassen, und er nannte mich Ganymed...«

So so, dachte Cadfael, während er im Schuppen die Dinge, die sie benötigen würden, zusammensuchte. Offenbar handelte es sich um einen gebildeten jungen Mann. »Also, Ganymed«, sagte er und rollte Verbandszeug und eine Dose mit Wundsalbe in eine Decke ein, »dann trag du dies. Ich werde die anderen Arzneien nehmen. Auf dem Weg kannst du mir mehr erzählen.«

Es war noch nicht dunkel. Dämmerlicht lag über dem Land, in dem alles klar zu erkennen war, wenn auch alle Farben zu Schattierungen von Grau verwischt waren.

»An jener Stelle ist das Gebüsch sehr dicht«, sagte sie. »Ich hörte ein Rascheln und Stöhnen und ging nachsehen. Er sieht aus wie ein junger Edelmann aus einer angesehenen Familie. Er war sehr schwach und hatte Blut an seiner Schulter und an seinem Arm. Aber er hat mir vertraut und wußte, daß ich ihn nicht verraten würde.« Sie ging an Cadfaels Seite über das Stoppelfeld, auf das man bald die Schafe des Klosters zum Grasen treiben würde. Ihr Kot war ein guter Dünger. »Ich habe ihm etwas von meinem Proviant zum Essen gegeben und ihm gesagt, daß ich gleich nach Einbruch der Dunkelheit Hilfe bringen würde.«

»Jetzt sind wir gleich da. Zeig mir den Weg.«

Es war ein wunderbarer Augustabend, und das Dämmerlicht würde noch lange anhalten. Das Mädchen führte Cadfael durch das dichte, niedrige Gebüsch. Dunkel und still lag der Fluß nur ein paar Meter weiter zu ihrer Linken. Nur ein gelegentliches silbriges Glänzen verriet die Stellen, an denen sich Untiefen befanden.

»Ich bin's – Ganymed! Ich habe einen Freund mitgebracht.«

Im trüben Zwielicht unter den Büschen regte sich eine dunkle Gestalt. Als sie sich aufrichtete, war das bleiche Oval eines Gesichtes und ein Schopf zerzauster, hellblonder Haare zu erkennen. Mit einer Hand stützte sich der Unbekannte auf dem Boden auf. Eine junge, gedämpfte Stimme sagte: »Das ist gut! Freunde kann ich brauchen...« Cadfael kniete neben ihm nieder und bot ihm seine Schulter als Stütze dar. »Bevor wir dich von hier wegbringen, muß ich wissen, wo du verletzt bist. Gebrochen ist anscheinend nichts.« Geschickt tasteten seine Hände den jungen Mann ab. Er brummte zufrieden.

»Es sind nur Fleischwunden«, murmelte der Junge und sog zischend die Luft ein, als Cadfael eine offene Stelle berührte. »Sie sind meiner Blutspur gefolgt, aber ich bin in den Fluß gesprungen... Fast wäre ich ertrunken... Sie glauben sicher, daß ich tot bin...« Als er merkte, daß der Mönch Erfahrung in der Behandlung von Verletzungen hatte, ließ er sich zurücksinken.

»Essen und Wein werden dich wieder zu Kräften bringen. Kannst du aufstehen und gehen?«

»Ja«, sagte der Jüngling, brach aber gleich beim ersten Versuch wieder zusammen.

»Nein, laß gut sein, ich werde dich tragen. Leg deine Arme um meinen Hals.«

Er war groß, aber nicht sehr schwer. Cadfael beugte sich vor und nahm die schlanken, muskulösen Oberschenkel des Verwundeten in die Hände. Seine Kleider strömten immer noch den muffigen Geruch von Feuchtigkeit aus. »Ich bin zu schwer für Euch«, wandte er ein. »Ich könnte genausogut laufen...«

»Spar dir deine Kraft. Du wirst tun, was man dir sagt. Godric, du gehst vor und siehst nach, ob die Luft rein ist.«

Es war nicht weit bis zur Mühle. Ihr Umriß hob sich schwarz gegen den Abendhimmel ab. Das große, unterschlägige Rad wies hier und da einige Lücken auf. Godith schob die angelehnte Tür auf und ertastete sich vorsichtig den Weg durch den dunklen Innenraum. Durch kleine Spalten zwischen den Bohlen konnte sie das Glitzern des Flusses unter sich sehen.

»Irgendwo hier an der Wand muß ein Stapel leerer Säcke liegen«, sagte Cadfael schnaufend hinter ihr. »Vielleicht kannst du sie finden.« Godith tastete sich in eine Ecke vor, breitete dort einige Säcke zu einer dicken, bequemen Matratze aus und faltete zwei zu einem Kissen. »Jetzt nimm deinen langbeinigen Findling unter den Armen und hilf mir, ihn hinzulegen... So. – Ein bequemes Bett hast du da, mindestens so gut wie das in meiner Zelle! Schließ die Tür, bevor ich Licht mache, damit ich ihn mir ansehen kann.«

Er hatte eine Kerze mitgebracht, die er entzündete und auf einen alten Mühlstein stellte. »Nun laß dich einmal ansehen.«

Der Jüngling lehnte sich zurück und seufzte tief. Nur

zu gerne ließ er sich die Verantwortung für sich selber abnehmen. Seine munteren, hellen Augen, deren Farbe bei dieser Beleuchtung nicht zu erkennen war, blickten sie aus einem schmutzigen, erschöpften Gesicht an. Er hatte einen breiten Mund mit sanft geschwungenen Lippen, um die ein leichtes Lächeln spielte, und hellblonde Haare. »Einer hat dich an der Schulter erwischt«, sagte Cadfael, der dabei war, ihm die dunkle Jacke auszuziehen. Der eine Ärmel war mit getrocknetem Blut verkrustet. »Jetzt das Hemd. Bevor du diese Herberge wieder verläßt, wirst du neue Kleider brauchen, mein Freund.«

»Ich habe kein Geld, um Euch zu bezahlen«, sagte der Junge und grinste tapfer. Das Grinsen erstarb in einem schmerzhaften Stöhnen, als Cadfael den Hemdärmel von der Wunde löste.

»Unsere Dienste sind nicht teuer. Du kannst sie bezahlen, indem du uns die Wahrheit über dich erzählst. Godric, hol mir etwas Wasser aus dem Fluß.«

In einem Winkel fand sie einen alten Krug, den irgend jemand dort hingeworfen hatte, nachdem der Henkel abgebrochen war. Sie säuberte ihn, so gut es ging, mit einem Zipfel ihres Kittels und ging, um Wasser zu holen. Das Wasser des Flusses war frischer als das des Mühlkanals, und es würde mehr Zeit in Anspruch nehmen, es von dort zu holen. Cadfael hatte genug Zeit, dem Jungen seine Schuhe und seine Hose auszuziehen und die mitgebrachte Decke über ihn zu breiten. Am rechten Oberschenkel hatte er eine lange, aber nicht tiefe Wunde, vermutlich von einem Schwertstreich, und sein ganzer Körper wies blaue Flecken und Blutergüsse auf. Außerdem hatte er merkwürdigerweise einen unterbrochenen Kratzer an der linken Halsseite und einen anderen, ganz ähnlichen, an der Außenseite seines rechten Handgelenks. Sie waren schon ein oder zwei Tage älter als seine anderen Wunden und fast verheilt. »Zweifellos hast du in letzter Zeit ein sehr interessantes Leben geführt«, sagte Cadfael.

»Ich bin froh, daß ich es noch habe«, murmelte der Junge. Er war schon fast eingeschlafen.

»Wer war hinter dir her?«

»Die Soldaten des Königs – wer sonst?«

»Und sie werden dich weiterverfolgen?«

»Mit Sicherheit. Aber in ein paar Tagen werde ich Euch nicht mehr zur Last fallen...«

»Darüber würde ich mir an deiner Stelle jetzt nicht den Kopf zerbrechen. Dreh dich ein wenig zu mir herüber – so! Ich will erst einmal deinen Oberschenkel verbinden.« Als Godith mit dem Krug voller Wasser zurückkam, hatte Cadfael die Verletzung schon versorgt.

»Jetzt wollen wir uns die Schulter ansehen. Da hast du viel Blut verloren. Das war ein Pfeil.« Der Schuß war durch den äußeren Teil des Oberarms knapp unterhalb der Schulter gedrungen und hatte eine klaffende Wunde hinterlassen. Mit einem nassen Lappen tupfte Cadfael das verkrustete Blut weg, drückte die Wundränder vorsichtig zusammen und legte ein Tuch auf, das er vorher mit einer seiner Salben bestrichen hatte. »So, das wird jetzt sauber verheilen«, sagte er, während er den Verband anlegte. »Jetzt mußt du essen, aber nicht zuviel – du bist noch zu erschöpft. Wir haben dir Brot, Käse und Fleisch mitgebracht. Heb dir etwas für morgen früh auf. Wenn du aufwachst, wirst du wahrscheinlich sehr hungrig sein.«

»Wenn noch etwas Wasser da ist, würde ich mir gerne die Hände und das Gesicht waschen«, sagte der Jüngling. »Ich bin fürchterlich schmutzig.« Godith kniete neben ihm nieder, befeuchtete ein Leintuch mit Wasser, aber anstatt es ihm in die Hand zu geben, wischte sie ihm damit selber sorgfältig über das Gesicht. Überrascht ließ er es geschehen. Während sie sich über ihn beugte, wendete er seinen Blick nicht von ihr – mit großen, verwunderten Augen sah er sie an. Die ganze Zeit hatte sie kaum ein Wort gesagt.

Der junge Mann war fast zu müde, um überhaupt etwas zu essen. Er nahm nur ein paar Bissen zu sich und ließ sich wieder auf sein Lager zurücksinken. Eine Zeitlang lag er so da und betrachtete seine Retter unter halb geschlossenen Lidern. Mühsam gegen den Schlaf ankämpfend, sagte er: »Ihr habt schon so viel für mich getan und wißt noch nicht einmal wie ich heiße...«

»Das hat Zeit bis morgen«, sagte Cadfael bestimmt. »Jetzt mußt du erst einmal schlafen, und hier bist du in Sicherheit. Trink dies – es verhindert den Wundbrand und ist gut für das Herz.« Er reichte ihm ein kleines Fläschchen mit einem starken Herzmittel, das er selber hergestellt hatte. »Und hier ist eine Flasche Wein. Du kannst davon trinken, wenn du aufwachst. Ich werde morgen früh kommen und nach dir sehen.«

»Wir!« sagte Godith leise aber nachdrücklich.

»Noch etwas!« Es war Cadfael im letzten Moment noch eingefallen. »Du hast keine Waffe bei dir, und doch mußt du wenigstens ein Schwert getragen haben.«

»Ich habe es weggeworfen«, murmelte der Junge schläfrig, »als ich im Fluß trieb. Ich hatte zuviel Gewicht an mir, um schwimmen zu können, und sie schossen auf mich. Der Pfeil hat mich im Wasser erwischt... Da habe ich mich untergehen lassen. Hoffentlich glauben sie, daß ich ertrunken bin.«

»Nun, morgen werden wir weitersehen. Auf jeden Fall brauchst du eine Waffe. Aber jetzt mußt du ruhen!«

Noch bevor sie die Tür hinter sich zugezogen hatten, war er eingeschlafen. Nachdem sie schweigend ein Stück über das Stoppelfeld gegangen waren, fragte Godith unvermittelt: »Bruder Cadfael – wer war Ganymed?«

»Ein schöner Jüngling, Mundschenk der Götter auf dem Olymp. Jupiter liebte ihn sehr. Aber einige meinen, das sei nur ein anderer Name für Hebe.«

»Oh! Und wer ist Hebe?«

»Ein schönes Mädchen, Mundschenkin der Götter auf dem Olymp. Auch sie liebte Jupiter sehr.«

»Aha«, sagte Godith tiefsinnig. Und als sie die Straße, die zum Kloster führte, erreichten, fragte sie: »Ihr könnt Euch denken, wer er ist, nicht wahr? Ein sächsischer Name, und hellblondes Haar, wie die Sachsen es haben, und er ist auf der Flucht vor den Soldaten des Königs... Er ist Torold Blund, der zusammen mit Nicholas den Schatz FitzAlans zur Kaiserin bringen sollte. Und natürlich hatte er mit Nicholas' Tod nichts zu tun. Überhaupt glaube ich, daß er in seinem ganzen Leben noch nichts Schlechtes getan hat.«

»Das«, sagte Cadfael, »würde ich von keinem Menschen behaupten, auch nicht von mir selber. Aber du kannst beruhigt schlafen – mit dieser niederträchtigen Tat hat er gewiß nichts zu tun.«

Es war für Bruder Cadfael nichts Ungewöhnliches, lange vor der Prim auf den Beinen zu sein und schon vor dem Morgengebet einiges an Arbeit zu erledigen; so dachte sich niemand etwas dabei, als er an jenem Morgen früh aufstand und sich ankleidete, und niemand bemerkte, daß er auch seinen Gehilfen weckte, wie er es ihm versprochen hatte. Sie nahmen Medikamente und Nahrungsmittel mit, und Bruder Cadfael hatte eine Jacke und eine Hose aus der Kammer des Almosenverwalters besorgt. Godith hatte das blutbefleckte Hemd des jungen Mannes mitgenommen, es vor dem Schlafengehen gewaschen und den Riß geflickt, den der Pfeil verursacht hatte.

Ihr Schützling saß auf seinem Lager und aß das Brot, das sie ihm dagelassen hatten, mit großem Appetit. Offenbar hatte er völliges Vertrauen in sie, denn als sie die Tür der Mühle öffneten, versuchte er nicht, sich zu verstecken. Er hatte sich seine zerrissene und blutverschmierte Jacke um die Schultern gelegt, so daß sein ebenmäßiger, muskulöser Oberkörper zu sehen war. Die Blutergüsse waren noch nicht verschwunden, aber nach dem langen, heilsamen Schlaf ging es ihm sichtlich besser.

»So«, sagte Cadfael befriedigt, »jetzt kannst du uns von dir erzählen, mein Freund. Ich werde inzwischen nach deinen Wunden sehen. Um dein Bein mache ich mir keine Sorgen, darum werde ich mich später kümmern – aber diese Schulterverletzung gefällt mir nicht. Ich nehme jetzt den Verband ab. Godric, hab du ein Auge auf den Rücken. Es könnte sein, daß das Tuch an der Wunde festklebt. So, dann wollen wir uns das einmal ansehen...« In einem beiläufigeren Tonfall fuhr er fort: »Man nennt mich Bruder Cadfael. Ich bin Waliser und ziemlich weit in der Welt herumgekommen, wie du dir vielleicht schon gedacht hast. Und mein Gehilfe hier heißt Godric. Er hat mich zu dir geführt. Entweder traust du uns beiden oder keinem von uns.«

»Ich vertraue euch«, sagte der Junge. Sein Gesicht war jetzt nicht mehr so blaß wie am Abend zuvor, und im Licht des Morgens ließ sich auch die Farbe seiner Augen erkennen: Sie waren grün, mit einem leichten Stich ins Bräunliche. »Aber die Schuld, in der ich bei Euch stehe, läßt sich nicht durch bloßes Vertrauen begleichen. Ich werde alles tun, was Ihr von mir fordert. Mein Name ist Torold Blund. Ich komme aus einem Dörfchen bei Oswestry, und ich bin mit Leib und Seele ein Gefolgsmann FitzAlans.« Der Verband ließ sich nur schwer von der Wunde lösen. Er zuckte zusammen, unterdrückte aber den Schmerz und fuhr fort: »Aber ich will Euch keiner Gefahr aussetzen. Dank Eurer Hilfe bin ich jetzt wieder stark genug, um gehen zu können.«

»Du wirst erst gehen, wenn wir dich fortlassen«, sagte Godith und nahm die letzte Lage des Schulterverbandes ab. »Und das wird gewiß nicht heute sein.«

»Schweig, und laß ihn reden. Wir haben nicht viel Zeit«, sagte Cadfael. »Erzähl weiter, mein Junge. Wir haben nicht vor, Mauds Leute an Stephen oder Stephens Leute an Maud auszuliefern. Wie bist du in diese Lage geraten?«

»Ich kam mit Nicholas Faintree nach Shrewsbury. Auch er war ein Gefolgsmann von FitzAlan, er stammte von einem Landsitz, der an den meines Vaters angrenzte. Wir erreichten die Burg erst eine Woche, bevor sie fiel. Am Abend vor dem letzten Angriff wurde eine Beratung abgehalten – wir waren nicht dabei, nur die hohen Offiziere nahmen daran teil –, und man beschloß, FitzAlans Schatz am nächsten Tag fortzuschaffen und zur Kaiserin zu bringen. Nicholas und ich sollten die Kuriere sein. Wir waren neu in Shrewsbury, und niemand kannte uns, und daher hätte es uns gelingen können, durchzukommen, während ältere und erfahrenere Männer vielleicht erkannt worden wären. Der Schatz bestand hauptsächlich aus Juwelen und Münzen. Niemand wußte, wo er versteckt war, außer unserem Herrn und einem Mann seines Vertrauens. Zu diesem sollten wir uns begeben, sobald uns der Befehl erteilt worden war, den Schatz aus dem Versteck zu holen und in der Nacht nach Wales bringen. FitzAlan hat ein Abkommen mit Owain Gwynedd – er hat für keine Seite Partei ergriffen, aber da er Waliser ist, kommt ihm dieser Krieg sehr gelegen, und er und FitzAlan sind Freunde. Vor Morgengrauen griffen sie an, und bald war es offensichtlich, daß wir die Burg nicht würden halten können. Da bekamen wir den Befehl, uns auf den Weg zu machen. Wir sollten zu einem Laden in der Stadt gehen...« Er zögerte; offenbar wollte er kein Geheimnis preisgeben.

»Ich weiß«, sagte Cadfael, während er die Schulterwunde säuberte und ein neues Tuch mit Heilsalbe auflegte. »Ihr seid zu Edric Flesher gegangen. Er hat mir selber erzählt, was er mit dieser Sache zu tun hatte. Mit ihm seid ihr zu seinem Garten in Frankwell gegangen, habt das Gold an euch genommen und auf den Einbruch der Dunkelheit gewartet. Erzähl weiter!«

Gehorsam fuhr Torold Blund fort: »Sobald es dunkel war, machten wir uns auf den Weg. Bald nachdem man Frankwell verlassen hat, erreicht man den Schutz der Bäume. Es gibt dort eine kleine Hütte, wo die Straße am Waldrand entlang der Felder verläuft. Auf diesem Stück begann Nicks Pferd plötzlich zu lahmen. Ich stieg ab, um mir den Huf anzusehen, und stellte fest, daß es in einen Krähenfuß getreten war.

»Ein Krähenfuß?« fragte Bruder Cadfael ungläubig. »Auf einem Waldweg, fern von jedem Schlachtfeld?« Diese unauffälligen Instrumente des Krieges bestanden aus vier Dornen, von denen einer immer nach oben zeigte. Sie wurden ausgestreut, um die Pferde angreifender Kavallerie zu stoppen und hatten auf einem schmalen Waldweg sicher nichts zu suchen.

»Ja, Krähenfüße«, bestätigte Torold. »Ich bin ganz sicher, schließlich habe ich das Ding aus dem Huf gezogen. Das arme Tier war nicht mehr zu verwenden, es konnte wohl noch gehen, aber nicht mehr weit, und sicher nicht beladen. Ich wußte, daß in der Nähe ein Bauernhof ist. Dort hoffte ich, Nicks Pferd gegen ein anderes austauschen zu können. Nick stieg ab, aber wir ließen die Tiere gesattelt. Er sagte, er werde in der Hütte auf mich warten. So ritt ich nach rechts zum Bauernhof, Nicks Pferd führte ich am Zügel. Ich tauschte es bei Ulf, dem Besitzer des Hofes, gegen ein anderes ein und ritt zurück. Als ich mich der Hütte näherte, dachte ich, er werde mich schon erwarten, damit wir gleich weiterreiten konnten. Aber keine Spur von Nick. Ich weiß nicht, was mich so unruhig machte. Es herrschte Totenstille, und obwohl ich vorsichtig war, wußte ich, daß jemand, der auf der Lauer lag, mich hören könnte. Von Nicholas war immer noch nichts zu hören oder zu sehen. Ich ließ die Pferde beim Weg zurück und band sie mit einer Schlaufe fest, die mit einem einzigen Handgriff gelöst werden konnte. Dann ging ich zur Hütte.«

»War es da schon ganz dunkel?« fragte Cadfael, während er den Verband anlegte.

»Ja, aber meine Augen hatten sich daran gewöhnt. Im Inneren der Hütte war es jedoch stockfinster. Die Tür stand halb offen. Ich ging hinein und lauschte, aber es war nichts zu hören. In der Mitte des Raumes stolperte ich über etwas. Es war Nicholas! Wäre das nicht geschehen, dann wäre ich nicht hier«, bemerkte Torold düster, und sah seinen Ganymed, der offensichtlich einige Jahre jünger als er selber war und ihn mit solcher Hingabe pflegte, beklommen an. »Was jetzt kommt, ist nicht sehr schön anzuhören«, sagte er und warf Cadfael über Godiths Schulter hinweg einen bedeutungsvollen Blick zu.

»Erzähl nur weiter«, ermutigte ihn der Mönch. »Er weiß von dieser Sache mehr als du denkst, und außerdem ist das meiste, was in Shrewsbury in letzter Zeit geschehen ist, recht unerfreulich. Sag du uns, was du weißt, und dann werden wir dir sagen, was wir wissen.«

»Er war tot. Ich fiel direkt auf ihn. Er atmete nicht mehr. Ich hatte die Hände ausgestreckt, um meinen Sturz abzufangen. Er lag in meinen Armen wie ein lebloses Bündel Kleider. Da hörte ich ein Rascheln in der Streu auf dem Boden und fuhr herum. Ich hatte schreckliche Angst...«

»Sehr verständlich«, sagte Cadfael. »Mach dir um deinen Freund keine Sorgen mehr – er ist gewiß bei Gott. Wir haben ihn gestern im Kloster beerdigt, er ruht in einer fürstlichen Gruft. Und du selbst bist dem Anschlag des Mörders, der hinter der Tür lauerte, wohl nur um Haaresbreite entronnen.«

»Das glaube ich auch«, sagte der Junge und zog zischend die Luft ein, als Cadfael den neuen Verband anlegte. »Er muß hinter der Tür gestanden haben. Das Rascheln des Heus hat mich gewarnt. Wenn man angegriffen wird, hebt man den rechten Arm, um den Kopf zu schützen, und genau das tat auch ich. So legte sich die Schnur, mit der er mich erwürgen wollte, um mein rechtes Handgelenk. Ich bin weder sehr schlau noch bin ich ein Held – ich schlug einfach wild um mich und brachte ihn zu Fall. Er landete auf mir. Natürlich weiß ich sehr gut, wie unwahrscheinlich das alles klingt.«

»Es gibt aber einiges, das deine Angaben bestätigt. Wir sind deine Freunde, und wir glauben dir. Ihr kämpftet jetzt also Mann gegen Mann, immerhin besser als vorher also. Wie bist du ihm entkommen?«

»Das habe ich wohl eher meinem Glück als meiner Geschicklichkeit zu verdanken«, sagte Torold kleinlaut. »Wir wälzten uns auf dem Boden. Jeder versuchte die Kehle des anderen zu fassen zu bekommen. Es gab keine Atempause. Wie lange das gedauert hat, weiß ich nicht, ich glaube, nicht länger als einige Minuten. Schließlich stieß ich mit meinem Kopf an ein Brett, das aus einer alten Krippe an der Wand gefallen sein muß. Ich ergriff es mit beiden Händen und schlug es ihm an den Kopf. Daraufhin ließ er mich los. Er war sicher nicht schwer verletzt, aber jedenfalls hatte er so lange das Bewußtsein verloren, daß ich aufspringen und davonlaufen konnte. Ich machte die beiden Pferde los und ritt nach Westen. Jetzt war ich ja der einzige, der unseren Auftrag erledigen konnte, sonst wäre ich vielleicht geblieben und hätte versucht, für Nicks Tod Rache zu nehmen. Oder nein, vielleicht auch nicht«, gab er zu. »Ich glaube, in jenem Augenblick hatte ich FitzAlan und das Geld völlig vergessen, obgleich ich seitdem immer daran gedacht habe – auch jetzt. Aber in jener Nacht bin ich um mein Leben gerannt. Ich hatte Angst, er könnte noch andere Männer bei sich haben, die ihm zur Hilfe kommen würden, und wollte nur so schnell wie möglich von dort weg.«

Cadfael befestigte gerade die letzte Lage des Verbandes. »Du brauchst dich dessen nicht zu schämen«, sagte er beruhigend. »Gesunder Menschenverstand ist eine gute Sache. Aber nach deiner Schilderung hast du zwei volle Tage gebraucht, um zu dem Ort zurückzukehren, von dem ihr aufgebrochen wart, mein Freund. Daraus schließe ich, daß der König die Straßen von hier nach Wales gut überwachen läßt.«

»Es waren überall Soldaten! Auf der nördlichen Straße kam ich gut voran, aber dann ritt ich fast geradewegs in eine Straßensperre, an der nicht vorbeizukommen war. Ich schlug mich also in den Wald, gerade als der Morgen dämmerte, und so mußte ich mich verbergen, bis es wieder dunkel wurde und ich es auf der südlicher verlaufenden Straße versuchen konnte. Aber da war es auch nicht besser – die ganze Gegend wurde von Patrouillen durchkämmt. Ich dachte, ich würde vielleicht besser vorankommen, wenn ich abseits der Straßen am Fluß entlangritt, aber ich hatte schon wieder eine Nacht verloren. Den ganzen Donnerstag über hielt ich mich verborgen und ritt erst in der Dunkelheit weiter. Da stöberten sie mich auf. Es waren vier oder fünf, und ich mußte fliehen. Es blieb mir nur ein Weg offen: hinunter zum Fluß. Ich nahm den Pferden die Satteltaschen ab und ließ sie laufen in der Hoffnung, das werde sie in die Irre führen und von meiner Spur ablenken. Aber einer von ihnen sah mich und ging auf mich los. Von dem habe ich die Wunde am Oberschenkel. Seine Rufe brachten die anderen herbei, und mir blieb nur noch eine Wahl: Ich mußte ins Wasser, mit Satteltaschen und allem. Ich bin ein guter Schwimmer, aber mit all dem Gewicht, das ich am Körper trug, fiel es mir schwer, mich über Wasser zu halten und von der Strömung treiben zu lassen. Da begannen sie auf mich zu schießen. Es war zwar Nacht, aber sie waren so lange draußen gewesen, daß ihre Augen sich an die Dunkelheit gewöhnt hatten, und am Wasser ist immer etwas Licht, besonders, wenn sich etwas darin bewegt. So bin ich zu dieser Schulterwunde gekommen. Ich habe mich untergehen lassen und bin so lange unter Wasser geblieben, wie ich konnte. Eine Weile suchten sie das Ufer ab, bis sie überzeugt davon waren, daß ich ertrunken sei. Als es sicher schien, schwamm ich an Land, um mich auszuruhen, blieb aber im Wasser. Ich wußte, daß die Brücken bewacht wurden, und wagte nicht, das Wasser zu verlassen, bis ich sie weit hinter mir gelassen hatte. Danach kann ich mich nur noch daran erinnern, daß ich mich in die Büsche geschleppt habe. Und dann hat Godric mich gefunden. Das ist alles«, schloß er seinen Bericht. Er sah Cadfael gerade in die Augen.

»Du hast nur etwas ausgelassen«, sagte Cadfael ruhig. »Godric hat keine Satteltaschen bei dir gefunden.« Er sah

Torold, der mit unbewegtem Gesicht dasaß, an und mußte lächeln. »Nein, nein, du brauchst dir keine Sorgen zu machen. Wir werden nicht weiter in dich dringen. FitzAlan hat dir seinen Schatz anvertraut, und was du damit getan hast, und wie du imstande warst, ihn in deiner Verfassung sicher zu verstecken, ist deine Sache. Jedenfalls machst du nicht den Eindruck eines Kuriers, der versagt hat, das muß ich sagen. Und damit du beruhigt bist: In der Stadt heißt es, FitzAlan und Adeney seien nicht gefangengenommen worden, sondern hätten den Belagerungsring durchbrochen und sich in Sicherheit gebracht. Wir werden dich jetzt bis heute nachmittag wieder dir selber überlassen. Einer von uns, oder wir beide, wird dann noch einmal nach dir sehen. Hier ist etwas zu Essen und zu Trinken. Etwas zum Anziehen haben wir dir auch mitgebracht, ich hoffe, diese Kleider passen dir.«

Godith legte das gewaschene und geflickte Hemd zu der Jacke und der Hose, die Cadfael mitgebracht hatte, und wollte ihm gerade zur Tür folgen, als sie Torold Blunds Gesichtsausdruck bemerkte. Mit großen, verwunderten Augen starrte er auf die feinen Stiche, mit denen sie den langen Riß ausgebessert hatte. Er stieß einen leisen, anerkennenden Pfiff aus.

»Donnerwetter! Wer war das? Habt Ihr eine Flickschneiderin im Kloster? Oder habt Ihr um ein Wunder gebetet?«

»Das? Das war Godric«, sagte Cadfael mit gespielter Unschuld und trat hinaus in das Licht der frühen Morgensonne. Godith errötete bis über die Ohren. »Wir lernen im Kloster noch einiges andere, außer Verbände anlegen und beten«, sagte sie schnippisch und zog die Tür hinter sich zu.

Auf dem Weg zurück überdachte sie noch einmal Torolds Geschichte, und mit einem Male wurde ihr bewußt, wie leicht er den Tod hätte finden können, bevor sie mit ihm zusammengetroffen war: Durch die Hand des Mörders mit der Würgeschnur, durch die Pfeile der Soldaten, in der reißenden Strömung des Flusses oder durch Erschöpfung in seinem Versteck unter den Büschen. Es schien ihr, als sei sie, Godith, das Instrument einer göttlichen Vorsehung, die ihn beschützte. Und doch bedrängten sie noch einige Zweifel.

»Bruder Cadfael, glaubt Ihr, was er uns gesagt hat?«

»Ja, ich glaube ihm. Warum fragst du mich das?«

»Es ist nur... bevor ich ihn sah, glaubte ich, daß Nicholas' Begleiter am ehesten versucht gewesen sein könnte, ihn zu töten. Es wäre so leicht gewesen! Aber gestern sagtet Ihr, daß er es nicht war. Seid Ihr ganz sicher? Wie könnt Ihr das wissen?«

»Nichts leichter als das, mein Kind! Die Schnur des Würgers hat eine Spur an seinem Hals und an seinem Handgelenk hinterlassen. Du hast die feinen Narben auch gesehen. Er war der Nächste, der getötet werden sollte. Nein, du brauchst keine Sorge zu haben – er hat uns die Wahrheit gesagt. Aber es gibt Dinge, von denen er nichts wissen kann, und das wir in Erfahrung bringen müssen. Heute nachmittag, wenn du dich um die Kräuteressenzen und Arzneien gekümmert hast, kannst du zu ihm gehen und ihm Gesellschaft leisten. Ich werde nachkommen, sobald ich kann. Es gibt da einige Dinge, die ich herausfinden muß – drüben in Frankwell.«

KAPITEL VI

Von der Brücke, die Shrewsbury mit Frankwell verband, jenem kleinen Vorort außerhalb der Mauern und jenseits des Flusses, verlief der Weg gerade nach Westen. Zunächst war es nur eine einzige Straße, die einen Hügel hinaufführte, aber unversehens gabelte sie sich, und die südlichere der beiden verzweigte sich bald wieder, so daß es drei mögliche Wege nach Wales gab. Aber Cadfael hielt sich an die nördlichste der drei Straßen, diejenige, auf der Nicholas und Torold in der Nacht nach dem Fall der Burg geritten waren.

Zunächst hatte er Edric Flesher besuchen und ihm erzählen wollen, daß wenigstens einer der beiden Kuriere sein Leben und die kostbare Fracht gerettet hatte, aber dann hatte er es sich anders überlegt. Torold war noch keineswegs in Sicherheit, und je weniger Leute wußten, daß er noch am Leben war, desto besser. Er würde Edric und Petronilla die frohe Botschaft noch früh genug überbringen können.

Die Straße führte in den Wald, von dem Torold gesprochen hatte, und verengte sich zu einem grasüberwachsenen Pfad, der nicht weit vom Waldrand verlief. Zwischen den Stämmen der Bäume hindurch konnte man bestellte Felder erkennen. Und auf der anderen Seite, tiefer im Wald, lag die niedrige Hütte aus rohbehauenen Baumstämmen. Wenn man Pferde hatte, war es ein Leichtes, eine Leiche von hier aus zum Burggraben zu bringen. Zwar würde man zu diesem Zweck den Fluß überqueren müssen, aber in Höhe der Burg gab es eine Furt, an der der Severn, der in dieser Jahreszeit nur wenig Wasser führte, kein Hindernis darstellte. Die Entfernung war kurz, und die Nacht war lang gewesen. Irgendwo rechts der Straße lag Ulfs Bauernhof, wo Torold die Pferde gewechselt hatte. Diese Richtung schlug Cadfael nun ein. Nicht einmal eine Viertelmeile von der Straße entfernt lag das Gehöft.

Der Bauer war, nachdem er sein Korn eingebracht hatte, damit beschäftigt, die letzten Ähren aufzusammeln, und er zeigte zunächst nicht die geringste Lust, mit einem Mönch zu reden, den er nicht kannte. Erst als Cadfael Torolds Namen und einige Details seiner Geschichte erwähnte, löste sich seine Zunge.

»Ja, er kam zu mir mit einem lahmen Pferd, und ich gab ihm das beste von meinen zum Tausch. Seins steht in meinem Stall – es wird noch eine Weile dauern, bis die Wunde verheilt ist. Wollt Ihr es Euch ansehen? Ich habe das Zaumzeug versteckt, sonst meint man am Ende, ich hätte es gestohlen.«

Das Pferd lahmte tatsächlich auf der rechten Vorderhand. Ulf zeigte Cadfael die Stelle, wo der Dorn des Krähenfußes in den Huf gedrungen war.

»Ein Waldweg ist ein seltsamer Ort, um Krähenfüße auszustreuen«, bemerkte Cadfael.

«Es lagen noch mehr da. Ich bin am nächsten Tag hingegangen und habe die Straße abgesucht. Ich benutze sie auch, und ich will nicht, daß meine Pferde sich an so etwas verletzen. Irgend jemand hat etliche dieser Dinger auf der schmalsten Stelle des Weges verteilt. Die beiden sollten wohl bei der Hütte aufgehalten werden.«

»Es muß jemand gewesen sein, der wußte, daß sie diesen Weg nehmen würden, und er hat Zeit genug gehabt, ihnen diese Falle zu stellen. Dann hat er im Hinterhalt auf sie gewartet.«

»Vermutlich hat der König von dieser Sache erfahren«, sagte Ulf, »und einige seiner Männer ausgeschickt, um sie abzufangen. Er braucht genauso nötig Geld wie seine Gegenspielerin.«

Dennoch, dachte Cadfael, als er durch den Wald zur

Hütte ging, – so wie die Dinge liegen, war das nicht die Arbeit eines Trupps, den der König ausgeschickt hat, sondern das Unternehmen eines einzelnen, der sich bereichern wollte. Wenn der Mörder auf Befehl des Königs gehandelt hätte, wäre er nicht allein gewesen. Nein – wäre alles nach Plan gelaufen, so wäre das Geld gewiß nicht in der Schatztruhe des Königs gelandet.

Alles in allem war bewiesen, daß in jener Nacht tatsächlich ein dritter Mann hier gewesen war. Die Krähenfüße waren wirklich dagewesen, der Weg war mit ihnen bestreut worden, um sicherzugehen, daß eines der beiden Pferde sich verletzte. Bis dahin war also alles nach Plan verlaufen, vielleicht sogar besser, als zu erwarten gewesen war: Die beiden Gefährten waren voneinander getrennt worden, so daß der Mörder erst den einen aus dem Wege räumen und dann dem anderen auflauern konnte.

Cadfael betrat die Hütte nicht sofort; er interessierte sich auch für ihre nähere Umgebung. Irgendwo hier hatte Torold ein ungutes Gefühl beschlichen, und er hatte die Pferde in der Nähe der Straße angebunden, um gegebenenfalls schnell fliehen zu können. Und ebenfalls hier, wahrscheinlich tiefer im Wald, hatte auch der Mörder sein Pferd zurückgelassen. Vielleicht ließen sich noch Spuren finden. Seit jener Nacht hatte es nicht geregnet, und es war unwahrscheinlich, daß seitdem noch andere Leute durch diese Stelle des Waldes gegangen waren. Die Einwohner von Shrewsbury verließen ihre Häuser nur, wenn es sich nicht umgehen ließ, und die Patrouillen des Königs benutzten die Straßen, wo sie schneller vorankamen.

Nach kurzer Zeit hatte er beide Stellen gefunden. Das einzelne Pferd hatte man an langer Leine angebunden und grasen lassen. Anscheinend war es ein edles Tier gewesen, denn Cadfael fand in einer nicht ganz ausgetrockneten Pfütze den Abdruck eines großen und gut beschlagenen Hufes. Etwas weiter westlich von der Hütte, in einem dichten Gebüsch, entdeckte er die Stelle, wo zwei Pferde zusammen angebunden gewesen waren. Auf dem kahlen Boden waren zwei verschiedene Arten von Hufspuren zu erkennen, und an einem niedrigen Ast war ein Stück Rinde abgescheuert, wo Torold auf der Flucht in aller Eile seine Pferde losgemacht hatte.

Cadfael ging in die Hütte. Durch die offene Tür fiel Tageslicht, so daß er den Innenraum eingehend untersuchen konnte. Der Mörder hatte hier auf sein Opfer gewartet. Er mußte Spuren hinterlassen haben.

Die Reste des Winterfutters, das man am Waldrand gemäht hatte, waren hier für den Herbst gelagert worden. Ursprünglich waren sie wohl ordentlich an der rückwärtigen Seite der Hütte aufgeschichtet gewesen, aber jetzt war das Heu auf dem ganzen Boden der Hütte verstreut. An einer Seitenwand lehnte schief die alte Krippe, von der Torold gesprochen hatte. Das Heu enthielt viele Wildkräuter, die jetzt zwar getrocknet waren und raschelten, aber immer noch ihren Duft verströmten, und darunter befand sich auch eine Menge Labkraut. Das erinnerte Cadfael nicht nur an den Stengel, den er an Nicholas Faintrees Kehle gefunden hatte, sondern auch an Torolds böse Schulterverletzung. Er brauchte Labkraut für eine Wundauflage. Er würde am Ackerrand danach suchen, es mußte dort reichlich wachsen. Das war die ausgleichende Gerechtigkeit Gottes: Er lenkte durch einen trockenen Kräuterstengel die Aufmerksamkeit auf den Mord an einem jungen Mann und stellte mit demselben Kraut ein Mittel bereit, mit dem die Wunden eines Freundes dieses Jungen geheilt weden konnten.

Eine genaue Untersuchung der Hütte brachte jedoch wenig zutage. Aus dem Durcheinander ließ sich nur schließen, daß ein erbitterter Kampf stattgefunden hatte.

An der rauhen Oberfläche der Türinnenseite fanden sich jedoch einige dunkelblaue Wollfasern. Jemand hatte sich, dicht an die Tür gedrückt, dort versteckt. Auf einem Kleeblatt entdeckte Cadfael einen getrockneten Blutstropfen. Aber vergeblich durchsuchte er das raschelnde Heu nach der Schnur des Würgers. Entweder hatte der Mörder sie wiedergefunden und mitgenommen, oder aber sie lag unauffindbar in irgendeinem Winkel. Auf den Knien kroch Cadfael rückwärts von der Krippe zur Tür und wollte die Suche gerade aufgeben und wieder aufstehen, als er unter der Hand, mit der er sich aufstützte, einen harten, spitzen Gegenstand spürte. Irgend etwas hatte sich unter der dünnen Schicht Heu halb in den gestampften Boden gedrückt – wie ein Krähenfuß, der hierhin gelegt worden war, damit sich neugierige Mönche an ihm verletzten. Vorsichtig hob er das Ding auf. Er hielt es in das Licht, das durch die Tür fiel. Es glitzterte gelblich wie eine kleine Sonne.

Cadfael stand auf und trat ins Freie, um sich seinen Fund genauer anzusehen. Es war ein Halbedelstein von der Größe eines Holzapfels, ein gelber Topas, der von einer silbernen Adlerklaue gehalten wurde. Die fein gearbeitete Fassung war unversehrt, aber der Adlerfuß war unterhalb des Steines abgebrochen. Es handelte sich um das Ende eines wertvollen Gegenstandes, einer Brosche vielleicht – nein, dafür war es zu groß. Das Knaufende eines Dolches? Dann mußte es die Waffe eines Edelmannes gewesen sein. Unterhalb der Bruchstelle hatten sich der Griff und das Querstück des Dolches befunden, an dessen beiden Enden vielleicht zwei weitere Topase eingearbeitet waren, die zu diesem hier paßten. Funkelnd und schwer lag der Edelstein in seiner Hand.

In dieser Hütte hatte Nicholas Faintree in Todesangst wild um sich geschlagen, zwei andere Männer hatten hier auf Leben und Tod gekämpft; bei jedem der drei konnte sich das Ende des Dolchgriffes im Hin- und Herrollen in den Boden aus fest gestampfter Erde gebohrt haben und dabei an der schwächsten Stelle abgebrochen sein. Der Besitzer hatte den Verlust wohl kaum sofort bemerkt.

Bruder Cadfael steckte den in Silber gefaßten Stein in eine Tasche an seinem Gürtel und machte sich auf den Weg, um Labkraut zu sammeln. Es wuchs reichlich an den sonnenbeschienenen Stellen am Waldrand. Er füllte seine Tasche und machte sich auf den Heimweg. An seiner Kutte hingen Dutzende der kleinen, hakenbewehrten Samenbällchen.

Sobald die Klosterbrüder sich an ihre Nachmittagsarbeit gemacht hatten, schlich Godith sich davon und ging auf einem weiten Umweg zur Mühle am Ende der Gaye. Sie hatte einige Pflaumen, einen halben Laib Brot und eine Flasche von Cadfaels Wein mitgenommen. Ihr Patient hatte mittlerweile einen gesunden Appetit, und es machte ihr Freude, ihm beim Essen und Trinken zuzusehen. Es schien ihr fast, als habe sie, weil sie es gewesen war, die ihn gefunden hatte, eine Art Besitzanspruch auf ihn.

Mit ausgestreckten Beinen saß er auf seinem Lager, den Rücken an die sonnendurchwärmten Bretter der Wand gelehnt. Die Jacke und die Hose paßten ihm einigermaßen, nur die Ärmel waren etwas kurz. Obwohl er immer noch recht blaß war und sich wegen der Wundschmerzen sehr vorsichtig bewegte, sah er überraschend erholt aus. Sie war ärgerlich, daß er sich die Jacke angezogen hatte.

»Du solltest deine Schulter schonen. Warum hast du sie in die Jacke gezwängt? Wenn du sie nicht ruhig hältst, wird sie nicht heilen.«

»Ich fühle mich aber sehr wohl«, antwortete er. »Und ich glaube, die Schulter heilt gut.« Aber seine Gedanken waren mit anderen Dingen beschäftigt. »Heute morgen hatte ich keine Zeit, euch zu fragen, aber Bruder Cadfael sagte, daß Nick im Kloster beerdigt wurde. Ist das wahr?« Er zweifelte nicht an Cadfaels Worten, er fragte sich nur, wie es dazu gekommen war. »Wie haben sie ihn gefunden?«

»Das war Bruder Cadfael«, sagte Godith. Sie setzte sich an sein Bett und begann zu erzählen. »Unter den Hingerichteten war ein Toter zuviel, und Bruder Cadfael suchte so lange, bis er ihn gefunden hatte. Seitdem hat er keine Ruhe mehr gegeben. Der König weiß, daß ein Mord geschehen ist, und er will, daß er gesühnt wird. Wenn irgendwer Gerechtigkeit für deinen Freund erlangen kann, dann Bruder Cadfael.«

»Also habe ich den Mann in der Hütte nur für eine Weile betäubt. Das habe ich befürchtet. Jedenfalls konnte er sich der Leiche bis zum nächsten Morgen entledigen.«

»Ja, aber er war nicht schlau genug, um Bruder Cadfael zu täuschen. So hat Nicholas doch noch ein ehrenhaftes Begräbnis erhalten.«

»Ich bin froh«, sagte Torold, »daß er nicht mit all den anderen in einem Massengrab liegt, wenn sie auch unsere Kameraden waren und einen solchen Tod nicht verdient haben. Wären wir in der Burg geblieben, dann hätte uns dasselbe Schicksal ereilt. Und falls sie mich fangen, werde ich aufgehängt werden wie sie. Und doch unterstützt König Stephen die Jagd nach einem Mörder, der ihm eine Arbeit abgenommen hat! Was für eine verrückte Welt!«

Godith war derselben Ansicht; dennoch lag für sie eine gewisse Logik darin, daß der König die Verantwortung für die vierundneunzig, deren Tod er befohlen hatte, auf sich nahm, aber die Schuld für den Tod des fünfundneunzigsten, der hinterrücks und nicht auf seinen Befehl ermordet worden war, von sich wies.

»Er will nicht zum Komplizen dieses Verbrechens gemacht werden, das er verabscheut. Und niemand wird dich fangen«, sagte sie mit Bestimmtheit. Aus den weiten Falten ihres Kittels schüttelte sie die Pflaumen auf die Bettdecke. »Ich habe etwas Obst mitgebracht. Von Brot allein kann man nicht leben.«

Gemeinsam aßen sie die Pflaumen und warfen die Kerne durch die Ritzen zwischen den Bodendielen in den Fluß. »Ich habe immer noch eine Aufgabe«, sagte Torold schließlich, »und jetzt bin ich der einzige, der sie ausführen kann. Ich weiß nicht, wo ich ohne dich und Bruder Cadfael jetzt wäre, und es wird mir schwerfallen, von hier aufzubrechen und euch zurückzulassen. Ich werde euch eure Hilfe nie vergessen. Aber auch für euch ist es besser, wenn ich fort bin. Ich bringe euch nur in Gefahr.«

»Was heißt schon Gefahr?« erwiderte Godith. »In Zeiten wie diesen gibt es keinen sicheren Ort.«

»Dennoch – ich habe eine Pflicht zu erfüllen, und ich bin jetzt soweit wieder hergestellt, daß ich dazu in der Lage bin.«

Sie sah ihn beunruhigt an. Bis zu diesem Augenblick hatte sie gar nicht daran gedacht, daß er irgendwann wieder fortgehen würde. Er war etwas, das sie erst kürzlich entdeckt hatte, und wenn sie ihn richtig verstanden hatte, wollte er jetzt schon wieder aus ihrem Leben verschwinden. Nun, sie hatte ja einen Verbündeten in Bruder Cadfael. Mit der Autorität ihres Meisters sagte sie streng: »Wenn du glaubst, daß wir dich gehen lassen, bevor du wieder ganz bei Kräften bist, hast du dich getäuscht. Du wirst hierbleiben, bis wir dich fortlassen, und das wird weder heute noch morgen sein – darauf kannst du dich verlassen!«

Torold starrte sie verwundert und etwas belustigt an, warf den Kopf in den Nacken und begann zu lachen.

»Du klingst wie meine Mutter, wenn ich krank war. Aber ich bin wieder gesund, diese Wunden machen mir nicht mehr zu schaffen, und ich habe einen Befehl erhalten, der für mich wichtiger ist als eure Anordnungen. Ich muß gehen. Du an meiner Stelle hättest dich schon längst auf den Weg gemacht.«

»Das hätte ich nicht«, sagte sie wütend. »Ich habe nämlich mehr Verstand als du. Ohne Waffe, ohne Pferd – wie weit würdest du da wohl kommen? Und was für einen Dienst würdest du FitzAlan mit einer solchen Tollkühnheit erweisen? Aber wir brauchen das ja gar nicht weiter zu erörtern«, bemerkte sie schnippisch. »Du bist ja so schwach, daß du es nicht einmal bis zum Fluß schaffen würdest.«

»Ach ja?« Torolds Augen blitzten übermütig. Die freche Bevormundung durch diesen Klosterschüler amüsierte ihn derart, daß er seine mißliche Lage für den Augenblick vergaß. »Sehe ich denn so schwach aus?«

»Schwach wie eine ausgehungerte Katze«, sagte sie und spuckte einen Pflaumenkern aus. »Sogar ein Zehnjähriger könnte dich aufs Kreuz legen!«

»So, meinst du?« sagte er und packte sie mit seinem unverletzten Arm. »Ich werde dir gleich zeigen, wie stark ich bin.« Es machte ihm Spaß, seine Kraft in einer Rangelei mit einem vertrauten Freund zu spüren, und schon hatte er diesen überheblichen kleinen Bengel auf die Bretter gelegt. »Um mit dir fertig zu werden, brauche ich ja nur eine Hand!« sagte Torold triumphierend, und um es zu beweisen, verlagerte er sein Gewicht und legte seine linke Hand auf Godiths Brust, um sie am Boden zu halten.

Erschrocken zuckte er zurück. Godith fluchte und gab ihm eine wütende Ohrfeige. Sie fuhren auseinander. Ohne sich anzusehen und ohne ein Wort zu sagen, saßen sie auf dem zerwühlten Lager.

Die drückende Stille währte lange. Es dauerte eine ganze Minute, bis sie vorsichtig den Kopf wandten und sich ansahen. Ihr Gesicht, in dem die Wut langsam einer schuldbewußten Sympathie wich, war sehr fein geschnitten und weiblich – er mußte wirklich sehr krank und schwach gewesen sein, daß ihm das nicht schon vorher aufgefallen war. Und eine leise, leicht belegte Stimme hatte sie von Natur aus, sie hatte sie gar nicht sehr verstellen brauchen. Torold rieb sich nachdenklich sein schmerzendes Ohr und fragte schließlich vorsichtig: »Warum hast du mir das nicht gesagt? Ich wollte dir nicht zu nahe treten, aber wie sollte ich das wissen?«

»Du brauchtest es ja gar nicht zu wissen«, erwiderte sie ärgerlich. »Aber du besitzt ja nicht einmal die Höflichkeit, deine Freunde zu behandeln, wie es sich gehört.«

»Du hast mich doch herausgefordert!« protestierte Torold. »Das war nur so eine Rauferei, wie ich sie oft mit meinen Brüdern hatte, und du hast mich herausgefordert.« Unvermittelt fragte er: »Weiß Bruder Cadfael, daß du...«

»Natürlich weiß er es! Bruder Cadfael ist nicht so blind wie du.«

Wieder schwiegen sie und sahen einander verstohlen an. Sie blickte auf den Ärmel über seiner Wunde, besorgt, daß sich ein Blutfleck zeigen könnte, und er betrachtete ihr Gesicht, auf dem immer noch deutlich ihre Gekränktheit zu sehen war.

Zwei kleinlaute Stimmen sagten gleichzeitig: »Habe ich dir wehgetan?«

Sie mußten beide lachen. Die Fremdheit, die sich zwischen sie geschoben hatte, war verschwunden. Lauthals lachend fielen sie sich in die Arme, und außer der leicht übertriebenen Zärtlichkeit, mit der sie sich berührten, war an ihrer Beziehung jetzt nichts Ungewöhnliches mehr.

»Du hättest deinen Arm nicht so anstrengen sollen«, sagte sie schließlich, als sie sich nach ihrer Umarmung glücklich in die Augen sahen. »Es ist eine böse Wunde. Sie hätte wieder aufbrechen können.«

»Keine Sorge, es ist alles in Ordnung. Aber du... ich wollte dir nicht wehtun. Wer bist du? Und wie bist du hierhergekommen?«

Sie sah ihm lange und ernst in die Augen; von jetzt an würde sie ihm bedingungslos vertrauen.

»Man hat zu lange gewartet, um mich von Shrewsbury wegzubringen. Die letzte Möglichkeit war, mich im Kloster zu verstecken. Ich war sicher, daß mich niemand durchschauen würde. Und ich habe auch alle hinters Licht geführt – alle bis auf Bruder Cadfael. Ich stehe auf derselben Seite wie du, Torold. Ich bin Godith Adeney.«

»Wirklich?« Mit großen, verwunderten Augen strahlte er sie an. »Du bist Fulke Adeneys Tochter? Gott sei Dank! Wir haben uns Sorgen um dich gemacht! Besonders Nick – er kannte dich ja...« Er beugte sich hinab und küßte ihr die Hand. »Meine Herrin, ich bin Euer Diener! Oh, wie herrlich das ist! Wenn ich das gewußt hätte, dann hätte ich euch gleich die *ganze* Geschichte erzählt.«

»Dann erzähl sie jetzt«, sagte Godith. »Und danach werde ich dir meine Geschichte erzählen.«

Bruder Cadfael ging nicht gleich zur Mühle, sondern erst zu seinem Schuppen, um dort nach dem Rechten zu sehen, das Labkraut in einem großen Mörser zu zerstoßen und eine grüne Wundsalbe daraus zu bereiten. Dann erst machte er sich auf den Weg. Er schlug einen weiten Bogen, so daß er sich der Mühle von der östlichen Seite näherte, und achtete unterwegs darauf, daß er von niemandem gesehen wurde. Die Zeit verging viel zu schnell – in einer Stunde mußten er und Godith wieder zur Vesper zurück sein.

Sie hatten seine Schritte kommen hören; als er eintrat, saßen sie nebeneinander mit dem Rücken an die Wand gelehnt. Erwartungsvoll und gespannt lächelten sie ihn an. Etwas Gelöstes und Entrücktes umgab sie, so als lebten sie in einer Welt, in der die Schwierigkeiten des täglichen Lebens keinen Platz hatten, zu der sie ihm aber großzügig Zutritt gewährten. Er brauchte sie nur anzusehen um zu wissen, daß sie keine Geheimnisse mehr voreinander hatten; sie waren so selbstverständlich Mann und Frau, daß er eigentlich gar nichts mehr zu fragen brauchte. Und doch brannten sie darauf, ihm alles zu erzählen.

»Bruder Cadfael...«, rief Godith und strahlte ihn an.

»Eins nach dem anderen«, schnitt ihr Cadfael das Wort ab. »Hilf ihm aus der Jacke und dem Hemd und wickle den Verband ab. Du bist noch lange nicht über den Berg, mein Freund.«

Godith stand auf, zog Torold vorsichtig die Jacke aus, löste die Bänder des Hemdes und streifte es von seiner Schulter. Dann begann sie den Verband aufzuwickeln. Der Junge versuchte ihr die Arbeit so leicht wie möglich zu machen und wandte seinen Blick nicht von ihrem Gesicht. Und auch sie sah ihn an, so oft es ihre Tätigkeit erlaubte.

›So, so!‹ dachte Cadfael. ›Es sieht so aus, als werde Hugh Beringars Suche nach seiner Braut wenig Zweck haben – wenn er sie überhaupt sucht.‹

»Nun, mein Junge«, sagte er laut, »du machst dir und mir alle Ehre. Ich habe selten eine Wunde gesehen, die so gut verheilt. Dieses Stück Fleisch, das dir jemand aus dem Bein schneiden wollte, wird dir nun doch dein Leben lang erhalten bleiben, und mit dem Arm wirst du in einem Monat schon wieder einen Bogen halten können. Nun halt still, es ist möglich, daß dies weh tut. Aber du kannst mir glauben: Das ist die beste Salbe für frische Wunden. Verletzte Muskeln schmerzen, wenn sie heilen, aber die Hauptsache ist, *daß* sie heilen.«

»Es tut nicht weh«, sagte Torold mit verträumter Stimme. »Bruder Cadfael...«

»Schweig, bis wir dich verbunden haben. Dann könnt ihr mir meinetwegen euer Herz ausschütten.«

Und das taten sie, sobald Torold sein Hemd wieder angezogen und sich die Jacke um die Schultern gelegt hatte. Wie in einem Tanz, der nach einem festgelegten Ritual abläuft, wechselten sie beim Erzählen einander ab. Sie hatten noch nicht die leiseste Ahnung, daß sie verliebt waren. Voller Unschuld glaubten sie, es verbinde sie nichts weiter als Kameradschaft – dabei war ihnen während seiner Abwesenheit weit Größeres widerfahren.

»Also habe ich Torold die Wahrheit über mich gesagt«, sagte Godith, »und er hat mir das einzige erzählt, was er uns vorher verschwiegen hat. Und jetzt sollt auch Ihr es wissen.«

Bereitwillig fuhr Torold für sie fort »Ich habe FitzAlans Schatz in Sicherheit gebracht. Ich ließ die Satteltaschen, in denen wir ihn mit uns führten, nicht los, als ich im Fluß trieb, obwohl ich mein Schwert und das Schwertgehänge opfern mußte, um mich über Wasser halten zu können. Am ersten Bogen der Steinbrücke hielt ich mich fest. Der Pfeiler dort ist ziemlich breit. An ihm war vor einiger Zeit noch eine Bootsmühle festgemacht, die Kette ist immer noch da. Ich zog sie herauf, schnallte die Satteltaschen an ihrem letzten Glied fest und ließ sie ins Wasser hinab. Dann trieb ich weiter und kroch hier an Land, wo Godith mich gefunden hat.« Ihr Name ging ihm ganz leicht über die Zunge und hatte doch einen ungewohnt neuen, angenehmen Beiklang. »Und jetzt liegt das Gold also im Wasser des Severn – das hoffe ich jedenfalls –, bis ich es hole und seinem rechtmäßigen Besitzer überbringe. Ich danke Gott, daß er noch am Leben ist.« Dennoch überkamen ihn plötzlich Zweifel. »Es ist doch von niemandem entdeckt worden? Das hätte sich doch sicher herumgesprochen, oder?«

»Ja, wir hätten es gewiß erfahren. Aber einen solchen Fisch hat bisher keiner gefangen. Und warum sollte irgend jemand dort danach suchen? Allerdings wird es nicht einfach sein, es zu bergen. Wir drei werden uns überlegen müssen, wie wir das bewerkstelligen können«, sagte Cadfael. »Und jetzt laßt mich erzählen, was ich herausgefunden habe.«

Er gab ihnen einen kurzen Bericht. »Es war alles, wie du gesagt hast. Ich habe die Spuren von euren Pferden und auch von dem eures Feindes gefunden. Sicher handelte er nicht im Auftrag des Königs, sondern wollte sich selbst bereichern. Er hat eine Menge Krähenfüße auf dem Waldweg verstreut, Ulf hat am nächsten Tag etliche aufgesammelt, damit sich seine Tiere nicht an ihnen verletzen. Die Kampfspuren in der Hütte sind deutlich zu sehen. Und dies habe ich gefunden – es war halb in den Boden gedrückt.« Aus seinem Beutel zog er den gelben, roh geschliffenen Edelstein, der in die silberne Adlerklaue gefaßt war. Torold nahm ihn in die Hand und betrachtete ihn neugierig. Offenbar hatte er ihn noch nie zuvor gesehen.

»Das sieht aus wie ein Teil eines Dolchgriffes, meint Ihr nicht?«

»Dann gehört es nicht dir?«

»Mir?« Torold lachte. »Wo sollte ein junger Bursche wie ich wohl eine derart wertvolle Waffe hernehmen?

Nein, ich hatte nur das einfache, alte Schwert meines Großvaters und einen dazu passenden Dolch, beide in einer Lederscheide. Das hier gehört nicht mir.«

»Dann vielleicht Faintree?«

Torold schüttelte mit Bestimmtheit den Kopf. »Das wäre mir aufgefallen. Nick war auch nicht reicher als ich, und wir waren seit über drei Jahren befreundet.« Er sah Bruder Cadfael an. »Aber jetzt erinnere ich mich: Als ich aus der Hütte floh, trat ich auf etwas Kleines, Hartes. Fast wäre ich darüber gestolpert. Das wird wohl dieser Stein gewesen sein. Er muß *ihm* gehört haben! Wahrscheinlich ist er abgebrochen, als wir miteinander kämpften.«

»Ja, und das ist die einzige Spur, die uns zum Mörder führen kann«, erklärte Cadfael und steckte den Stein wieder in seine Tasche. »Niemand wirft eine so kostbare Waffe weg, nur weil ein einziger Stein fehlt. Vermutlich wird er sie, sobald er es wagt, reparieren lassen. Wenn wir den Dolch finden, haben wir den Mörder.«

»Wenn ich doch nur bleiben könnte!« sagte Torold grimmig. »Ich würde nur zu gerne Nicks Tod rächen, er war ein guter Freund. Aber ich muß meinem Befehl gehorchen und FitzAlans Geld nach Frankreich schaffen. Und ich werde Fulke Adeneys Tochter mitnehmen und sie sicher zu ihrem Vater bringen«, fügte er entschlossen hinzu. »Vorausgesetzt, Ihr wollt sie mir anvertrauen.«

»Ich hätte nichts dagegen«, sagte Cadfael und lächelte. »Ich werde euch helfen so gut ich kann. Nichts leichter als das! Ich brauche ja nur zwei gute Reisepferde aus dem Nichts zu zaubern, den Schatz für euch aus dem Fluß zu ziehen und euch auf Schleichpfaden zur Straße nach Wales zu bringen. Wirklich ein Kinderspiel! Die Heiligen vollbringen tagtäglich größere Wunder...«

Plötzlich hielt er inne und hob warnend die Hand. Er

lauschte angestrengt, und da – zum zweitenmal hörte er das Geräusch vorsichtiger Schritte im raschelnden Gras vor der angelehnten Tür.

»Was ist?« flüsterte Godith. Ihre Augen waren vor Schreck geweitet.

»Nichts!« flüsterte Cadfael zurück. »Meine Ohren haben mich getäuscht.« Und mit normaler Stimme fuhr er fort: »Komm, wir müssen zurück zum Kloster, sonst kommen wir zu spät zur Vesper.«

Schweigend verabschiedeten sie sich von Torold. Wenn sie tatsächlich jemand belauscht hatte... Aber er hatte nichts gehört, und auch Cadfael schien sich nicht sicher zu sein. Wozu also Godith beunruhigen? Bruder Cadfael beschützte sie gut, und im Kloster würde ihr nichts zustoßen.

Aus den weiten Falten seiner Kutte brachte Cadfael einen langen Dolch in einer abgegriffenen Lederscheide zum Vorschein und legte ihn in Torolds Hände. Der betrachtete die Waffe ehrfürchtig von allen Seiten, als sei sie gerade vom Himmel gefallen. Als Cadfael und Godith die Tür hinter sich schlossen, sah er immer noch mit großen, verwunderten Augen auf das Kreuz, das durch Griff, Klinge und Heft gebildet wurde. Als sie durch die laue Abendluft gingen, dachte Cadfael an den Tag zurück, an dem er sein Gelübde auf dieses Kreuz abgelegt hatte. Dieser Dolch hatte ihn nach Jerusalem begleitet, in den zehn Jahren als Kapitän eines Schiffes auf dem Mittelmeer hatte er ihn immer bei sich gehabt, und er hatte ihn sogar behalten, als er dem Schwert und allen irdischen Besitztümern abgeschworen hatte. Es war gut, sich schließlich auf diese Weise von ihm zu trennen und die Waffe jemandem zu übergeben, der sie brauchte und nicht entehren würde.

Als sie um die Ecke der Mühle bogen und den Mühlbach überschritten, sah er sich vorsichtig um. Bis kurz vor Ende ihres Gespräches hatte er, trotz seiner scharfen Ohren, keinen Laut von draußen vernommen, und er war sich auch nicht sicher, ob er menschliche Schritte oder nur das Rascheln eines kleinen Tieres im trockenen Gras gehört hatte. Dennoch mußte er überlegen, was zu tun war, wenn sie tatsächlich belauscht worden waren. Schlimmstenfalls waren zwar nur die letzten Sätze gehört worden, aber die waren verräterisch genug. War der Schatz erwähnt worden? Ja, er selber hatte gesagt, daß er nichts weiter zu tun brauchte, als zwei Pferde zu beschaffen, den Schatz zu bergen und sie sicher zur Straße nach Wales zu bringen. Hatten sie davon gesprochen, *wo* das Geld verborgen war? Nein, das war viel früher gewesen. Aber der Lauscher, wenn tatsächlich draußen einer herumgeschlichen war, konnte erfahren haben, daß sich ein flüchtiger Anhänger FitzAlans hier versteckt hatte und, schlimmer noch, daß Adeneys Tochter sich im Kloster aufhielt.

Das gefiel ihm nicht. Es würde das Beste sein, wenn die beiden aufbrächen, sobald der Junge in der Lage war zu reiten. Sollte es allerdings in der Nacht keine besonderen Vorkommnisse geben, dann hatte er sich wohl getäuscht.

»Was ist denn?« fragte Godith, die neben ihm ging. »Ihr habt doch irgend etwas gehört.«

»Nein, du brauchst dir keine Sorgen zu machen«, antwortete Cadfael. »Ich habe mich geirrt. Es ist alles in Ordnung.« Im selben Moment bemerkte er aus dem Augenwinkel eine plötzliche Bewegung unten am Fluß, jenseits des Gebüsches, in dem sie Torold gefunden hatte. Zwischen den niedrigen Büschen kam ein schlanker Mann zum Vorschein, reckte sich genüßlich und schlug einen Weg ein, der ihn im spitzen Winkel mit dem ihren zusammenführen würde. Hugh Beringars Schritte sollten gemächlich wirken, und doch waren sie so bemessen, daß er genau mit ihnen zusammentraf. Er hatte ein liebenswürdiges, unschuldiges Gesicht aufgesetzt. Freundlich begrüßte er Cadfael und seinen Gehilfen.

»Was für ein schöner Abend! Geht Ihr zur Vesper? Dann haben wir denselben Weg. Habt Ihr etwas dagegen, daß ich Euch begleite?«

»Nein, ganz und gar nicht«, antwortete Cadfael. Er legte Godith die Hand auf die Schulter und übergab ihr das Bündel, das die Wundsalben und Verbände enthielt. »Lauf schon einmal vor, Godric, und bring das für mich in den Schuppen. Danach kommst du mit den anderen Jungen zum Gottesdienst. Das spart mir einen Weg, und du kannst gleich noch den Auszug umrühren, den ich heute morgen angesetzt habe. Also los, Junge, beeil dich!«

Godith nahm das Bündel und lief los. Sie gab sich Mühe, zu rennen wie ein Junge. Leise vor sich hin pfeifend strich sie im Laufen mit der Hand über die hohen Stoppeln des abgeernteten Feldes. Sie war heilfroh, Hugh Beringars Gegenwart entronnen zu sein. Ihre Gedanken kreisten um einen ganz anderen jungen Mann.

Beringar sah ihr nach. »Einen anstelligen Gehilfen habt Ihr da«, bemerkte er.

»Ja, er ist ein braver Junge«, antwortete Cadfael gütig. »Er ist uns für ein Jahr anvertraut worden, aber ich bezweifle, daß er das Gelübde ablegen wird. Aber immerhin wird er bis dahin lesen, schreiben und rechnen gelernt haben, und ich kann ihm einiges über Kräuter und Arzneien beibringen. Das wird ihm schon ein Stück weiterhelfen. Habt Ihr einen Spaziergang am Fluß unternommen?«

»Eigentlich habe ich Euch gesucht«, antwortete Beringar im gleichen heiteren, beiläufigen Tonfall. »Ich brauche nämlich Euren Rat und Eure Hilfe. Da ich Euch im Kräutergarten nicht fand, dachte ich, Ihr hättet vielleicht im großen Garten oder bei den Obstbäumen zu tun. Aber auch hier wart Ihr nicht, und so habe ich die Abendsonne am Fluß genossen. Ich habe damit gerechnet, Euch beim Vespergottesdienst zu treffen, aber daß Euch auch diese Felder hier draußen unterstehen, wußte ich nicht. Ist alles Getreide eingebracht?«

»Ja, alles was auf diesen Feldern stand. Bald werden die Schafe die Stoppeln abgrasen. Aber sagt mir: In welcher Angelegenheit bedürft Ihr meiner Hilfe, Herr Beringar? Ich werde Euch zu Diensten sein, soweit meine Pflichten es erlauben.«

»Als ich Euch gestern morgen fragte, ob Ihr wohl eine Bitte, die ich an Euch richte, nach reichlicher Überlegung erfüllen würdet, da sagtet Ihr, daß alles, was Ihr tut, reiflich überlegt sei, und eben diesen Eindruck hatte ich von Euch. Was ich im Sinn hatte, war gestern nur ein unbestätigtes Gerücht, das inzwischen jedoch mehr Gestalt angenommen hat: Ich weiß, daß König Stephen vorhat, bald weiter vorzurücken, und dazu braucht er Vorräte und Pferde. Die Einnahme von Shrewsbury ist ihn teuer zu stehen gekommen. Es ist zwar noch geheim, sonst würden zu viele Leute, gleich mir, Vorkehrungen dagegen treffen«, sagte er mit fröhlicher Offenheit, »aber der König wird Befehl geben, jedes Haus der Stadt zu durchsuchen und alle Vorräte als Abgabe an die Armee einzuziehen. Und alle – wohlgemerkt, *alle* – guten Pferde, die noch nicht der Armee gehören, werden beschlagnahmt werden, ganz gleich, wer der Besitzer ist. Das gilt auch für die, die in den Ställen des Klosters stehen.«

Cadfael gefiel das alles ganz und gar nicht. Es schien ihm wie eine gezielte Anspielung darauf, daß er selber

Pferde brauchte, und wie ein gezielter Hinweis, daß Hugh Beringar, der vor den Bürgern der Stadt von dieser Maßnahme erfahren hatte, über alles, was sich tat, wohl informiert war. Alles, was dieser junge Mann sagte oder tat, war irgendwie undurchsichtig, aber welches Spiel er auch spielte, es würde immer sein eigenes sein. Er beschloß, daß es im Augenblick das Beste sei, so wenig wie möglich zu sagen. Vielleicht konnte jeder sein Spiel spielen und dabei einen Sieg davontragen. Sollte Beringar zuerst sagen, was er wollte – dann konnte man sich immer noch eine wohl abgewogene Antwort überlegen.

»Der Bruder Prior wird nicht sehr erfreut sein, das zu hören«, sagte Cadfael nur.

»Auch für mich sind das schlechte Neuigkeiten«, erklärte Beringar. »Immerhin stehen ja auch meine vier Pferde in den Ställen des Klosters, und meine Stellung beim König ist noch nicht so gefestigt, daß ich meine Tiere für mich und meine Männer beanspruchen könnte. Und um ehrlich zu sein, ich habe nicht die Absicht, meine zwei besten Pferde für die Armee des Königs zu opfern. Ich möchte sie von hier wegschaffen, an einen Ort, wo sie vor Prestcotes Requirierungsmaßnahmen sicher sind.«

»Nur zwei?« fragte Cadfael unschuldig. »Warum nicht alle?«

»Aber Bruder Cadfael... stellt Euch doch nicht dümmer als Ihr seid. Würde man mir glauben, daß ich ohne Pferde hergekommen bin? Nein, man würde überall nach ihnen suchen, und ich hätte mir das Wohlwollen des Königs verscherzt. Also werde ich ihnen die beiden schlechteren geben – das kann ich verkraften. Bruder Cadfael, man braucht nicht lange hier zu sein, um zu wissen, daß Ihr der richtige Mann seid, ein riskantes Unternehmen in die Hand zu nehmen.« Er sprach heiter und höflich, und in seinen Worten schien keine Zweideutigkeit zu liegen. »Selbst der Abt wendet sich an Euch, wenn er vor einer Aufgabe steht, die seine Kräfte übersteigt. Und ich bitte Euch um praktische Hilfe. Ihr kennt diese Gegend besser als ich. Gibt es in der Nähe einen sicheren Ort, an dem ich meine Pferde verstecken kann?«

Mit einem so unwahrscheinlichen Angebot hatte Cadfael nicht gerechnet, aber es kam wie ein Geschenk des Himmels. Sofort erkannte er den Nutzen, der für ihn darin lag. Es war ihm sehr bewußt, daß Beringar keine Skrupel hatte, ihn für seine eigenen Zwecke einzusetzen, und so brauchte er, wenn er mit jenem genauso verfuhr, ebenfalls keine Skrupel zu haben – erst recht nicht, wenn das Leben zweier Menschen auf dem Spiel stand. Er hatte den merkwürdigen Verdacht, daß Beringar ziemlich genau wußte, was er, Cadfael, dachte und daß er nichts dagegen hatte, wenn Cadfael insgeheim Vermutungen darüber anstellte, was in Beringars Kopf vor sich ging. In gewisser Hinsicht hat jeder von uns den anderen in der Hand, überlegte er, und jeder kennt die Methoden, wenn nicht gar die Motive, des anderen. Es würde ein fairer Handel sein. Und doch war dieser liebenswürdige Mensch möglicherweise der Mörder Nicholas Faintrees, und in diesem Fall würde es einen gnadenlosen Kampf geben. Inzwischen aber war es wohl am klügsten, aus den vielleicht nicht ganz so zufälligen Gegebenheiten das Beste herauszuholen.

»Ja«, sagte Cadfael, »ich weiß einen solchen Ort.«

»Dann führt mich heut nacht dorthin«, sagte Beringar und lächelte Cadfael an. »Es muß heute nacht sein, denn morgen wird der Befehl verkündet werden.«

»Dann bringt Eure Pferde nach dem Vespergottesdienst zur Kapelle von St. Giles. Ich komme nach der Komplet dorthin – es wird dann schon dunkel sein. Es wäre nicht gut, wenn man mich mit Euch reiten sähe, aber Ihr könnt ja Eure Pferde bewegen, wenn es Euch beliebt, ohne daß jemand Fragen stellt.«

»Gut«, sagte Beringar befriedigt. »Wo ist dieser Ort? Müssen wir irgendwo den Fluß überschreiten?«

»Nein, nicht einmal den Bach. Es ist ein alter Gutshof, den das Kloster hinter Pulley im Großen Wald unterhielt. Aber seit die Zeiten so unsicher geworden sind, haben wir dort kein Vieh mehr. Nur zwei Laienbrüder leben noch in dem Haus. Niemand wird Eure Pferde dort suchen – jeder weiß, daß das Gut praktisch verlassen ist. Und die beiden Brüder werden meinen Anweisungen gehorchen.«

»Liegt St. Giles denn auf unserem Weg?«

»Ja. Wir werden südlich bis nach Sutton reiten und von da aus westlich in den Wald. Der Rückweg ist etwas kürzer. Wir werden etwas mehr als drei Meilen zu Fuß gehen müssen.«

»Ich glaube, das werde ich meinen Beinen zumuten können«, sagte Beringar. »Nach der Komplet also, bei St. Giles.« Ohne ein weiteres Wort beschleunigte er seine Schritte und ließ Cadfael hinter sich, denn gerade hatte Aline Siward das Haus, in dem sie wohnte, verlassen, um in die Kirche zu gehen. Sie hatte das Klostertor noch nicht erreicht, als Beringar an ihrer Seite war; sie hob den Kopf und lächelte ihn vertrauensvoll an. Wenn sie auch stolz war und einen scharfen Verstand besaß, so war sie doch ein argloser Mensch, und sie blühte förmlich auf beim Anblick dieses jungen Mannes, der, ganz gleich, was sich sonst noch über ihn sagen ließ, so listig wie eine Schlange war. Sprach das, dachte Cadfael und betrachtete die beiden, die in eine angeregte Unterhaltung vertieft vor ihm hergingen, am Ende zu seinen Gunsten? Oder war es ein Beweis für ihre kindliche Vertrauensseligkeit?

Es wäre nicht das erstemal gewesen, daß sich eine untadelige junge Frau in einen skrupellosen Verbrecher, ja sogar Mörder verliebt hätte; und man hatte von skrupellosen Verbrechern und Mördern gehört, die untadeligen jungen Frauen treu ergeben waren und so in dieser einen Hinsicht ihrer eigenen Natur zuwider handelten.

Der Anblick von Godith in der Kirche riß Cadfael aus seinen düsteren Gedanken. Sie warf ihm einen kurzen, fragenden Blick zu, den er mit einem beruhigenden Nikken und einem Lächeln beantwortete. So bewundernswert Aline auch war – an Godith hing sein Herz. Sie erinnerte ihn an Arianna, das griechische Mädchen, das er vor langer Zeit gekannt hatte. Arianna mit den gelockten Haaren, in denen der Wind spielte. Ihren Rock bis über die Knie geschürzt, hatte sie sich auf das lange Ruder ihres Bootes gestützt und es auf sein Schiff zu gelenkt...

Nun ja! Torold war noch nicht einmal so alt wie er damals gewesen war. Das war etwas für junge Leute. Er hatte andere Dinge im Kopf: Bei St. Giles, nach der Komplet!

KAPITEL VII

Der Ritt durch Sutton in den ausgedehnten und urwüchsigen Großen Wald erschien ihm wie eine plötzliche Rückkehr in vergangene Zeiten. Einst waren ihm nächtliche Ritte und Hinterhalte so vertraut gewesen, daß sie fast zur Routine geworden waren, aber heute empfand er diesen heimlichen Ausflug fast als Aufregung. Sein Pferd war ausgezeichnet, seit fast zwanzig Jahren hatte er ein solches Tier nicht geritten, und der Genuß und die Versuchung, die er dabei empfand, führte ihm erneut vor Augen, daß er fehlbar und sterblich war. Auch der junge Mann, der neben ihm ritt, erinnerte ihn an vergangene Tage, als die Kameradschaft begeisterter und abenteuerlustiger Gefährten alle Mühsalen und Entbehrungen erträglich gemacht hatte.

Als sie die Straße verlassen und den Wald mit seinen nächtlichen Schatten betreten hatten, schien Hugh Beringar völlig gelassen. Offenbar hegte er keinerlei Befürchtungen, sein Begleiter könnte ihn verraten haben. Er begann sogar ein Gespräch und stellte Bruder Cadfael neugierige Fragen über seine Vergangenheit und die Länder, die er bereist hatte, bevor er ins Kloster eingetreten war.

»Ihr habt in jenen Jahren soviel von der Welt gesehen – ist Euch nie der Gedanke gekommen zu heiraten? Immerhin heißt es doch, die Hälfte der Menschheit bestehe aus Frauen.«

»Ja, einmal habe ich daran gedacht zu heiraten«, gab Cadfael offen zu. »Das war, bevor ich auf die Kreuzfahrt ging, und sie war eine sehr schöne Frau. Aber, um die Wahrheit zu sagen, ich habe sie vergessen dort im Osten, so wie sie mich vergessen hat. Ich war lange fort – so gab sie schließlich das Warten auf und heiratete einen anderen. Ich kann es ihr nicht verdenken.«

»Habt Ihr sie denn jemals wiedergesehen?«

»Nein, nie. Sie hat jetzt schon Enkelkinder. Ich hoffe, sie sind gut zu ihr. Sie war eine gute Frau.«

»Aber auch im Osten gibt es Männer und Frauen, und Ihr wart ein junger Kreuzritter. Ich kann mich über Euch nur wundern«, sagte Beringar verträumt.

»Dann wundert Euch! Auch ich wundere mich über Euch«, antwortete Cadfael gutmütig. »Kennt Ihr zwei Menschen, die sich im Innersten ihres Herzens einander nicht doch fremd sind?«

Ein kleines Licht schimmerte durch die Bäume. Die beiden Laienbrüder waren also noch wach. Wahrscheinlich waren sie beim Würfelspiel, vermutete Cadfael. Und warum auch nicht? Die Langeweile hier war sicher nicht einfach zu ertragen. Ihr Kommen bot den Brüdern gewiß eine willkommene Abwechslung.

Daß die beiden jedoch sehr wohl auf der Hut waren, zeigte sich bald, als ihr unangemeldeter Besuch sich näherte. Die Tür öffnete sich, und Bruder Anselm trat aus dem Haus. Trotz seiner fünfundfünfzig Jahre war er groß und breit gebaut, und in einer Hand hielt er einen dicken Stock. Neben ihm stand Bruder Louis, der klein und flink war. Er trug einen Dolch und wußte ihn auch zu gebrauchen. Ihre Gesichter waren wachsam und entschlossen, aber beim Anblick von Bruder Cadfael breitete sich ein Grinsen darauf aus.

»Ach, Ihr seid es! Was für eine Freude, einmal ein bekanntes Gesicht zu sehen, obwohl wir kaum mitten in der Nacht mit Euch gerechnet haben. Bleibt Ihr bis morgen? Und wohin reitet Ihr?«

Sie betrachteten Beringar mit neugierigem Interesse, aber der überließ das Sprechen Cadfael. Der Wille des Abtes galt hier mehr als der Befehl des Königs.

»Wir reiten nicht weiter als bis hierhin«, sagte Cadfael und stieg ab. »Dieser edle Herr hier bittet Euch, seine beiden Pferde einige Tage lang aufzunehmen und dafür zu sorgen, daß niemand sie zu Gesicht bekommt. Man wird in den nächsten Tagen Packpferde für die Armee beschlagnahmen, und das ist nicht das Richtige für diese beiden Rösser. Ihr Besitzer jedenfalls weiß eine bessere Verwendungsmöglichkeit für sie.«

Mit Kennermiene betrachtete Bruder Anselm das Pferd, auf dem Beringar saß, und tätschelte es am Hals. »Es ist eine ganze Weile her, seit unser Stall so schöne

Tiere beherbergt hat! Eigentlich ist er völlig unbenutzt, nur Prior Robert stellt seinen Esel dort ab, wenn er uns besucht, und das geschieht selten genug. Dieser Hof wird wohl bald aufgegeben werden – er liegt zu einsam und wirft zu wenig Gewinn ab. Ja, mein Guter, wir werden dich bestens unterbringen, und deinen Gefährten ebenfalls. Darf ich ihn hin und wieder einmal bewegen, mein Herr?«

»Er wird Euch willig tragen«, erwiderte Beringar liebenswürdig. »Aber Ihr dürft die Pferde niemandem außer mir und Bruder Cadfael aushändigen.«

»Das versteht sich von selbst. Hier wird sie niemand zu sehen bekommen.« Die beiden Brüder führten die Pferde in den Stall. Sie waren sehr zufrieden über diese Abwechslung und auch mit dem großzügigen Entgelt, das Beringar ihnen für ihre Dienste überreichte.

Cadfael und Hugh Beringar machten sich auf den Heimweg. »Es ist ein Fußmarsch von etwas mehr als einer Stunde«, sagte Cadfael. »Für Pferde ist der Pfad an einigen Stellen zu eng, aber ich kenne ihn gut. Wenn es Euch nichts ausmacht, nasse Füße zu bekommen, werden wir oberhalb der Mühle den Bach überqueren, denn dann kommen wir unbemerkt von der Gartenseite her auf das Klostergelände.«

»Mir scheint, Ihr wollt ein Spielchen mit mir treiben«, sagte Beringar nachdenklich, aber völlig gelassen. »Wollt Ihr mich im Wald abschütteln oder mich im Mühlbach ertrinken sehen?«

»Ich bezweifle, daß mir das gelingen würde. Nein, Ihr werdet sehen, das wird ein sehr geselliger Spaziergang. Ihr werdet ihn genießen.«

Und es war wirklich eine angenehme Wanderung, obwohl beide wußten, daß der eine den anderen für seine Zwecke einsetzte – der ältere Mönch, der keinen persönlichen Ehrgeiz besaß, und der junge Mann, dessen Ehrgeiz keine Grenzen kannte. Wahrscheinlich rätselte Beringar herum, warum Cadfael ihm so bereitwillig half, und mit Sicherheit beschäftigte Cadfael sich genauso angestrengt mit der Frage, warum Beringar sich in dieser Sache überhaupt an ihn gewandt hatte. Nicht, daß das eine Rolle spielte, aber es machte ihren Wettstreit interessanter. Und wer von ihnen gewinnen und das meiste herausschlagen würde, war noch völlig offen.

So gingen sie hintereinander auf dem engen Waldweg. Sie waren beide etwa gleich groß, obwohl Cadfael einen eher stämmigen Körperbau hatte, während Beringar schlank und geschmeidig war. Bedachtsam folgte er Cadfael. Die Dunkelheit, die nur durch das hier und da durch die Blätter der Bäume fallende Sternenlicht erhellt wurde, schien ihm nicht das Geringste auszumachen. Ungezwungen begann er zu plaudern:

»Der König hat vor, nach Gloucester zu gehen, und zwar mit verstärkten Truppen, daher diese Beschlagnahme von Pferden und Proviant. Ich bin sicher, daß er in einigen Tagen abmarschieren wird.«

»Und Ihr werdet mit ihm marschieren?« Warum ihn nicht ermutigen, wenn er redseliger Stimmung war? Natürlich war alles, was er sagte, wohl überlegt, aber früher oder später würde auch er einen Fehler machen.

»Das liegt beim König. Der Mann mißtraut mir, stellt Euch das vor! Natürlich käme es mir viel gelegener, wenn er mir hier ein Kommando übertragen würde, wo meine Besitzungen sind. Ich habe mich so oft bei Hofe sehen lassen, wie ich es wagen konnte – wenn man sein Gesicht zu häufig zeigt, kann das nachteilige Auswirkungen haben, und noch schlechtere, wenn man sich zu rar macht. Eine knifflige Entscheidung!«

»Ich habe das Gefühl«, sagte Cadfael, »daß man sich auf

Euer Urteil verlassen kann. Wir haben jetzt den Bach erreicht, könnt Ihr ihn hören?« Im Wasser lagen einige Trittsteine. Nach einem kurzen, abschätzenden Blick überquerte Beringar den Bach mit zwei geschwinden Schritten.

»Glaubt Ihr wirklich, daß ich ein so gutes Urteilsvermögen habe?« nahm er die Unterhaltung wieder auf. Sie gingen jetzt nebeneinander her. »Und gilt das nur für Risiken und Vorteile? Oder auch für Männer und Frauen?«

»Da Ihr mir vertraut«, sagte Cadfael trocken, »kann ich Euer Urteil in Bezug auf Männer kaum in Zweifel ziehen.«

»Und wie steht es mit Frauen?«

»Ich glaube, sie sind gut beraten, sich vor Euch in acht zu nehmen. Was erzählt man sich, abgesehen vom kommenden Feldzug, sonst noch am Hof des Königs? Hat man etwas von FitzAlan und Adeney gehört?«

»Nein, und das wird man auch nicht mehr«, antwortete Beringar bereitwillig. »Sie haben Glück gehabt. Ich kann nicht sagen, daß mir das leid tut. Man weiß nicht, wo sie sich aufhalten, aber sie sind mit Sicherheit auf dem Weg nach Frankreich.«

Es gab keinen Grund, an seinen Worten zu zweifeln; offenbar wollte er eher durch Wahrheit als durch Lügen an sein Ziel gelangen. Godith brauchte sich also nicht zu sorgen – die Entfernung zwischen ihrem Vater und Stephen wurde mit jedem Tag größer. Und jetzt standen zwei ausgezeichnete Pferde an Godiths und Torolds Fluchtweg bereit, in der sicheren Obhut zweier Laienbrüder, die sie auf Cadfaels Geheiß aushändigen würden. Die erste Hürde war überwunden. Jetzt mußt Cadfael die Satteltaschen aus dem Fluß bergen, und dann konnten sie sich auf den Weg machen. Keine einfache Sache, aber gewiß nicht unmöglich.

»Jetzt weiß ich, wo wir sind«, sagte Beringar etwa zwanzig

Minuten später. Sie waren geradeaus gelaufen, während der Bach in einem weiten Bogen verlief. Nun standen sie wieder an seinem Ufer. Auf der anderen Seite waren im Sternenlicht die abgeernteten Erbsenfelder zu erkennen, und dahinter lagen die Gärten und die mächtig aufragenden Schatten der Klostergebäude. »Ihr habt ein gutes Orientierungsvermögen, sogar im Dunkeln. Geht Ihr voraus, Ihr kennt diese Furt besser als ich.«

Cadfael brauchte nur seine Kutte zu schürzen, damit außer seinen Sandalen nichts naß wurde. Sie befanden sich direkt gegenüber dem Schuppen, in dem Godith schlief. Sein Dach überragte knapp die Büsche und die Umfassungsmauer des Kräutergartens. Beringar stieg nach ihm in den Bach. Er hatte seine Stiefel und Hose angelassen. Cadfael bemerkte, wie vorsichtig er sich bewegte: das Wasser kräuselte sich kaum bei seinen Schritten. Beringar hatte die wachen Instinkte eines wilden Tieres, er war immer auf der Hut. Als er ans Ufer stieg, vermied er es, auf die vertrockneten Büschel der Erbsenpflanzen zu treten, damit kein Rascheln sie verriet.

»Als Verschwörer seid Ihr ein Naturtalent«, murmelte Cadfael; und die Tatsache, daß er sich erlauben konnte, diese Bemerkung zu machen, war ein Beweis für die starke, wenn auch nicht gerade freundschaftliche Beziehung zwischen ihnen.

Beringar sah ihn an. Auf seinem Gesicht lag ein breites Lächeln. »Ja, wir haben uns gefunden«, erwiderte er. »Mir ist noch etwas eingefallen, ein Gerücht, das gerade umgeht: Vor ein paar Tagen hat man hier in der Gegend einen Burschen aufgestöbert, der zu FitzAlans Gefolgsleuten gehört haben soll. Er ist in den Fluß geflohen, und ein Bogenschütze, der nach ihm schoß, hat ihn unterhalb der linken Schulter getroffen, vielleicht ins Herz. Jedenfalls ging er unter. Irgendwo bei Atcham wird er wohl angetrieben werden. Am nächsten Tag fand man ein reiterloses Pferd, das sicher ihm gehörte.«

»Das müßt Ihr mir genauer erzählen«, sagte Cadfael neugierig. »Hier können wir sprechen. Niemand schleicht nachts in meinem Kräutergarten herum, und man weiß, daß ich zu den ungewöhnlichsten Zeiten auf den Beinen bin, um mich um meine Tinkturen zu kümmern.«

»Ist das nicht die Aufgabe Eures neuen Gehilfen?« fragte Hugh Beringar unschuldig.

»Ein Junge, der sich nachts aus dem Dormitorium schleicht«, sagte Bruder Cadfael, »würde das bald bereuen. Wir passen auf die Kinder besser auf, als Ihr anzunehmen scheint.«

»Das freut mich zu hören. Es mag ja noch angehen, wenn kriegserfahrene alte Soldaten, die schließlich ein geruhsames Klosterleben gewählt haben, sich die Nächte um die Ohren schlagen. Kinder aber sollten gut beschützt werden.« Beringars Stimme klang völlig unverfänglich. »Ja, eine merkwürdige Sache ist das mit den Pferden... Stellt Euch vor: Einige Tage später fand man ein zweites, noch gesatteltes Reitpferd im Heideland nördlich der Stadt. Man glaubt, daß ein Reiter von der Burg ausgeschickt wurde, als der Angriff begann, der Adeneys Tochter aus ihrem Versteck holen und sicher durch den Belagerungsring um Shrewsbury bringen sollte. Das ist wahrscheinlich fehlgeschlagen. Sie ist also immer noch vermißt, und es wird angenommen, daß sie sich irgendwo in der Nähe versteckt. Man wird sie suchen, Bruder Cadfael – und zwar gründlicher als je zuvor.« Sie waren jetzt am inneren Garten angelangt. Hugh Beringar hauchte ein ›Gute Nacht!‹ und war im nächsten Augenblick wie ein Schatten in Richtung des Gästehauses verschwunden.

Bruder Cadfael lag noch eine Weile wach und dachte scharf nach. Und je länger er nachdachte, desto mehr war er davon überzeugt, daß ihr Gespräch in der Mühle tatsächlich von jemandem belauscht worden war, und daß es sich bei diesem Jemand zweifellos um Hugh Beringar handelte. Er hatte bewiesen, wie lautlos er sich bewegen konnte, er hatte sie aneinander gebunden, indem er Cadfael zur Mittäterschaft an einer illegalen Aktion bewegte, und schließlich hatte er einige vertrauliche Bemerkungen gemacht, die Panik und unüberlegte Handlungen hervorrufen sollten. Allerdings hatte Cadfael nicht die geringste Absicht, die Hoffnungen seines Gegenspielers in dieser Hinsicht zu erfüllen. Er glaubte nicht, daß der Lauscher viel gehört hatte. Aber die letzte Bemerkung, die Cadfael selbst gemacht hatte, verriet nur zu deutlich, daß er plante, zwei Pferde aufzutreiben, den Schatz aus dem Versteck zu holen und Torold mit ›ihr‹ wegzuschicken. Wenn Beringar nur einen Moment früher an der Tür gewesen war, mußte er auch ihren Namen gehört haben; aber auch ohne das hatte er sicher schon seine Schlüsse gezogen. Worauf wollte er in diesem Spiel, bei dem er seine besten Pferde einsetzte, hinaus? Warum hatte er die beiden Flüchtlinge, und mit ihnen Bruder Cadfael, noch nicht verraten? Ein Mann wie Beringar mochte lieber alles oder nichts riskieren – er konnte Torold, Godith und das Geld mit einem Schlag gewinnen. Hatte er nur seinen eigenen Gewinn im Sinn, oder wollte er die Gunst des Königs erlangen? Er schien tatsächlich ein junger Mann mit unbegrenzten Möglichkeiten zu sein.

Cadfael dachte vor dem Einschlafen lange über ihn nach; zumindest eines lag auf der Hand: Wenn Beringar wußte, daß Cadfael vorhatte, den Schatz zu bergen, dann würde er Cadfael von jetzt an nicht aus den Augen lassen, denn er brauchte jemanden, der ihn zu der bewußten Stelle führte. Gerade als er einschlief, begann es zu dämmern. Als ihn die Glocke zur Prim weckte, schien es ihm, als sei kaum ein Augenblick vergangen.

Als sie nach dem Frühstück im Garten waren, sagte Cadfael zu Godith: »Heute wirst du alles tun wie gewöhnlich. Du gehst zum Gottesdienst und danach zum Unterricht. Nach dem Mittagessen wirst du ein wenig im Garten arbeiten und dich um die Arzneien kümmern. Dann kannst du bis Vesper zur Mühle gehen, aber gib acht, daß dich niemand sieht. Kannst du Torolds Wunden ohne mich verbinden? Ich werde nämlich heute nicht dorthin kommen.«

»Natürlich kann ich das«, sagte sie eifrig. »Aber... wenn der Lauscher von gestern nun heute wiederkommt?« Cadfael hatte ihr erzählt, was in der Nacht vorgefallen war. Beringars Bemerkungen hatten sie beunruhigt.

»Das wird er nicht«, versicherte ihr Cadfael. »Wenn alles gut geht, wird er heute dort sein, wo ich bin, und darum möchte ich dich nicht um mich haben. Und dann ist da noch etwas, das ihr beide, Torold und du, heute nacht für mich tun sollt, wenn alles so verläuft, wie ich es mir vorstelle. Beim Vespergottesdienst werde ich dir nur ›Ja‹ oder ›Nein‹ sagen. Also – es geht um folgendes...«

Sie hörte ihm aufmerksam zu. »Ja«, sagte sie, als er schließlich geendet hatte, »wir werden es genauso machen, wie Ihr gesagt habt.«

»Wartet so lange, bis ihr sicher seid«, schärfte Cadfael ihr ein. »Und jetzt geh zur Laienmesse und danach zum Unterricht. Du brauchst keine Angst zu haben. Sollte irgend etwas passieren, dann werde ich es rechtzeitig erfahren und sofort kommen.«

Ein Teil von Cadfaels Überlegungen wurde bald bestätigt. Den ganzen Sonntag über machte er sich eifrig auf dem Klostergelände zu schaffen. Er ging zu jedem Gottesdienst und übernahm mehrere Botengänge zwischen dem Torhaus des Klosters und den Gästehäusern, dem Studierzimmer des Abtes, dem Hospital und den Gärten; wohin er auch ging, tauchte unauffällig die Gestalt Hugh Beringars auf. Noch nie vorher hatte sich der junge Mann als ein so eifriger Kirchgänger erwiesen. Er nahm sogar an den Gottesdiensten teil, zu denen Aline Siward nicht erschien. Ich will doch einmal sehen, dachte Cadfael mit leiser Bosheit, ob es mir gelingt, ihn wegzulocken, so daß ein anderer ihr den Hof machen kann. Denn Aline würde gewiß zur Messe nach der Bibellesung kommen, und Cadfael hatte Adam Courcelle erspäht, der auf das kleine Haus zusteuerte, in dem sie und ihre Zofe logierten.

Bruder Cadfael hatte noch nie bei der Messe gefehlt, aber dieses eine Mal hatte er eine gute Entschuldigung. In der Stadt wußte man um seine Heilkünste und schickte oft nach ihm um Rat und Hilfe. In der in Richtung St. Giles gelegenen Klostersiedlung gab es ein Kind, das er eine zeitlang wegen einer Hautentzündung behandelt hatte, und obwohl der Zustand des kleinen Patienten sich gebessert hatte, würde niemand sich etwas dabei denken, wenn Cadfael einen Hausbesuch für nötig erachtete.

Auf dem Torweg begegnete er Aline Siward und Adam Courcelle. Sie war offenbar angetan, wenn seine Gegenwart sie vielleicht auch etwas verlegen machte, und er genoß es sichtlich, sie begleiten zu dürfen. Wenn Aline damit gerechnet hatte, daß Beringar sie, wie es seine Gewohnheit geworden war, zum Kirchgang abholen würde, so mußte sie sich dieses eine Mal enttäuschen lassen. Beringar war nirgends zu sehen.

Versuch geglückt, dachte Cadfael befriedigt und begab

sich ohne Eile zu seinem Patienten. Hugh Beringar war bei seiner Beschattung äußerst diskret. Cadfael traf ihn erst auf seinem Rückweg ins Kloster; er machte, fröhlich vor sich hin pfeifend, einen gemächlichen Ausritt auf einem seiner verbliebenen Pferde.

Überrascht, als könnte die Begegnung nicht zufälliger sein, begrüßte er Cadfael. »Was – an einem Sonntagmorgen seid Ihr unterwegs?«

Cadfael erzählte ihm von seinem Besuch und von den Fortschritten, die die Genesung des Kindes machte.

»Die Vielfalt Eurer Talente ist wirklich bewundernswert«, sagte Beringar augenzwinkernd. »Ich hoffe, Ihr habt auch nach Eurer langen Arbeit gestern gut geschlafen.«

»Ja, obwohl meine Gedanken noch eine Weile sehr beschäftigt waren«, antwortete Cadfael. »Und wie ich sehe, hat man Euch ein Pferd gelassen.«

»Nun ja, ich hätte mir denken können, daß man an einem Sonntag nichts unternehmen würde. Aber morgen ist es dann soweit. Die Durchsuchung wird sehr gründlich sein«, sagte er, und Cadfael wußte, daß er nicht nur die Suche nach Pferden und Proviant meinte. »König Stephen macht sich Sorgen hinsichtlich seiner Beziehungen zur Kirche. Es war klar, daß er den Sonntag heiligen würde. So haben auch wir einen Tag Ruhe. Heute nacht jedenfalls werden wir zu Hause bleiben können, wie es sich für unschuldige Männer ziemt, was, Cadfael?« Lachend gab er seinem Pferd die Sporen und ritt weiter Richtung St. Giles.

Als Bruder Cadfael nach dem Mittagsmahl das Refektorium verließ, war er jedoch schon wieder auf dem Klostergelände und behielt ihn aus der Entfernung im Auge. Cadfael setzte sich auf eine Bank in der Sonne und döste vor sich hin, bis er sicher war, daß Godith nicht mehr im

Garten arbeitete. Dennoch blieb er auch dann noch eine Weile sitzen und überdachte die Lage.

Kein Zweifel – er wurde beobachtet, wohin er sich auch wandte, und zwar von Beringar persönlich. Offenbar übertrug er diese Aufgabe nicht seinen Begleitern oder irgendwelchen bezahlten Überwachern, sondern kümmerte sich lieber selbst darum. Wahrscheinlich machte es ihm sogar Spaß. Wenn er bereit war, Adam Courcelle auch nur eine Stunde lang das Feld zu überlassen, mußte ihm das, was er stattdessen tat, äußerst wichtig sein. Ich bin auserwählt, dachte Cadfael, als Mittel zu seinem Zweck, und das ist FitzAlans Schatz. Er wird mich also nicht aus den Augen lassen. Nun gut – wenn ich ihn schon nicht abschütteln kann, muß ich mich eben seiner bedienen.

Er wollte seinen Beschatter nicht ermüden oder ihm seine Pläne zu früh verraten. Beringar hatte ihn lange genug an der Nase herumgeführt, nun sollte er im Dunkeln tappen.

Also begab sich Bruder Cadfael in seinen Kräutergarten und verbrachte den ganzen Nachmittag bei seinen Arzneien, bis es Zeit war, zum Vespergottesdienst in die Kirche zu gehen. Er versuchte nicht herauszufinden, wo Beringar sich verborgen hatte, sondern hoffte nur, daß diese Bewachung einem so sprunghaften und agilen Mann doch recht schwer fiel.

Aline Siward erschien wieder mit Courcelle an ihrer Seite. Beim Anblick Bruder Cadfaels blieb er stehen und begrüßte ihn herzlich. »Es freut mich, Euch unter besseren Umständen wiederzusehen als beim letztenmal, und ich hoffe, daß Euch solche Pflichten in Zukunft erspart bleiben. Ich wünschte, ich könnte Seine Gnaden Eurem Kloster gegenüber gnädiger stimmen. Er hegt noch immer einen gewissen Groll, weil Euer Abt nicht eilig genug um Frieden gebeten hat.«

»Das ist ein Fehler, den schon viele andere begangen haben«, erwiderte Cadfael philosophisch. »Wir werden auch das überstehen.«

»Davon bin ich überzeugt. Aber im Augenblick ist Seine Gnaden nicht geneigt, dem Kloster Privilegien zu gewähren, die er der Stadt verwehrt. Wenn ich gezwungen sein sollte, auch innerhalb dieser Mauern gewisse Befehle auszuführen, von denen das Kloster verschont bleiben sollte, dann bitte ich Euch zu bedenken, daß ich ihnen nur widerstrebend folge und daß mir keine andere Wahl bleibt.«

Er bittet für die morgige Durchsuchung im voraus um Vergebung, dachte Cadfael. Also ist es so, wie ich es mir gedacht habe, und es ist ihm aufgetragen worden. Jetzt versichert er, daß er diese Pflicht nicht gerne tut und sich ihr liebend gern entziehen würde. Vielleicht übertreibt er seinen Widerwillen etwas, um sich vor der Dame reinzuwaschen.

»Ich bin sicher«, sagte er verständnisvoll, »daß jeder hier im Kloster, wenn das geschehen sollte, wissen wird, daß Ihr nur Eurem Befehl gehorcht, wie man es von einem Soldaten erwartet. Ihr braucht Euch nicht zu sorgen, daß man Euch die Verantwortung dafür zuschiebt.«

»Das habe ich Adam auch schon versichert«, sagte Aline und errötete, als sie ihn mit seinem Vornamen anredete. Vielleicht war es das erstemal gewesen. »Aber er ist schwer zu überzeugen. Nein, Adam, wirklich – Ihr nehmt eine Verantwortung auf Euch, die nicht die Eure ist, ganz so, als hättet Ihr Giles mit eigener Hand getötet, und Ihr wißt, daß das nicht stimmt. Ich kann nicht einmal die flämischen Söldner dafür schuldig sprechen. Auch sie hatten ihre Befehle. In so schrecklichen Zeiten wie diesen kann niemand mehr tun, als seinen Lebensweg seinem Gewissen gemäß zu wählen und die Folgen seiner Wahl, wie sie auch aussehen mögen, zu tragen.«

»Das ist nicht mehr und nicht weniger, als jeder Mensch tun kann«, sagte Cadfael gemessen, »wie gut oder schlecht die Zeiten auch sein mögen. Da ich Euch gerade treffe, möchte ich Euch für die Almosen danken, die Ihr mir geschickt habt. Ich habe sie drei Armen gegeben. Sprecht ein Gebet für sie, denn sie beten gewiß auch für Euch.«

Er sah ihr nach, als sie an Courcelles Seite die Kirche betrat. Er hatte das Gefühl, daß sie in dieser Krise ihres Lebens unentschlossen war, ob sie sich für das Kloster oder die Welt entscheiden sollte, und obgleich er in der Reife seiner Mannesjahre das Klosterleben gewählt hatte, wünschte er ihr, daß sich ihre Jugend in der Welt erfüllen würde – möglichst einer schöneren Welt als der, in der sie jetzt leben mußte.

Als er seinen Platz unter seinen Mitbrüdern einnahm, begegnete ihm Godith, die auf die Ecke zuging, in der die Novizen und Klosterschüler standen. Er sah ihre fragenden Augen und sagte leise: »Ja!«

Für den Rest des Abends kam es jetzt darauf an, Beringar von dem Ort wegzulocken, an dem Godith sich aufhielt. Was Cadfael tat, sollte er ruhig sehen, aber er durfte auf keinen Fall erfahren, was Godith tat. Dies ließ sich kaum mit der allabendlichen Routine in Einklang bringen. Das Abendessen war meistens schnell vorbei. Beringar würde sich vermutlich in der Nähe aufhalten, wenn die Mönche das Refektorium verließen. Bei der anschließenden Versammlung im Kapitelsaal, wo Geschichten aus dem Leben der Heiligen vorgelesen wurden, hatte Bruder Cadfael schon öfter gefehlt. Auch an diesem Abend ging er nicht dorthin, sondern führte seinen Beschatter zunächst zum Hospital, wo er dem alten Bruder Reginald, der an Rheuma litt, einen Besuch abstattete, und dann zum äußersten Ende des Gartens des Abtes, der weit vom Herbarium und noch weiter vom Torhaus entfernt war. Godith's Abendunterricht mußte inzwischen beendet sein. Sie würde jetzt auf dem Weg vom Schuppen zum Tor sein, und so war es wichtig, daß Beringar sich auf Cadfael konzentrierte, auch wenn dieser nichts Aufregenderes tat, als verwelkte Blüten von den Rosensträuchern des Abtes zu pflücken. Cadfael überzeugte sich inzwischen nur noch gelegentlich davon, daß sein Bewacher noch da war; er war sich sicher, daß Beringar ihn beharrlich im Auge behielt. Während des ganzen Tages war die Beobachtung fast beiläufig gewesen. Offenbar rechnete Beringar nicht wirklich damit, daß Cadfael etwas unternahm, aber immerhin war der Mönch ein gewitzter Gegenspieler und könnte sich gerade dann entschließen zu handeln, wenn am wenigsten damit zu rechnen war. Aber nach Einbruch der Dunkelheit würde es interessant werden...

An schönen Abenden ergingen sich die Klosterbrüder nach der Komplet im Kreuzgang oder in den Gärten, bevor sie sich zur Ruhe begaben. Bis dahin war es schon dunkel, und Cadfael wußte, daß Godith und Torold nun schon lange dort waren, wohin er sie geschickt hatte. Er hielt es jedoch für das Beste, noch eine Weile zu warten und sich, wie die anderen Mönche, in seine Zelle zu begeben. Ganz gleich, ob er das Kloster über die Haupttreppe oder über die Treppe, die direkt in die Kirche hinunterführte, verließ – jemand, der einen Wachtposten im großen Schlafraum der Gäste, auf der anderen Seite des Klosterhofes, bezogen hatte, würde ohne Zweifel bemerken, daß er sich davonschlich.

Er wählte die Treppe, die in die Kirche führte, verließ sie durch die Tür an der Nordseite und ging an der Ostseite des Kapitelsaales entlang über den Klosterhof zum Garten. Er brauchte sich nicht zu vergewissern, daß er verfolgt wurde,

– Hugh Beringar würde ihm, ohne ihn aus den Augen zu lassen, einen kleinen Vorsprung geben. Er rechnete wohl damit, daß Cadfael das Klostergelände über dieselbe Furt verlassen würde, die sie in der vorangegangenen Nacht durchquert hatten. Jemand, der etwas zu verbergen hatte, würde wohl kaum durch das Haupttor gehen.

Nachdem er durch den Bach gewatet war, hielt Cadfael inne und lauschte. Er hörte die leichte Veränderung im Rauschen des Wassers, nickte zufrieden und folgte dem Bachlauf, bis er fast seine Mündung in den Fluß erreicht hatte. Dort war ein kleiner Steg, und von da aus waren es nur noch einige Schritte bis zu der Steinbrücke, die nach Shrewsbury führte. Cadfael überquerte die Straße, schlich die Flußböschung hinunter und befand sich schon im Schatten des ersten Brückengewölbes. Das Wasser glitzerte in den Wirbeln über der Untiefe, wo die Bootsmühle verankert gewesen war. Neben der Brücke wuchs dichtes Gebüsch; die Böschung war so steil, daß es sich nicht lohnte, sie zu roden. Die Zweige einiger Weiden hingen bis ins Wasser. Das Unterholz, in dem sie standen, war so dicht, daß sich mehr als ein Beobachter mühelos in ihm hätte verbergen können.

Das Boot war an einen Weidenzweig angebunden und lag im Wasser, obwohl es so leicht war, daß es ohne weiteres an Land gezogen werden konnte. In ihm hoffte Cadfael ein dickes Bündel vorzufinden, das in einige leere Mehlsäcke verpackt war. Ein solches Bündel selber mitzubringen war nicht möglich gewesen – sein Verfolger sollte sehen, daß er mit leeren Händen hierher gekommen war.

Er stieg in das Boot und löste die Leine. Das in Sackleinen gewickelte Bündel war da und, wie er sich vorsichtig überzeugte, schwer genug. Als er das Boot mit dem langen Ruder unter den Brückenbogen manövrierte, bemerkte er oben an der Böschung, am Rande des Gebüsches, die Bewegung eines dunklen Schattens.

Es war alles sehr einfach. Hugh Beringar konnte unmöglich alle Einzelheiten des Geschehens unter der Brücke erkennen, wie scharf seine Augen auch sein mochten, und er konnte auch nur die leisen Geräusche ausmachen, die ihm sagten, daß eine Kette mit einem schweren Gewicht an ihrem Ende aus dem Wasser gezogen wurde. Wassertropfen fielen in den Fluß, und dann rasselte die Kette wieder hinab. Cadfaels Hände bremsten ihren Fall, um zu verbergen, daß das Gewicht noch immer an ihr festgemacht war, und daß er nur das Bündel, das er im Boot vorgefunden hatte, kurz in den Severn getaucht hatte, um es naß zu machen. Der nächste Teil des Planes war riskanter, da er nicht sicher sein konnte, ob er Beringar tatsächlich richtig eingeschätzt hatte. Cadfaels Leben und das zweier anderer Menschen hingen nun von seiner Menschenkenntnis ab.

Bis jetzt jedenfalls war alles gutgegangen. Er lenkte sein Boot wieder ans Ufer. Die Gestalt, die ihn von der Böschung aus beobachtet hatte, zog sich zurück – vermutlich, um im Schatten der Bäume neben der Straße auf ihn zu warten und ihn weiter zu verfolgen. Wahrscheinlich aber konnte sich sein Beschatter ohnehin schon denken, welchen Weg Cadfael einschlagen würde. Eilig machte er das Boot wieder fest; Eile war, ebenso wie die Heimlichkeit, ein Teil seines Täuschungsmanövers. Als er vorsichtig zur Straße hinaufstieg und dort einen Augenblick lang innehielt – augenscheinlich um sich zu vergewissern, daß er sie unbemerkt überqueren konnte –, konnte dem Beobachter die Last, die er sich auf die Schulter geladen hatte, kaum entgehen.

Eilig und geräuschlos ging er über die Straße und folgte dem Bachlauf auf demselben Weg, den er gekommen war. Er ließ die Furt links liegen und schlug sich seitlich in den Wald, durch den er eine Nacht zuvor Hugh Beringar geführt hatte. Dankbar bemerkte er, daß das Gewicht des Bündels, das er schleppte, nicht so groß war wie das des Schatzes, den es vortäuschen sollte, obwohl entweder Torold oder Godith ihm einen überzeugenden Umfang gegeben hatte. Für einen alternden Mönch, der es vier Meilen weit tragen sollte, war es jedoch immer noch schwer genug, dachte Cadfael und seufzte. Seine Nächte waren in letzter Zeit recht kurz bemessen. Sobald er die jungen Leute in Sicherheit gebracht hatte, würde er Frühmette und Laudes und vielleicht sogar die Prim verschlafen, auch wenn er dafür Buße tun mußte.

Von jetzt an war alles dem Zufall überlassen. Würde Beringar sein Ziel erraten, sich auf den Rückweg machen und damit alles verderben? Wohl kaum! Bei Cadfael würde er kein Risiko eingehen, sondern ihn beobachten, bis er mit eigenen Augen gesehen hatte, wo der Mönch das Bündel versteckt hatte und sicher sein konnte, daß Cadfael zum Kloster zurückging. Würde er ihn aber vielleicht auf dem Weg überfallen? Nein, warum sollte er? Dann hätte er die Last selber tragen müssen, während er doch jetzt jemanden hatte, der ihm diese Arbeit abnahm und den Schatz dorthin trug, wo Beringars Pferde standen, mit denen er ihn ohne weiteres an einen anderen Ort bringen konnte.

Bruder Cadfael hatte jetzt eine klare Vorstellung davon, was schlimmstenfalls geschehen könnte. Wenn Beringar Nicholas Faintree bei dem Versuch, den Schatz an sich zu bringen, getötet hatte, dann würde er jetzt nicht nur darauf aus sein, die Tat auszuführen, die damals fehlgeschlagen war. Indem er es zuließ, daß Cadfael nicht nur zwei Pferde, sondern auch den Schatz an einem geeigneten Ort versteckte, hatte er die besten Voraussetzungen für die Durchführung seines ursprünglichen Planes geschaffen; wenn er aber darüber hinaus abwartete, bis Cadfael die beiden Flüchtlinge heimlich an diesen Ort gebracht hatte, wäre Hugh Beringar in der Lage, den einzigen Zeugen des Mordes zu beseitigen und seine Braut als Geisel für ihren Vater gefangenzunehmen. Eine reiche Beute für König Stephen! Damit hätte Beringar seine Position gesichert und sein Verbrechen für immer vertuscht.

Das alles galt natürlich nur, wenn man vom Schlimmsten ausging. Aber es gab ja noch andere Möglichkeiten. Beringar konnte an Faintrees Tod völlig unschuldig sein. Vielleicht hatte er es nur auf FitzAlans Schatz abgesehen, von dem er jetzt wußte, wo er sich befand. Ob er sich selber bereichern oder ob er sich die Gunst des Königs erkaufen wollte – ein alter Mönch war für ihn jedenfalls kein großes Hindernis. In diesem Fall würde Cadfael den Augenblick, in dem er sich dieser verwünschten Last bei dem Gutshof im Wald, wo auch die Pferde untergebracht waren, entledigt hatte, wohl kaum lange überleben. Nun, dachte Cadfael, wir werden sehen!

Im Wald hielt er an, setzte stöhnend seine Last ab und ließ sich darauf nieder. Er gab sich den Anschein, als ruhe er sich aus, in Wirklichkeit aber horchte er auf seinen Verfolger, der ebenfalls stehengeblieben war und gespannt abwartete. Nur ein leises Rascheln drang an sein Ohr. Cadfael mußte lächeln. Der junge Mann war der geborene Abenteurer; er beschattete ihn ruhig und unermüdlich. Cadfael hatte jetzt eine ziemlich genaue Vorstellung davon, wie der Abend enden würde. Mit etwas Glück – nein, verbesserte er sich, mit Gottes Hilfe! – würde er zum Frühgottesdienst wieder zurück sein.

Es war kein Licht zu sehen, als er sich dem Gutshaus näherte, aber es brauchte nur das leise Rascheln seiner Schritte, und Bruder Louis trat aus der Tür. In der einen Hand hielt er eine Fackel, in der anderen seinen Dolch.

»Gottes Segen, Bruder«, sagte Cadfael und setzte seine Last ab. Er würde Torold einiges zu sagen haben, wenn er ihn das nächstemal traf! Das nächstemal mochte ein anderer dieses Paket tragen! »Laß mich ein und schließ die Tür ab.«

»Herzlich gern!« antwortete Bruder Louis, hielt ihm die Tür auf und legte von innen den Riegel vor.

Als Bruder Cadfael sich eine Viertelstunde später auf den Rückweg machte, blieb er einige Male stehen und lauschte angestrengt in den Wald, aber nichts deutete darauf hin, daß er noch verfolgt wurde. Hugh Beringar hatte aus der Deckung heraus beobachtet, wie er das Haus betrat, und vielleicht hatte er sogar so lange gewartet, bis Cadfael es ohne das Bündel wieder verlassen hatte. Dann war er in der Nacht verschwunden und leichtfüßig ins Kloster zurückgekehrt. Cadfael ließ alle Vorsichtsmaßnahmen fallen und tat es ihm gleich. Er wußte jetzt, wie die Dinge standen. Als die Glocke zur Frühmette läutete, verließ er seine Zelle und stieg mit den anderen Brüdern andächtig die Treppe zur Kirche hinab, um das gemeinsame Morgengebet zu sprechen.

KAPITEL VIII

Noch vor dem Morgengrauen des nächsten Tages hatten die Offiziere des königlichen Wachtrupps an jeder Straße postiert, die von Shrewsbury wegführte, während innerhalb der Stadtmauern Kommandos bereitstanden, die systematisch die Straßen durchkämmen und jedes Haus durchsuchen würden. Die Beschlagnahme von Pferden und Proviant würde gründlich durchgeführt werden, aber es lag mehr in der Luft als nur das.

Prestcote hatte dem König vom Ergebnis seiner Nachforschungen berichtet. »Alles deutet darauf hin, daß das Mädchen sich immer noch irgendwo in der Gegend versteckt. Das eine Pferd, das wir gefunden haben, stammt aus FitzAlans Stall, und der Mann am Fluß hatte mit Sicherheit einen Begleiter oder eine Begleiterin. Allein kann sie nicht weit gekommen sein. Alle Eure Berater sind sich einig: Ihr dürft Euch die Chance ihrer Gefangennahme nicht entgehen lassen, Euer Gnaden. Adeney würde ganz gewiß zurückkommen, um sie freizukaufen – sie ist sein einziges Kind. Möglicherweise würde sogar FitzAlan sich lieber Euch stellen, als die Schande auf sich zu nehmen, sie sterben zu lassen.«

»Sie sterben zu lassen?« fuhr der König auf. »Traut Ihr mir zu, daß ich das Mädchen töten lasse? Wer hat gesagt, daß ich ihr ein Leid antun will?«

»Von Eurem Standpunkt aus«, erwiderte Prestcote ungerührt, »klingt das absurd, gewiß, aber einem änstlichen Vater, der auf Nachricht von seiner Tochter wartet, mag das immerhin möglich erscheinen. Natürlich würdet Ihr dem Mädchen nichts antun. Vielleicht nicht einmal ihrem Vater oder sogar FitzAlan, wenn sie Euch in die Hände fallen sollten. Aber ihr müßt alles tun, um zu verhindern, daß sie sich in Mauds Dienste begeben, Euer Gnaden. Es geht nicht mehr einfach um Rache für Shrewsbury, sondern darum, wie Ihr mit möglichst kleinem Aufwand Eure eigenen Kräfte schonen und Euren Gegner schwächen könnt.«

»Da habt Ihr allerdings recht«, gab Stephen ohne große Begeisterung zu. Seine Wut und sein Haß waren weitgehend verraucht und seiner natürlichen Neigung zur Bequemlichkeit, wenn nicht gar Faulheit, gewichen. »Ich bin jedoch gar nicht so sicher, daß ich mich des Mädchens auf diese Weise bedienen möchte.« Ihm fiel ein, daß er diesem jungen Beringar praktisch den Befehl gegeben hatte, seine Braut aufzuspüren, wenn er sich der königlichen Gunst erfreuen wollte. Der junge Mann, der seitdem immer wieder, wenn auch recht sporadisch, erschienen war, hatte in dieser Sache keinen großen Eifer an den Tag gelegt. Vielleicht, dachte der König, kennt er meine Gedanken besser als ich selber.

»Es braucht ihr ja nichts zuzustoßen. Ihr würdet aber nicht gegen die Truppen ihres Vaters kämpfen müssen, möglicherweise nicht einmal gegen die seines Herren. Wenn Ihr dem Feind diese Verstärkung entzieht, könnt Ihr Kräfte und Truppen sparen. Eine solche Gelegenheit dürft Ihr Euch nicht entgehen lassen, Euer Gnaden.«

Es war ein wohlüberlegter Rat, das wußte der König. »So sei es denn!« sagte er. »Durchsucht jeden Ort, an dem sie sich versteckt halten könnte.«

Die Vorbereitungen waren äußerst gründlich. Mit seinen eigenen Leuten und einer Abteilung flämischer Söldner übernahm Adam Courcelle die Klostersiedlung. Während Willem Ten Heyt einen Wachtposten bei St. Giles aufstellte, der alle aus der Stadt kommenden Reiter und Fuhrwerke kontrollierte, und sein Leutnant Soldaten an jedem Weg und jeder Stelle postierte, an der der Fluß überquert werden konnte, übernahm Courcelle höflich, aber bestimmt das Kommando am Torhaus des Klosters und gab Befehl, niemanden herein- oder herauszulassen. Die Dämmerung war schon vorangeschritten, es war etwa zwanzig Minuten vor der Prim. Die Aktion war sehr leise vonstatten gegangen, aber Prior Robert hatte vom Fenster seiner Zelle aus die Unruhe am Tor bemerkt und kam eilig herbei um nachzusehen, was die Ursache dafür war.

Courcelle begrüßte ihn höflich und bat ihn um die Erlaubnis zur Durchsuchung des Klosters. Jeder wußte, daß ihn ohnehin niemand daran hindern konnte, aber die Höflichkeit, mit der er seine Bitte aussprach, beschwichtigte den Ärger des Priors.

»Ehrwürdiger Bruder, ich bin hier auf Befehl Seiner Gnaden, des Königs Stephen, und ersuche Euch um freien Zugang zu allen Gebäuden und Behausungen, einen Zehnten Eurer Vorräte zur Versorgung der Armee Seiner Gnaden und der Pferde, die nicht den Männern im Dienste des Königs gehören. Ich habe außerdem noch den Befehl, das Kloster nach dem Mädchen Godith zu durchsuchen, der Tochter des Verräters Fulke Adeney, die sich angeblich immer noch hier in Shrewsbury aufhalten soll.«

Prior Robert runzelte mißbilligend die Stirn. »Meint Ihr nicht auch, daß dieses Kloster wohl kaum ein geeignetes Versteck für eine solche Person ist? Das Gästehaus wäre die einzig schickliche Unterkunft für sie, und ich versichere Euch, daß sie sich nicht dort aufhält.«

»Ihr dürft sicher sein, daß es sich in diesem Falle nur um eine Formalität handelt«, antwortete Courcelle, »aber ich habe meine Befehle und darf bei ihrer Ausführung keine Unterschiede machen.«

»Das muß auf der Stelle dem Abt gemeldet werden«, sagte der Prior mit bewundernswerter Gefaßtheit und bat Prestcote ihm zu folgen. Hinter ihnen schlossen die flämischen Söldner das Tor und stellten eine Wache auf, bevor sie ihre Aufmerksamkeit der Scheune und den Ställen zuwandten.

Bruder Cadfael war zwei Nächte hintereinander erst in den frühen Morgenstunden ins Bett gekommen und schlief daher fest, als das Torhaus besetzt wurde. Erst als die Glocke zur Prim läutete, erwachte er, und da war es schon zu spät.

Er kleidete sich in aller Eile an und begab sich mit den anderen Brüdern in die Kirche. Erst als er das aufgeregte

Geflüster bemerkte, die geschlossenen Tore mit den Wachsoldaten davor sah und aus den Ställen das Klappern der Hufe hörte, dämmerte es ihm, daß die Ereignisse dieses eine Mal ihn eingeholt hatten, so daß jetzt die Initiative nicht mehr bei ihm lag. Unter den verängstigten Klosterschülern in der Kirche war Godith nicht zu sehen. Gleich nach der Prim eilte er zu seinem Schuppen im Kräutergarten. Die Tür stand weit offen, auf dem Regal waren Mörser und Flaschen ordentlich aufgestellt, die Decke war von der Bank genommen worden, auf der statt dessen ein Korb mit frisch gepflücktem Lavendel und zwei Flaschen standen. Von Godith keine Spur, weder im Schuppen noch im Garten oder in den Erbsenfeldern am Bach, wo ein großer Haufen von der Sonne gebleichtes, trockenes Erbsenstroh aufgeschichtet war, das bald zu dem anderen Heu in den Scheunen gebracht werden sollte. Keine Spur auch von einem großen, in Säcke gewickelten Bündel, das vermutlich tropfnaß vom Flußwasser war, und das sehr wahrscheinlich vor ein paar Stunden noch zusammen mit einem kleinen, umgedrehten Boot sorgfältig unter dem Haufen getrockneten Strohs verborgen gewesen war. Das Boot, FitzAlans Schatz und Godith hatten sich in Luft aufgelöst.

Godith war schon vor der Prim aufgewacht. Die schwere Verantwortung, die jetzt auf ihr lastete, war ihr bewußt. Sie war aufgestanden, um herauszufinden, was beim Torhaus vor sich ging. Obwohl die Besetzung schnell und leise vor sich gegangen war, war Godith durch die Geschäftigkeit und die halblaut gegebenen Befehle, die so ganz anders klangen als die gemessenen Stimmen der Mönche, aufgeschreckt worden. Sie wollte gerade den von einer Mauer umfaßten Garten verlassen, als sie die Flamen das Tor verriegeln und Courcelle mit dem Prior sprechen sah. Der Klang ihres eigenen Namens, den der Offizier so unbeteiligt aussprach, ließ sie erstarren. Wenn sie das Kloster wirklich gründlich durchsuchten, mußten sie sie finden, und dann würden sie wahrscheinlich weiter suchen und den Schatz entdecken, den sie an sich genommen hatte. Außerdem durfte sie Bruder Cadfael und Torold nicht gefährden. Torold war wieder in die Mühle zurückgekehrt, nachdem er sie und den Schatz bis zum Schuppen im Garten begleitet hatte. Letzte Nacht hatte sie sich fast gewünscht, er könne bei ihr bleiben, aber jetzt war sie froh, daß zwischen ihm und den Soldaten die ganze Gaye lag. Nicht weit von der Mühle lag der Wald, und Torold war wachsam genug, um jedes ungewohnte Geräusch wahrzunehmen und rechtzeitig zu verschwinden.

Die letzte Nacht war wie ein wilder, abenteuerlicher und irgendwie unglaublich schöner Traum gewesen. Mit angehaltenem Atem hatten sie in der Deckung gewartet, bis Cadfael seinen Verfolger von der Brücke fortgelockt hatte; dann hatten sie das kleine Boot genommen, die nassen Satteltaschen aus dem Fluß gezogen und sie in trockene Säcke gewickelt, so daß das Bündel schließlich genauso aussah wie das, welches Cadfael davongeschleppt hatte. Ihre Hände, die gemeinsam an der Kette zogen und sie von den Steinen des Brückenpfeilers fernhielten, um jedes Klirren zu vermeiden, dann die kurze Fahrt flußaufwärts bis zur Mündung des Baches und weiter bis zum Erbsenfeld. ›Versteckt auch das Boot‹, hatte Cadfael gesagt, ›denn wir werden es morgen brauchen, wenn sich die Gelegenheit ergibt.‹ Das Abenteuer in der letzten Nacht war der Traum gewesen, der heutige Morgen war das Erwachen, und sie brauchte das Boot jetzt, in diesem Augenblick. Es war keine Zeit, Bruder Cadfael um Rat zu fragen; sie mußte das, was ihr anvertraut war, sofort von hier wegschaffen, und der Weg durch die Tore war versperrt. Sie hatte niemanden, der ihr sagte, was zu tun war – sie war auf sich selbst gestellt. Glücklicherweise würden die Flamen die Gärten erst dann durchsuchen, wenn sie die Ställe, Scheunen und Vorratshäuser geplündert hatten; es blieb ihr also noch etwas Zeit.

Sie ging schnell zum Schuppen zurück, faltete die Dekken zusammen und verbarg sie unter der Bank hinter einer Reihe von Mörsern und Flaschen. Dann nahm sie die Laken ab, tarnte ihre Bettstatt, indem sie einen Korb und einige Flaschen darauf stellte, und ließ die Tür weit offenstehen. Sie lief zum Strohhaufen und zog das Boot und das Sackleinenbündel heraus. Auf der sanften Böschung standen die Stoppeln dicht an dicht, und das Boot war so leicht, daß sie es mühelos ans Wasser schieben konnte. Gestern noch hätte sie mit einem solchen Fahrzeug nicht umzugehen gewußt, aber Torold hatte ihr gezeigt, wie man die Paddel handhabt, und jetzt half ihr auch das stete Dahinströmen des Wassers.

Sie wußte schon, was sie tun würde. Auf dem Severn flußabwärts zu fahren war völlig aussichtslos; bei einer derartigen Suchaktion würden Soldaten auf der Hauptstraße, auf der Brücke, und wahrscheinlich auch entlang der Ufer postiert sein. Aber nur ein kurzes Stück abwärts zweigte ein breiter Kanal nach rechts vom Bach ab, der zum Mühlteich der Klostermühle führte. Der Mühlkanal, der weiter oberhalb vom Bach abgeleitet war und auch den Klosterweiher und den Fischteich speiste, trieb das Rad der Mühle an und ergoß sich in den Teich, um sich dann wieder mit dem Bach zu vereinigen. Auf der anderen Seite der Mühle standen die drei Gästehäuser des Klosters, deren kleine Gärten bis an das Wasser reichten, und drei weitere Häuser verhinderten, daß der Mühlteich von der Zufahrtsstraße zum Kloster aus eingesehen werden konnte. Das Haus direkt neben der Mühle war Aline Siward zur Verfügung gestellt worden. Courcelle hatte zwar gesagt, sein Befehl gelte für alle Behausungen, aber wenn es einen Ort auf dem Klostergelände gab, der vor einer gründlichen Durchsuchung sicher war, dann war das das Haus, in dem Aline Siward lebte.

Wenn wir auch auf verschiedenen Seiten stehen, dachte Godith und paddelte unbeholfen, aber entschlossen in das ruhigere Wasser des Kanals, wird sie mich doch nicht verraten. Das traue ich ihr nicht zu, so unschuldig wie sie aussieht. Und stehen wir überhaupt auf verschiedenen Seiten? Oder sind wir, dieses eine Mal wenigstens, Verbündete? Sie schwört, mit allem, was sie hat, dem König Gefolgschaft, und er läßt ihren Bruder hängen! Und mein Vater setzt sein Leben und seine Besitzungen für die Kaiserin aufs Spiel, aber ihr ist es wahrscheinlich egal, ob ihm oder seinesgleichen etwas zustößt, solange sie nur die Macht erringt. Alines Bruder stand ihr näher als König Stephen, und ich weiß, daß mir an meinem Vater und Torold mehr liegt als an der Kaiserin. Wenn doch der Sohn des alten Königs nicht ertrunken wäre, als sein Schiff unterging! Dann hätte es keinen Streit um die Erbfolge gegeben, Stephen und Maud hätten auf ihren Burgen bleiben können, und wir würden in Frieden leben!

Zu ihrer Rechten erhob sich die Mühle, aber das Rad stand heute still, und das Wasser des Mühlkanals ergoß sich ungehindert in den Teich. Das Ufer war hier sehr steil, um so viel Platz wie möglich für die Gärten zu lassen; aber wenn sie es schaffte, ihre Last hochzustemmen, würde sie wohl auch das Boot heraufziehen können. Sie band es an einer vorstehenden Wurzel einer Weide fest. Erst dann wagte sie den Versuch, den Schatz auf das Ufer zu heben. Mit ausgestreckten Armen konnte sie eben die Grasnabe erreichen, ohne das Boot zum Kentern zu bringen. Mühsam stemmte sie die Last hoch, legte sie am Ufer ab und ließ erschöpft die Arme sinken. Unvermittelt stiegen ihr Tränen in die Augen und rollten über ihre Wangen.

Warum, dachte sie zornig, warum gebe ich mir nur eine solche Mühe mit diesem Zeug, wenn Torold und mein Vater das einzige auf der Welt sind, das mir wichtig ist? Und natürlich Bruder Cadfael! Er wäre schwer enttäuscht, wenn ich diesen Schatz jetzt einfach in den Teich werfen würde. Alle möglichen Mühsalen hat er auf sich genommen, um ihn hierherzuschaffen. Jetzt muß *ich* für ihn weitermachen. Und auch für Torold ist es wichtig, daß er die Aufgabe, die man ihm übertragen hat, erfüllt. Das wiegt schwerer als Gold. Im Vergleich dazu ist dieses Paket gar nicht so wichtig.

Ungeduldig wischte sie mit ihrer schmutzigen Hand die Tränen ab und machte sich daran, aufs Ufer zu klettern. Das stellte sich als gar nicht einfach heraus, denn immer wieder trieb das Boot unter ihr ab; und als sie es schließlich geschafft hatte, konnte sie es nicht nachziehen – die hervorstehenden Wurzeln der Bäume hätten seinen Boden aufgerissen. Es mußte also auf dem Wasser bleiben. Sie legte sich auf den Bauch, verkürzte die Leine, mit der das Boot festgemacht war, und überzeugte sich davon, dß der Knoten saß. Dann schleppte sie ihre verwünschte Last in den Schatten des Hauses und klopfte an die Tür.

Constance öffnete ihr. Godith fiel ein, daß es erst kurz vor acht Uhr war, und daß Aline erst um zehn Uhr zur Messe ging. Möglicherweise war sie noch gar nicht aufgestanden. Aber die allgemeine Unruhe im Kloster schien auch diesen ruhigen Ort nicht verschont zu haben, denn Aline war bereits wach und angekleidet und erschien hinter ihrer Zofe.

»Was gibt es denn, Constance?« Ihr Blick fiel auf Godith, die sich schmutzig, zerzaust und atemlos über ein großes Bündel aus Sackleinen beugte. Besorgt trat sie einen Schritt vor. »Godric! Was ist los? Hat Bruder Cadfael dich geschickt?«

»Ihr kennt den Jungen, Mylady?« fragte Constance überrascht.

»Ja, er ist Bruder Cadfaels Gehilfe. Wir haben schon einmal miteinander gesprochen.« Sie warf Godith einen Blick zu, sah die Tränenspuren und das Zittern der Unterlippe und hieß ihre Zofe beiseite treten. Auch wenn Godith bisher kein Wort gesagt hatte, so stand ihr die Verzweiflung doch deutlich im Gesicht. »Komm herein! Warte, ich helfe dir damit, was immer es auch sein mag. So, Constance, schließ die Tür!« Sie waren jetzt im Inneren des Hauses, in Sicherheit. Die Sonne schien hell und warm durch ein offenes, nach Osten gehendes Fenster.

Sie standen sich gegenüber und musterten einander: Aline sehr weiblich, in einem blauen Kleid, ihr Gesicht eingerahmt von blonden Locken – Godith in einem viel zu weiten Kittel und einer schlecht sitzenden Hose, das kurze Haar ganz zerzaust, das Gesicht mit Erde und Tränen verschmiert.

»Ich bin auf der Suche nach einem Versteck«, sagte Godith einfach. »Die Soldaten des Königs suchen mich. Auf mich ist ein hoher Preis ausgesetzt. Ich heiße nicht Godric, sondern Godith. Ich bin Godith Adeney, die Tochter von Fulke Adeney.«

Überrascht und beeindruckt von solcher Offenheit betrachtete Aline das fein geschnittene, ovale Gesicht und die zarte Gestalt des Mädchens, das vor ihr stand, noch einmal genauer. Als sie Godith' entschlossenen Gesichtsausdruck sah, bekamen ihre Augen einen warmen Glanz.

»Es ist besser, Ihr kommt hier herein«, sagte sie und warf einen Blick auf das offene Fenster. »Das ist mein Schlafzimmer, es liegt nach hinten hinaus. Niemand wird Euch hier belästigen – wir können ungestört miteinander reden. Ja, bringt Euer Bündel mit. Wartet, ich werde Euch helfen.« Zusammen trugen sie FitzAlans Schatz in das Schlafzimmer, in das sich nicht einmal Courcelle und ganz gewiß kein anderer Mann wagen würde. Sehr leise schloß Aline die Tür. Godith ließ sich auf einen Schemel neben dem Bett sinken. Mit einem Male fühlte sie sich unendlich schwach; die ganze Anstrengung machte sich jetzt bemerkbar. Erschöpft lehnte sie den Kopf an die Wand und sah zu Aline auf.

»Es is Euch doch bekannt, daß ich eine Feindin des Königs bin? Ich will Euch nicht hintergehen. Es könnte sein, daß Ihr es für Eure Pflicht haltet, mich anzuzeigen.«

»Ihr seid sehr ehrlich«, sagte Aline, »und ich fühle mich keineswegs hintergangen. Ich weiß nicht, ob der König es mir danken würde, wenn ich Euch anzeigte, aber ich würde es mir gewiß nicht verzeihen – und Gott auch nicht. Ihr könnt ganz beruhigt sein. Constance und ich werden dafür sorgen, daß Euch niemand findet.«

Während der Prim und der ersten Messe hatte Bruder Cadfael ein unbeteiligtes Gesicht aufgesetzt. Innerlich aber verfluchte er sich für seine unerklärliche Nachlässigkeit, die ihn hatte schlafen lassen, während die Gegenseite zum Schlag ausholte. Die Tore waren geschlossen, es gab keine Möglichkeit, aus dem Kloster hinauszukommen. Und wenn ihm dieser Weg verschlossen war, dann ganz gewiß auch Godith. Er hatte keine Soldaten auf der anderen Seite des Baches gesehen, aber mit Sicherheit würden sie die Flußufer beobachten. Godith hatte das Boot genommen, aber wohin war sie damit geflohen? Nicht stromaufwärts jedenfalls, denn der Bach war ein ganzes Stück weit von allen Seiten einzusehen, und noch weiter oben war sein Bett zu seicht und steinig, als daß man ihn mit einem Boot hätte befahren können. Er rechnete jeden Moment mit dem Ruf, der ihre Gefangennahme anzeigte, und jede Minute, die verstrich, brachte ihm Erleichterung. Sie war nicht auf den Kopf gefallen, und anscheinend war ihr die Flucht mit dem Schatz, den sie retten und seinem rechtmäßigen Besitzer übermitteln wollten, gelungen. Mochte der Himmel wissen, wo sie sich versteckte!

Bei der Versammlung im Kapitelsaal hielt Abt Heribert eine kurze, resignierte Ansprache, in der er den Grund für das Eindringen der Soldaten erklärte und die Klosterbrüder dazu anhielt, die Befehle der Offiziere mit Würde und Gelassenheit zu befolgen. Ansonsten sollten sie, soweit man es ihnen gestattete, ihren gewohnten Tagesablauf beibehalten. Sie, deren Streben auf eine andere Welt gerichtet war, sollten es als eine willkommene Buße ansehen, wenn man ihnen die Güter dieser Welt fortnahm. Zumindest Bruder Cadfael jedoch brauchte sich über die Früchte seiner Arbeit keine Sorgen zu machen; der König war sicher nicht an einem Zehnten der Kräuter und Arzneien interessiert, obwohl ihm einige Flaschen Wein sicher willkommen gewesen wären. Der Abt entließ die Mönche mit der Ermahnung, bis zum Hochamt um zehn Uhr ruhig ihrer Arbeit nachzugehen.

Cadfael ging in den Garten und erledigte kleinere Arbeiten, aber seine Gedanken waren mit ganz anderen Dingen beschäftigt. Godith hätte im Tageslicht ohne weiteres den Bach durchwaten und sich im nahegelegenen Wald verstecken können, aber sie konnte unmöglich das dicke Bündel tragen – es war viel zu schwer für sie. Sie hatte alle Spuren ihrer Anwesenheit beseitigt und sich mit dem Schatz im Boot davongemacht. Cadfael war sicher, daß sie nicht bis zur Einmündung des Baches in den Fluß gefahren war, sonst hätte man sie schon gefangengenommen. Aber wo immer sie auch war, sie brauchte seine Hilfe.

Und dann war da noch Torold, in der verlassenen Mühle, auf der anderen Seite der abgeernteten Felder. Hatte er die Zeichen rechtzeitig zu deuten gewußt und sich in den Wald geschlagen? Cadfael hoffte es von ganzem Herzen. Ihm blieb nichts anderes übrig, als zu warten und nichts Auffälliges zu unternehmen. Aber wenn diese Prüfung vorbei war und er nach Einbruch der Dunkelheit herausfinden konnte, wo die beiden steckten, dann mußten sie sich unbedingt noch in derselben Nacht auf den Weg nach Westen machen. Dafür war dann die günstigste Gelegenheit: Die ganze Gegend war bereits abgesucht, die Soldaten waren müde und froh, nicht mehr Wache schieben zu müssen, in der Stadt würde man sich nur um die eigenen Sorgen kümmern und Vergleiche anstellen, wieviel bei anderen beschlagnahmt worden war, und die Klosterbrüder würden mit inbrünstigen Dankgebeten für das Ende dieser schweren Prüfung beschäftigt sein.

Rechtzeitig zum Hochamt ging Cadfael auf den Klosterhof. Säcke wurden aus den Scheunen getragen und auf Fuhrwerke der Armee geladen. In den Ställen machten sich die flämischen Söldner zu schaffen. Verzweifelte Reisende, die mit guten Pferden unterwegs waren, versuchten mit erregten Worten, ihre Tiere vor der Requirierung zu bewahren. Aber es nützte ihnen nichts, es sei denn, sie konnten beweisen, daß sie bereits in den Diensten des Königs standen. Nur die ältesten Klepper ließ man in den Ställen stehen. Auch ein Fuhrwerk des Klosters wurde, zusammen mit den beiden Zugochsen, beschlagnahmt und mit Weizen beladen.

Cadfael bemerkte, daß sich am Tor etwas Merkwürdiges tat. Die großen Torflügel waren verriegelt und bewacht, aber irgend jemand klopfte beharrlich an die kleine Tür und bat um Einlaß. Da es sich um einen der eigenen Leute handeln konnte, einem Kurier etwa, der vom königlichen Lager oder von St. Giles geschickt worden war, öffnete der flämische Wachsoldat die Tür. Aline Siward trat hindurch. Sie hielt ihr Gebetsbuch in der Hand und hatte ihr blondes Haar mit der weißen Trauerkappe bedeckt, wie es sich für sie geziemte.

»Ich habe die Erlaubnis, in die Kirche zu gehen«, sagte sie mit lieblicher Stimme. Als sie sah, daß die Wachtposten kaum Englisch verstanden, wiederholte sie den Satz auf Französisch. Die Soldaten wollten sie nicht durchlassen und waren gerade dabei, die Tür wieder zu schließen, als einer der Offiziere es bemerkte und eilig herbeikam.

»Messire Courcelle hat mir erlaubt, zur Messe zu gehen«, wiederholte Aline geduldig. »Mein Name ist Aline Siward. Wenn Ihr Zweifel an meinen Worten habt, fragt ihn selbst.«

Es schien, als habe Courcelle ihr tatsächlich diese Erlaubnis erteilt, denn der Offizier gab einen Befehl, die Soldaten traten zurück und ließen sie passieren. Sie schritt durch das Durcheinander auf dem Hof, als sei gar nichts Außergewöhnliches geschehen und ging auf das Südportal der Kirche zu. Als sie sah, daß Bruder Cadfael sich einen Weg durch die hin- und herlaufenden Soldaten und die erregt protestierenden Reisenden bahnte, verlangsamte sie jedoch ihre Schritte, so daß sie sich wie zufällig vor der Kirche trafen. Sie blieb stehen und begrüßte ihn ehrerbetig. Dann, als sie nahe genug beieinanderstanden, sagte sie leise: »Seid unbesorgt, Godric ist sicher in meinem Hause.«

Cadfael seufzte erleichtert. »Gottes Segen über Euch!«

antwortete er ebenso leise. »Wenn es dunkel ist, komme ich und hole sie ab.« Und obwohl sie Godith bei ihrem Jungennamen genannt hatte, erkannte er an ihrem kleinen, verschwörerischen Lächeln, daß das Wort, das er gebraucht hatte, sie nicht überrascht hatte. »Das Boot?« flüsterte er fast unhörbar.

»Auf dem Mühlteich, am Ende meines Gartens.«

Sie ging an ihm vorbei in die Kirche, und Cadfael, dem eine Zentnerlast vom Herzen gefallen war, nahm mit geziemender Andacht seinen Platz beim Einzug der Mönche ein.

Torold saß in der Astgabelung eines Baumes am Rande des Waldes, der östlich von Shrewsbury lag, und verzehrte das restliche Brot und einige Äpfel, die er aus dem Obstgarten des Klosters gestohlen hatte. Westlich von ihm, auf der anderen Seite des Flusses, erhoben sich die Türme und Zinnen der Burg, und weiter rechts davon konnte er durch die Wipfel der Bäume hindurch die Zelte des Feldlagers erkennen. Nach der Anzahl der Soldaten zu schließen, die das Kloster und die Stadt durchsuchten, mußte es jetzt fast verlassen sein.

Zu Torolds Befriedigung und, wenn er ehrlich gewesen wäre, auch zu seinem Erstaunen, wurde sein Körper mit dieser plötzlichen Ausnahmesituation gut fertig. Er war noch nicht sehr weit gelaufen und hatte sich, abgesehen vom Erklettern dieses bequemen und dicht belaubten Baumes, nicht übermäßig angestrengt, aber er war froh, daß seine Muskeln ihm bestens gehorchten. Seine Verletzungen heilten gut, sowohl die am Oberschenkel, von der er kaum noch etwas spürte, als auch die Schulterwunde, die den Gebrauch seines Armes kaum behinderte. Aber er sehnte sich nach Godith und machte sich große Sorgen um sie. Natürlich vertraute er Bruder Cadfael, aber es war unmöglich, ihm die ganze Verantwortung für sie auf die Schultern zu laden, seien sie auch noch so breit und stark. Obwohl ihn der Gedanke an ihr mögliches Schicksal quälte, aß er weiter seine gestohlenen Äpfel. Er mußte Kräfte sammeln für das, was vor ihm lag.

Zwischen ihm und dem Fluß durchkämmte eine Patrouille systematisch das Ufer des Severn. Er wagte nicht, sich zu rühren, bis sie vorbeigezogen und in der Richtung des Klosters und der Brücke verschwunden war. Er hatte keine Ahnung, wie groß der Bogen war, den er schlagen mußte, um den Absperrungsring, den die Soldaten um die Stadt gelegt hatten, zu umgehen.

Eindeutige Geräusche von der Brücke her hatten ihn geweckt. Zahllose Männer, zu Fuß und zu Pferde, hatten die Brücke überquert, und der Hall ihrer Marschtritte war, verstärkt durch das Steingewölbe, über den Fluß an sein Ohr gedrungen. Instinktiv war er hochgeschreckt, hatte sich angezogen und alles zusammengerafft, das seine Anwesenheit hätte verraten können, bevor er es wagte, einen Blick nach draußen zu werfen. Er hatte gesehen, wie die Abteilungen am Ende der Brücke ausschwärmten, und keine weitere Zeit verloren, denn das sah nach einer gründlichen Suchaktion aus. Nachdem er alle Spuren beseitigt hatte, die darauf hätten hindeuten können, daß er jemals in der Mühle gewesen war, und alles, was er nicht mitnehmen konnte, in den Fluß geworfen hatte, war er davongeschlichen. Er hatte die Felder des Klosters und die sich nähernden Suchkommandos hinter sich gelassen und sich im Wald gegenüber der Burg verborgen.

Er wußte nicht, wem diese Suche galt, aber er ahnte sehr wohl, wer dabei gefangengenommen werden könnte, und sein Ziel war es jetzt, zu Godith zu gelangen, wo immer sie sich auch aufhalten mochte, und sie vor der

Gefahr zu beschützen. Oder, noch besser, mit ihr in die Normandie zu fliehen, wo sie beide in Sicherheit sein würden.

Am Fluß waren die Soldaten jetzt ausgeschwärmt und durchstöberten das Gebüsch, in dem Godith ihn gefunden hatte. Die verlassene Mühle war bereits durchsucht worden, aber dort hatte er keine Spuren hinterlassen. Da sie jetzt fast außer Sicht waren, konnte er es wagen, vorsichtig von dem Baum herabzuklettern und tiefer in den Wald zu gehen. Von der Brücke bis nach St. Giles standen an der Landstraße Häuser, von denen er sich fernhalten mußte. Sollte er weiter in östlicher Richtung gehen und die Straße irgendwo hinter St. Giles überqueren, oder war es günstiger zu warten und auf demselben Weg, den er gekommen war, zurückzuschleichen, wenn die Aktion erst einmal beendet war? Aber er wußte nicht, wann das sein würde, und er wollte die Qualen, die er um Godith ausstand, nicht unnötig verlängern. Wahrscheinlich würde er an St. Giles vorbeigehen müssen, bevor er es wagen konnte, die Straße zu überqueren, und obwohl der Bach dann wohl kein großes Hindernis mehr war, würde es wahrscheinlich nicht ungefährlich sein, die Uferstelle zu erreichen, die dem Kräutergarten des Klosters gegenüberlag. Dort konnte er dann in einer Deckung abwarten, sich in einem günstigen Moment hinüberschleichen und in dem Strohhaufen verbergen und, wenn alles ruhig blieb, versuchen, in das Herbarium zu gelangen. Dort stand der Schuppen, der Godith während der vergangenen sieben Nächte als Zufluchtsort gedient hatte. Ja, es war besser, einen großen Bogen zu schlagen. Wenn er sich rückwärts wandte, mußte er an der Brücke vorbei, und dort würden, wenigstens bis zum Einbruch der Dunkelheit, wahrscheinlich aber sogar die ganze Nacht hindurch, Soldaten postiert sein.

Obwohl er auf Eile bedacht war, gestaltete sich sein Vorhaben schwierig. Die plötzliche Durchsuchungsaktion hatte alle Einwohner aufgeschreckt und verängstigt. Torold mußte es unter diesen Umständen vermeiden, von irgend jemandem bemerkt zu werden. Er war fremd in dieser Gegend, wo jeder jeden kannte, und ein Unbekannter würde hier sofort auffallen und vielleicht gestellt werden. Mehrere Male mußte er sich ein Versteck suchen und abwarten, bis die Gefahr vorbei war. Schließlich aber hatte er Willem Ten Heyts Straßensperre hinter sich, an der die flämischen Söldner aufgebrachten Reisenden eine große Menge Güter und ein Dutzend guter Pferde abgenommen hatten. Hier standen die letzten Häuser, die zu der Stadt gehörten; danach kamen nur noch Felder und einige kleine Dörfer. Eine halbe Meile hinter der Sperre herrschte auf der Straße kaum noch Verkehr. Torold überquerte sie, verbarg sich wieder einmal in einem Gebüsch, von dem aus er den Bachlauf übersehen konnte, und überdachte die Lage.

Da der Mühlkanal an einem Wehr etwas weiter oberhalb abzweigte, gab es hier zwei Wasserläufe. Er konnte sie im Licht der Sonne, die sich jetzt langsam nach Westen neigte, glitzern sehen. Es mußte jetzt beinahe Zeit für die Vesper sein. Sicher war die Durchsuchung des Klosters jetzt beendet, und man hatte sich die Stadt vorgenommen.

Die Böschung war hier sehr abschüssig und diente den Schafen als Weide. Torold ließ sich hinunter, setzte mit Leichtigkeit über den Mühlkanal und überquerte den Bach, indem er von Stein zu Stein sprang. Langsam und jede Deckung ausnutzend, arbeitete er sich bachabwärts vor, bis er die flachen Wiesen erreicht hatte, die den Erbsenfeldern gegenüberlagen. Hier war das Gelände zu offen; er zog sich in ein Gestrüpp zurück, das ein Stück vom Bach entfernt lag, und überlegte sein weiteres Vorgehen. Von seinem Versteck aus konnte er über der Gartenmauer die Dächer der Klostergebäude und den hoch aufragenden Turm und das Dach der Kirche erkennen, aber was dort vorging, konnte er nicht sehen. Das abgeerntete Erbsenfeld, der Strohhaufen, in dem Godith und er vor kaum neunzehn Stunden das Boot und den Schatz versteckt hatten, die rostbraune Gartenmauer dahinter und das steile Dach einer Scheune – alles das machte einen friedlichen Eindruck. Er konnte noch eine Weile warten, bis die Dämmerung einsetzte, oder aber, wenn sich eine Gelegenheit ergab, das Risiko auf sich nehmen, in aller Eile durch den Bach zu waten und sich im Strohhaufen zu verbergen. Aber es kamen hier ab und zu Leute vorbei, die ihrer Arbeit nachgingen: ein Schafhirte, der seine Herde nach Hause trieb, eine Frau, die Pilze im Wald gesucht hatte, zwei Kinder mit einer Schar Gänsen. Er hätte vielleicht mit einem freundlichen Gruß an ihnen vorbeigehen können, ohne weiter aufzufallen, aber er durfte auf keinen Fall von ihnen gesehen werden, wenn er durch die Furt und in den Klostergarten rannte. Das hätte nur ihre Aufmerksamkeit erregt und einen Alarm ausgelöst. Von jenseits der Gärten waren immer noch aus der Ferne ungewohnte Geräusche zu hören: Rufe, Befehle und das Quietschen von Ochsenkarrenrädern. Außerdem sah er einen Reiter auf seiner Seite des Baches. Er war zwar noch ein ganzes Stück entfernt, kam aber langsam näher. Offenbar bewachte er diesen Abschnitt, den einzigen Zugang zum Kloster, der nicht von einer Mauer versperrt war. Er ließ sein Pferd im Schritt gehen und schien es mit seiner Pflicht nicht sehr genau zu nehmen. Zwar war er allein, aber ein Mann reichte. Ein Ruf, ein lauter Pfiff, und ein Dutzend Soldaten wäre zur Stelle.

Torold duckte sich unter die Büsche und beobachtete ihn. Er saß auf einem großen, grobknochigen und starken, wenn auch nicht besonders schönen Apfelschimmel, und der Reiter selbst war ein junger, schwarzhaariger Bursche mit einem scmalen, selbstsicheren und düsteren Gesicht. Seine ganze Körperhaltung drückte Überheblichkeit aus. Diese lässige Arroganz und die auffallende Färbung des Apfelschimmels ließen Torold aufmerken. Dieses Pferd hatte er morgens an der Spitze der Patrouille am Fluß gesehen, und dieser Mann war abgestiegen und hatte als erster und allein Torolds verlassenes Versteck in der Mühle durchsucht. Er hatte ein halbes Dutzend Fußsoldaten bei sich gehabt, denen er, nachdem er wieder aus dem Gebäude herausgekommen war, den Befehl gegeben hatte, es genau zu durchsuchen, bevor sie am Flußufer entlang weiterzogen. Torold erkannte ihn wieder. Er hatte ihn sich genau angesehen, voller Angst, dieser Mann könnte trotz aller Vorsichtsmaßnahmen auf eine Spur von ihm stoßen. Es war dasselbe Pferd und derselbe Mann. Er ritt jetzt vorbei, und es hatte den Anschein, als sei er nachlässig und unachtsam, aber Torold wußte, daß dieser Eindruck täuschte. Diesen scharfen, aufmerksamen Augen, die scheinbar so gleichgültig blickten, entging nichts.

Aber jetzt wandte er ihm den Rücken zu, und auf der weiten Fläche der Wiese war sonst niemand in Sicht. Wenn er weit genug weiterritt, konnte Torold versuchen, die andere Seite des Baches zu erreichen. Selbst wenn er sich in der Eile verschätzte und zu kurz sprang, konnte er unmöglich im Bach ertrinken, und die Nacht war warm. Er *mußte* hinüber und sich Klarheit über Godiths Schicksal verschaffen.

Ohne ein einzigesmal den Kopf zu wenden, ritt der Offizier weiter bis zum Ende des ebenen Geländes. Außer ihm und seinem Pferd war kein anderes Lebewesen zu sehen. Torold sprang auf und rannte über das offene Feld zum Bach, fand instinktiv oder durch Glück die vom Wasser überspülten Trittsteine und lief über das kahle Stoppelfeld auf der anderen Seite. Wie ein Maulwurf wühlte er sich in den Strohhaufen. Nach den aufregenden Ereignissen dieses Tages war er nicht überrascht, daß das Boot und das Bündel verschwunden waren, und er hatte keine Zeit darüber nachzudenken, ob dies ein gutes oder schlechtes Vorzeichen war. Die Strohhalme filterten das Tageslicht wie ein Spitzenschleier. Zitternd lag er da und blickte in die Richtung, in die sein Feind geritten war.

Und der Reiter hatte kehrtgemacht. Bewegungslos saß er auf seinem Pferd und ließ seinen Blick über die Wiese schweifen, als habe irgend etwas seine Aufmerksamkeit erregt. Einige Minuten lang verharrte er so, dann machte er sich, genauso langsam wie er bachauf geritten war, auf den Rückweg.

Torold hielt den Atem an und beobachtete ihn. Der Mann ließ sich Zeit und ritt seine Strecke mit Muße ab. Er hatte nichts zu tun, als immer wieder hier auf und ab zu reiten, um die Zeit totzuschlagen. Aber als er gegenüber des Erbsenfeldes angekommen war, hielt er sein Pferd an und sah lange auf die andere Seite des Baches. Er richtete seinen Blick auf den Strohhaufen und ließ ihn dort verweilen. Es kam Torold so vor, als erscheine auf dem düsteren Gesicht ein kleines Lächeln; die Hand, die die Zügel hielt, machte eine kleine Bewegung, die man für einen Gruß hätte halten können. Aber das war Unsinn, er mußte es sich eingebildet haben, denn der Offizier setzte sein Patrouillenritt fort und sah zur Mündung des Mühlkanals in den Bach hinüber. Er warf keinen Blick zurück.

Torold lag in seinem Versteck, legte den Kopf in die Arme und fiel erschöpft in Schlaf. Als er erwachte, war die Dämmerung schon fortgeschritten. Es war sehr still. Eine Weile lauschte er angestrengt, dann kroch er aus dem Heuhaufen, warf einen Blick auf das verlassen daliegende Tal und schlich den Hang hinauf in den Klostergarten. Er fand den Schuppen, dessen Tür im Zwielicht weit und einladend offenstand, und warf einen beinahe ängstlichen Blick in das Dämmerlicht und die Stille, die im Inneren herrschten.

»Dem Herrn sei Dank!« rief Bruder Cadfael aus und erhob sich von der Bank, um ihn hereinzuholen. »Ich habe mir gedacht, daß du herkommen würdest. Alle halben Stunden habe ich nach dir Ausschau gehalten, und jetzt bist du endlich da. Komm, setz dich, und mach dir keine Sorgen mehr. Wir haben alles recht gut überstanden.«

Leise und drängend stellte Torold die einzige Frage, die ihm am Herzen lag: »Wo ist Godith?«

KAPITEL IX

Er konnte nicht wissen, daß Godith in eben diesem Moment ihr Ebenbild in einem Spiegel betrachtete, den Constance in einiger Entfernung für sie hielt, damit sie ihre ganze Gestalt sehen konnte. Sie war gewaschen und gekämmt und trug eines von Alines Kleidern, das in braunem und goldenem Brokat gearbeitet war. Sie wendete sich hin und her, um sich besser bewundern zu können und genoß das Gefühl, wieder Frau sein zu dürfen. Ihr Gesicht war jetzt nicht mehr das eines halbwüchsigen Burschen, sondern das einer standesbewußten jungen Adeligen, die weiß, über welche Reize sie verfügt. Das weiche Kerzenlicht ließ sie in ihren Augen nur noch ungewöhnlicher und geheimnisvoller erscheinen.

»Wenn er mich doch nur so sehen könnte«, sagte sie sehnsüchtig. Sie hatte vergessen, daß sie bis jetzt außer Bruder Cadfael keinen Mann erwähnt hatte, und daß auch Aline zu diesem Zeitpunkt nichts von Torold und seinem Auftrag erfahren durfte. Über sich selbst hatte sie ihr fast alles erzählt, aber das war ihr wie die Abzahlung einer Schuld erschienen.

»Oh, es gibt da einen Mann?« fragte Aline mit neugieriger Anteilnahme. »Und er wird Euch begleiten? Wohin Ihr auch geht? Aber nein, ich darf nicht in Euch dringen und verlangen, daß Ihr diese Frage beantwortet. Nur... warum solltet Ihr dieses Kleid nicht für ihn tragen? Wenn Ihr erst unterwegs seid, braucht Ihr Euch doch nicht mehr als Junge zu verkleiden.«

»So, wie wir reisen werden, wird es sich wohl nicht vermeiden lassen«, antwortete Godith bedauernd.

»Dann nehmt das Kleid wenigstens mit. Ihr könnt es ja in das große Bündel, das Ihr dabeihabt, einwickeln. Ich habe genug Kleider, und wenn Ihr auch auf der Reise keine Verwendung dafür habt, so werdet Ihr doch eines brauchen, wenn Ihr in Sicherheit seid.«

»Ihr bringt mich in Versuchung! Nein, das ist wirklich sehr freundlich von Euch, aber ich kann es nicht mitnehmen. Wir werden ohnehin schon genug zu tragen haben. Aber habt vielen Dank – ich werde es Euch nicht vergessen.«

Sie hatte, nur zum Vergnügen, mit Constances Hilfe jedes Kleid anprobiert, das Aline dabeihatte. Und jedesmal hatte sie sich vorgestellt, was für ein erstauntes und ehrfürchtiges Gesicht Torold machen würde, wenn sie ihm unvermutet so entgegentreten würde. Und irgendwie hatte sie, obwohl sie nicht wußte, wo er war und wie es ihm ging, einen wunderbaren und von Zweifeln ungetrübten Nachmittag verbracht. Eines Tages würde er sie gewiß, wenn nicht in diesem, so doch in einem anderen herrlichen Kleid und geschmückt mit Edelsteinen erleben. Aber dann fiel ihr ein, wie sie nebeneinander gesessen und einträchtig Pflaumen gegessen hatten, und sie mußte lachen. Nie mehr würde sie Torold etwas vorspielen können!

Gerade als sie das Kleid wieder ausziehen wollte, hörten sie plötzlich ein leises Klopfen an der Haustür. Einen Augenblick lang erstarrten sie in ihren Bewegungen und sahen sich erschrocken an.

»Werden sie am Ende doch das Haus durchsuchen?« flüsterte Godith ängstlich. »Habe ich Euch in Gefahr gebracht?«

»Nein! Adam hat mir heute morgen versichert, daß uns niemand stören werde.« Aline stand resolut auf. »Ihr bleibt hier mit Constance und verriegelt die Tür. Ich werde nachsehen. Könnte es nicht auch Bruder Cadfael sein, der Euch holen kommt?«

»Nein, um diese Tageszeit gewiß noch nicht. Es sind sicher noch Wachen aufgestellt.«

Das Klopfen hatte zwar sehr respektvoll geklungen, aber trotzdem saß Godith bewegungslos hinter der verriegelten Tür und horchte angestrengt auf die Stimmen, die von draußen zu hören waren. Aline hatte ihren Besucher hereingebten. Er sprach leise, und seine Stimme klang überaus höflich.

»Adam Courcelle!« flüsterte Constance und lächelte wissend. »Er ist so verliebt, daß es ihn immer wieder hertreibt!«

»Und sie – Aline?« fragte Godith neugierig.

»Wer weiß! Nein, sie nicht – noch nicht.«

Godith hatte am Morgen dieselbe Stimme gehört, als Courcelle dem Pförtner und den Laienbrüdern am Tor seine Befehle erteilt hatte, und da hatte sie ganz anders geklungen. Aber da hatte er eine unangenehme Pflicht zu erfüllen gehabt, die auch einen anständigen Mann launisch und hochfahrend machen konnte. Dieser aufrichtige und höfliche Mensch, der sich so besorgt nach

Alines Wohlergehen erkundigte, mochte vielleicht Adam Courcelles wirkliches Selbst sein.

»Ich hoffe, diese ganze Angelegenheit hat Euch nicht zu sehr erschreckt«, sagte er gerade. »Ihr könnt beruhigt sein – es wird jetzt keine Störungen mehr geben.«

»Aber ich bin ja gar nicht belästigt worden«, versicherte ihm Aline heiter. »Ich kann mich nicht beschweren, Ihr seid wirklich sehr rücksichtsvoll gewesen. Mir tun nur die armen Menschen leid, denen man ihren Besitz fortgenommen hat. Ist in der Stadt dasselbe geschehen?«

»Ja«, sagte er bedauernd, »und die Requirierungsmaßnahmen werden morgen fortgesetzt. Hier im Kloster jedoch ist unsere Aufgabe erledigt.«

»Und habt Ihr sie gefunden? Das Mädchen, nach dem Ihr suchen solltet?«

»Nein, wir haben sie nicht gefunden.«

»Was würdet Ihr davon halten«, fragte Aline vorsichtig, »wenn ich sagen würde, daß mich das freut?«

»Ich habe von Euch nichts anderes erwartet, und ich verehre Euch dafür. Ich weiß, Ihr könntet es nicht ertragen, daß irgendein Lebewesen einer Gefahr, einem Schmerz oder der Gefangenschaft ausgesetzt wird – um wieviel weniger also ein unschuldiges Mädchen? Ich habe sehr viel von Euch gelernt, Aline.« Es folgte ein bedeutungsvolles Schweigen, und als er fortfuhr, war seine Stimme so leise, daß Godith seine Worte nicht verstehen konnte. Er klang jedoch so eindringlich und vertraulich, daß sie sich gar keine Mühe gab. Nach einigen Augenblicken hörte sie Aline sagen: »Ihr dürft heute abend keine großen Erwartungen in mich setzen. Für viele Menschen war es ein schwerer Tag, und ich fühle mich so müde wie die meisten von ihnen. Und auch Ihr müß erschöpft sein! Laßt mich erst ausruhen – es wird sich bald eine bessere Gelegenheit ergeben, über diese Dinge zu sprechen.«

»Richtig!« sagte er, und seine Stimme war wieder die eines pflichtbewußten Soldaten. Es klang, als habe er sich wieder eine Last auf die Schultern geladen, um sie weiter zu tragen. »Vergebt mir, es war der falsche Augenblick. Die meisten meiner Männer sind jetzt schon wieder im Feldlager. Ich werde ihnen folgen und Euch schlafen lassen.«

Die Stimmen wurden leiser und entfernten sich zur Haustür. Godith hörte, daß sie geöffnet und, nach einem kurzen Wortwechsel, wieder geschlossen wurde. Der Riegel fiel ins Schloß, und einige Augenblicke später klopfte Aline an die Tür des Schlafzimmers. »Ihr könnt aufmachen, er ist weg.«

Errötet und mit gerunzelter Stirn stand sie in der Tür. Ihr Gesicht drückte eher Überraschung als Unwillen aus. »Es scheint, als hätte ich nichts Unrechtes getan, als ich Euch Unterschlupf gewährte«, sagte sie mit einem Lächeln, das Adam Courcelle, hätte es ihm gegolten, sehr froh gemacht hätte. »Ich glaube, er ist erleichtert, daß er Euch nicht gefunden hat. Die Soldaten ziehen ab. Es ist alles vorbei. Jetzt brauchen wir nur noch auf die Dunkelheit und Bruder Cadfael zu warten.«

Im Schuppen versorgte Bruder Cadfael die Wunden seines Patienten, gab ihm etwas zu essen und beruhigte ihn. Nachdem seine erste Frage zu seiner Befriedigung beantwortet war, legte sich Torold gehorsam auf die Bank, die Godith als Bett gedient hatte, und ließ sich die Schulter und die Beinwunde, die schon fast verheilt war, neu verbinden. »Wir wollen doch nicht, daß diese Verletzungen wieder aufbrechen«, meinte Bruder Cadfael, »und Euer Fortkommen verzögern, wenn ihr heute nacht nach Wales reitet.«

»Heute nacht?« fragte Torold aufgeregt. »Wir sollen heute nacht losreiten? Wir beide – sie und ich?«

»Ja, ihr beide gemeinsam. Es ist höchste Zeit. Ich glaube, ich kann diese Art von Aufregung nicht mehr lange ertragen«, sagte Cadfael, obwohl seine Stimme fast zufrieden klang. »Nicht, daß mir eure Gesellschaft zuwider ist, versteh mich recht, aber dennoch werde ich sehr erleichtert sein, wenn ihr erst einmal auf dem Weg nach Wales seid. Ich werde euch noch etwas mitgeben, das euch das Vorankommen in Wales erleichtern wird. Obwohl FitzAlan ja alles schon mit Owain Gwynedd abgesprochen hat, und Owain steht zu seinem Wort.«

»Wenn wir erst einmal unterwegs sind«, versprach Torold, »werde ich gut auf Godith achtgeben.«

»Und sie auf dich. Ich werde ihr einen Topf von der Salbe mitgeben, mit der ich dich behandelt habe, und noch einige andere Dinge, die ihr brauchen könntet.«

»Und sie hat das Boot und den Schatz ganz alleine fortgeschafft!« sagte Torold stolz. »Wie viele Frauen würden in einer solchen Situation den Kopf bewahren und so überlegt handeln? Und diese andere Frau hat sie aufgenommen und Euch so umsichtig verständigt!« Gedankenverloren schwieg er einen Augenblick lang. »Aber wie sollen wir jetzt von hier fortkommen? Vielleicht haben sie eine Wache aufgestellt. Ich kann das Kloster auf keinen Fall durch das Tor verlassen – der Pförtner wird wissen, daß ich nicht auf diesem Weg hineingekommen bin. Und das Boot liegt nicht hier, sondern auf dem Mühlteich.«

»Schweig einen Moment und laß mich nachdenken«, sagte Cadfael, der gerade die letzten Lagen des Verbandes anlegte. »Wie ist es dir ergangen? Du scheinst alles gut überstanden zu haben. In der Mühle hast du anscheinend alle Spuren gut beseitigt, denn es ist niemandem etwas aufgefallen. Du mußt die Soldaten früh bemerkt haben.«

Torold schilderte ihm die Ereignisse dieses langen, gefährlichen und unendlich anstrengenden Tages. »Ich sah die Abteilung, die das Flußufer und die Mühle durchsuchte – sechs Fußsoldaten und ein berittener Offizier. Bevor ich mich davonmachte, vergewisserte ich mich, daß nichts dort auf mich hindeutete. Der Offizier ging zuerst in die Mühle, kam dann wieder heraus und ließ sie von seinen Männern durchsuchen. Ich habe ihn heute abend noch einmal gesehen, als ich den Bach überquerte und mich im Strohhaufen verbarg. Er ritt ganz allein auf der anderen Seite auf und ab, zwischen dem Fluß und der Abzweigung des Mühlkanals. Ich erkannte ihn an seiner Haltung und an seinem Pferd. Als er mir den Rücken zuwandte, watete ich durch die Furt, und auf dem Rückweg zum Fluß blieb er genau gegenüber stehen und sah in meine Richtung. Ich hätte schwören können, daß er mich bemerkt hatte. Er sah mich genau an. Und er lächelte dabei! Ich war sicher, daß er mich entdeckt hatte. Aber dann ritt er weiter. Nein, er *kann* mich einfach nicht gesehen haben.«

Sehr nachdenklich stellte Cadfael die Flaschen mit den Arzneien beiseite und fragte: »Du hast ihn an seinem Pferd wiedererkannt, sagst du? Was war so auffällig daran?«

»Die Größe und Färbung. Es war ein großes Pferd mit einer ausgreifenden Gangart, nicht schön, aber stark, und vom Bauch bis zum Rücken in allen Farben gescheckt.«

Cadfael rieb sich seine knollige Nase und kratzte sich an der Tonsur. »Und wie sah der Mann aus?«

»Ein junger Bursche, kaum älter als ich, schlank und mit einer recht dunklen Tönung der Haut. Heute morgen konnte ich nur seine Kleidung und seine Haltung im Sattel erkennen, aber vorhin habe ich ihn genauer gesehen.

Er hat ein hageres Gesicht mit hervorstehenden Backenknochen und schwarze Augen. Er pfiff leise vor sich hin«, fügte Torold hinzu, überrascht, daß er sich daran erinnerte. »Eine sehr schöne Melodie.«

Das tut er oft, erinnerte sich auch Cadfael. Auch das Pferd hatte er schon einmal gesehen. Es war in den Ställen des Klosters zurückgelassen worden, als zwei bessere und unauffälligere fortgeschafft worden waren. Er sei bereit, zwei Pferde zu opfern, hatte der Besitzer gesagt, aber nicht alle vier und auch nicht die beiden besten. Und doch ritt er jetzt, nach der Requirierung, eines der Pferde, die er an jenem Abend im Stall zurückgelassen hatte, und zweifellos hatte er auch das andere der beiden behalten. Er hatte also gelogen. Seine Position beim König war bereits gefestigt; man hatte ihm heute sogar ein Kommando übertragen. Ein besonderes Kommando? Und wenn ja, wer hatte ihn dazu eingeteilt?

»Und du glaubst, er hat dich gesehen?«

»Als ich sicher im Versteck lag, habe ich zu ihm hinübergesehen, und da hatte er sich umgedreht. Möglicherweise hat er mich aus dem Augenwinkel heraus bemerkt.«

Dieser Mann hat seine Augen überall, dachte Cadfael, und was ihnen entgeht, ist nicht der Rede wert. Aber laut sagte er nur: »Er hat also angehalten, zu dir hinübergesehen und ist dann weitergeritten?«

»Ich bilde mir ein, er hätte sogar seine Hand gehoben und mich gegrüßt«, antwortete Torold und schüttelte ungläubig den Kopf. »Aber da hatte ich eine solche Angst und Sehnsucht nach Godith, daß ich alles mögliche gesehen habe. Dann hat er sein Pferd gewendet und ist weitergeritten, genauso gemächlich wie vorher. Er kann mich also nicht gesehen haben.«

Voller Erstaunen und Bewunderung überdachte Cadfael die Folgen dieser Begegnung. Während draußen die Nacht hereinbrach, ging ihm in seinen Gedanken ein Licht auf. Es war noch nicht ganz dunkel, nur die Sonne war schon untergegangen, und im Westen leuchtete das Abendrot am Himmel. Das Licht, das ihm aufgegangen war, war zwar nicht sehr groß, aber es versprach, doch etwas Klarheit in die Dinge zu bringen.

Voller Angst, daß er durch sein Kommen Godith doch noch in Gefahr gebracht haben könnte, fragte Torold: »Er kann mich doch nicht gesehen haben, oder?«

»Nein, du brauchst keine Befürchtungen zu haben«, beruhigte ihn Cadfael. »Es ist alles in Ordnung, Junge, keine Sorge. Ich muß jetzt zur Komplet. Verriegele die Tür hinter mir, leg dich hier auf Godiths Bett hin und versuche, etwas Schlaf zu finden. Sobald der Gottesdienst vorüber ist komme ich wieder.«

Bruder Cadfael nahm sich jedoch die Zeit, einen Blick in die Ställe zu werfen und war nicht überrascht zu sehen, daß sowohl der Apfelschimmel als auch der Braune fehlte. Nach der Komplet bestätigte eine unauffällige Nachfrage in der Gästehalle, daß weder Hugh Beringar noch seine drei Begleiter dort waren. Der Pförtner erinnerte sich, daß die drei Männer fortgegangen waren, kurz nachdem Beringar von seinem Tagesdienst zurückgekehrt war, etwa gegen Ende der Vesper. Eine Stunde später war Beringar ihnen ohne Eile gefolgt.

Das also ist der Stand der Dinge, dachte Cadfael. Er rechnet damit, daß es heute nacht geschehen wird, und spielt um alles oder nichts. Nun gut, wenn er denn so kühn und so gerissen ist, daß er meint, meine Gedanken lesen zu können, dann wollen wir doch einmal sehen, wie gut ich die seinen lesen kann. Diese Wette jedenfalls werde ich halten.

Also: Beringar wußte von Anfang an, daß der König seine Dienste akzeptierte und daß seine Pferde nicht in Gefahr waren. Wenn er sie also wegbrachte, verfolgte er damit seine eigenen Zwecke. Und dabei hat er mich zum Komplizen gemacht! Warum nur? Er hätte selber einen sicheren Ort finden können, wenn er wirklich einen gebraucht hätte. Aber er wollte, daß ich wußte, wo seine Pferde einladend bereitstanden. Er wußte auch, daß ich zwei Leuten zur Flucht vor dem König verhelfen wollte und daß ich sein Angebot annehmen würde, weil es zu meinen eigenen Plänen paßte. Damit ich den Schatz zum selben Ort brachte, bot er mir zwei Pferde zum Köder an. Auf diese Weise kann er sich schließlich die Mühe sparen, die Flüchtlinge aufzustöbern und muß nur abwarten, bis ich sie zum Gutshaus im Wald bringe. Dann hat er alles auf einmal und braucht nur noch zuzugreifen.

Aus all dem folgt, daß er heute nacht mit seinen drei Bewaffneten auf uns warten wird.

Einige Einzelheiten waren Cadfael jedoch noch unklar. Warum hatte Beringar heute abend so getan, als habe er Torold in seinem Versteck nicht bemerkt? Vielleicht hatte er da nicht gewußt, wohin Godith geflohen war, und ließ den einen Vogel fliegen, um auch den anderen noch zu fangen. Aber als Cadfael jetzt nochmal alle Ereignisse überdachte, konnte er an der Möglichkeit (wenn nicht gar Wahrscheinlichkeit) nicht mehr zweifeln, daß Beringar Godiths Verkleidung schon die ganze Zeit durchschaut hatte und genau im Bilde war, wo seine verschwundene Braut sich versteckte. Wenn er also gewußt hatte, daß Godric in Wirklichkeit Godith war, und daß sich einer von FitzAlans Männern in der alten Mühle versteckte, dann hätte er, sobald er sicher war, daß Cadfael den Schatz für ihn aus dem Versteck geholt hatte, alle drei Gesuchten gewaltsam festsetzen und einem wahrscheinlich hocherfreuten und dankbaren König Stephen übergeben können. Da er das aber nicht getan, sondern diesen heimlichen Weg gewählt hatte, mußte etwas anderes dahinterstecken. Zum Beispiel die Absicht, Godith und Torold an den König auszuliefern und sich dafür belohnen zu lassen, FitzAlans Gold aber nicht nach Shrewsbury, sondern von seinen eigenen Männern und zu seiner persönlichen Bereicherung auf seinen Besitz bringen zu lassen. In diesem Fall hatte er seine Pferde nicht nur deshalb in den Wald geschafft, um einen alten Mönch an der Nase herumzuführen, sondern auch, um die Voraussetzungen zu schaffen, den Schatz ganz geheim und ohne Umweg über Shrewsbury direkt nach Maesbury zu schaffen.

Das galt natürlich nur für den Fall, daß Beringar nicht Nickolas Faintrees Mörder war. *Wenn* er es aber war, lautete der Plan in einem entscheidenden Punkt anders. Dann würde er dafür sorgen, daß Godith als Lockvogel für ihren Vater dienen konnte, während Torold Blund getötet werden würde. Tote konnten gegen niemanden mehr aussagen. So hätte er die Aufklärung eines Mordes durch einen anderen Mord vereitelt.

Das sind keine guten Aussichten, dachte Cadfael und war überrascht, wie ruhig er blieb. All das kann natürlich auch etwas anderes bedeuten. Es kann und es muß, oder ich will nicht Cadfael heißen und mich in Zukunft nicht mehr in die Angelegenheiten gerissener junger Männer mischen!

Beruhigt begab er sich wieder ins Herbarium. Wieder einmal hatte er eine ereignisreiche Nacht vor sich. Torold war wach und öffnete die Tür, sobald er sich davon überzeugt hatte, daß es Cadfael war, der geklopft hatte.

»Ist es schon Zeit? Ist der Weg zum Gästehaus jetzt

frei?« Er brannte darauf, Godith zu sehen und sich zu vergewissern, daß ihr nichts zugestoßen war.

»Es gibt immer mehrere Wege. Aber noch ist es weder dunkel noch ruhig genug, also setz dich und ruh dich aus, solange noch Zeit ist. Du wirst heute nacht noch schwer zu tragen haben bis wir bei den Pferden sind. Ich muß jetzt zu Bett gehen, wie die anderen Brüder, aber ich werde bald zurück sein. Sobald jeder in seiner Zelle ist, kann man das Haus unbemerkt verlassen. Meine liegt neben der Treppe, die zur Kirche hinunterführt, und die des Priors liegt am anderen Ende des Ganges. Er hat einen sehr festen Schlaf. Die Kirche hat einen Seiteneingang, der zur Klostersiedlung führt. Außer dem Haupttor ist das der einzige Zugang zum Kloster. Von dort zum Gästehaus ist es nur ein kurzer Weg, und auch wenn man am Torhaus vorbei muß -- glaubst du, daß der Pförtner sich jeden, der spät noch auf der Straße unterwegs ist, genau ansieht?«

»Also hätte Lady Aline auch, wie der Rest der Gemeinde, durch diese Tür zur Messe gehen können«, sagte Torold verwundert.

»Gewiß, aber dann hätte sie keine Gelegenheit gehabt, mit mir zu sprechen, und außerdem wollte sie den Flamen beweisen, in welch hohem Ansehen sie bei Adam Courcelle steht, und daß sie sich nicht einfach zurückweisen läßt. O ja, sie ist sehr klug. Ich weiß – auch Godith ist eine großartige Frau und ich hoffe, du wirst gut zu ihr sein. Aber Aline ist gerade erst dabei herauszufinden, zu was sie fähig ist, und glaub mir, bald wird sie Godith sehr ähnlich sein.«

Torold lächelte in der warmen Dunkelheit des Schuppens in sich hinein. Auch jetzt war er, bei aller Sorge, doch sicher, daß es nur eine Godith gab. »Ihr sagtet, daß der Pförtner späten Nachtwanderern keine große Aufmerksamkeit schenken wird«, sagte er, »aber ich könnte mir denken, daß er sich einen Mann in der Kutte der Benediktiner doch sehr genau ansieht.«

»Wer hat gesagt, daß Benediktiner so spät nachts noch unterwegs sind? *Du* wirst gehen und Godith holen, junger Mann. Die Seitentür ist niemals abgeschlossen – da sie so nahe beim Torhaus liegt, besteht dazu keine Notwendigkeit. Ich werde dich hinauslassen, wenn es soweit ist. Geh zum letzten Haus neben der Mühle und bring Godith und das Boot zu der Stelle, wo der Mühlteich in den Bach einmündet. Dort werde ich warten.«

»Es ist das dritte Haus auf unserer Seite«, flüsterte Torold eifrig. »Ich kenne es und werde es finden! Und Ihr werdet auf dieser Seite des Baches warten?«

»Ja, und ihr dürft nichts ohne mich unternehmen! Und jetzt leg dich hin und schlaf eine Stunde. Laß die Tür unverriegelt, damit ich dich wecken kann. Ich werde kommen, wenn alles ruhig ist.«

Bruder Cadfaels Plan verlief reibungslos. Es war ein schwerer Tag gewesen, und jeder war froh, als er endlich die Läden schließen, die Lichter löschen, die Türen verriegeln und schlafen konnte. Als Cadfael den Schuppen betrat, war Torold wach und erwartete ihn. In der Stille, die zu jener unwirklichen Welt zwischen dem letzten und dem ersten Gottesdienst gehörte, gingen sie durch den Garten, überquerten den kleinen Hof zwischen der Gästehalle und dem Haus des Abtes und betraten die Kirche durch das Südportal. Keiner von ihnen sagte etwas, bis sie in der Kirche waren und ihre Schultern gegen die kleine Tür, die nach Westen ging, stemmten. Cadfael öffnete sie einen Spalt breit und lauschte. Ein vorsichtiger Blick zeigte ihm, daß das Tor des Klosters geschlossen war, während die kleine Seitentür einladend offenstand. Durch sie fiel ein schmaler Lichtstrahl auf die Straße.

»Es ist alles ruhig. Geh jetzt! Ich warte am Bach.«

Der Junge schlüpfte durch die Tür und lief leichtfüßig bis zur Mitte der Straße, so daß es aussah, als komme er spät vom Pferdemarkt zurück. Langsam und geräuschlos schloß Bruder Cadfael die Tür. Ohne Eile ging er den Weg zurück, den sie gekommen waren, schritt im Sternenlicht durch den Garten und über das Feld hinunter zum Bach, dem er nach rechts folgte, bis er die Einmündung in den Mühlteich erreichte. Dort setzte er sich in das Gras am Ufer und wartete. Es war eine warme, stille Augustnacht. Eine leichte Brise raschelte hin und wieder durch die Büsche und Bäume – leise Geräusche, welche die noch leiseren Geräusche überdeckten, die von vorsichtigen und geschickten Männern gemacht wurden. Nein, heute nacht würde man sie nicht verfolgen. Das war gar nicht nötig! Der Mann, der ein Interesse daran gehabt hätte, ihnen zu folgen, erwartete sie bereits am Ziel ihres Weges.

Constance öffnete die Tür und war überrascht, anstelle des Mönches, den sie erwartet hatte, einen jungen Mann vor sich zu sehen. Aber Godith sah ihr schon brennend vor Ungeduld über die Schulter und stürzte mit einem kurzen, leisen Schrei an ihr vorbei in seine Arme. Sie hatte sich wieder in Godric verwandelt, und doch würde sie von nun an für ihn niemand anderes als Godith sein, wenn er sie auch noch nie in Frauenkleidern gesehen hatte. Sie klammerte sich an ihn, lachte, weinte, umarmte ihn und schalt ihn gleichzeitig aus. Zärtlich tastete sie seine verletzte Schulter ab, bestürmte ihn mit Fragen, die sie gleich darauf wieder zurücknahm, und schließlich verstummte sie und hob, in Erwartung eines Kusses, ihr Gesicht. Verdutzt küßte Torold sie.

»Ihr müßt wohl Torold sein«, sagte Aline, die im Hintergrund stand und lächelte, als wisse sie mehr über ihre Beziehung als er selber. »Schließ die Tür, Constance, es ist alles in Ordnung.« Aufmerksam betrachtete sie ihn. Die Erfahrungen der jüngsten Vergangenheit hatten ihren Blick für junge Männer geschärft. Er machte auf sie einen guten Eindruck. »Ich wußte, daß Bruder Cadfael von sich hören lassen würde. Sie wollte auf demselben Weg zurückgehen, den sie heute morgen gekommen war, aber ich war dagegen. Er hat gesagt, er würde sie abholen. Ich wußte nicht, daß er Euch schicken würde, aber ein Bote von Cadfael ist bei uns immer willkommen.«

»Hat sie Euch von mir erzählt?« fragte Torold und errötete bei dem Gedanken.

»Nur das, was ich wissen mußte. Sie ist sehr diskret, und ich bin es auch«, sagte Aline ernst. Auch sie war errötet, aber eher vor Aufregung und Freude, und fast bedauerte sie es, daß ihre Beteiligung an dieser Verschwörung nun beendet war. »Bruder Cadfael wartet, wir dürfen keine Zeit verlieren. Je weiter ihr bei Tagesanbruch gekommen seid, desto besser. Hier ist das Bündel, das Godith mitgebracht hat. Wartet hier, ich werde nachsehen, ob im Garten alles ruhig ist.«

Sie schlüpfte hinaus in die Dunkelheit und stand, angestrengt lauschend, am Ufer des Teiches. Sie war sich sicher, daß man keine Wachen aufgestellt hatte. Warum auch – es war ja alles durchsucht und die beschlagnahmten Güter waren abtransportiert worden. Dennoch war vielleicht noch jemand in den Häusern gegenüber wach. Aber auch dort war kein Licht zu sehen; sogar die Läden schienen geschlossen zu sein, obwohl es eine warme Nacht war. Wahrscheinlich fürchtete man, daß ein flämischer Söldner zurückkehren könnte, um im Schutz der

Dunkelheit zu holen, was noch zu holen war. Sogar die Zweige der Weiden hingen reglos herab. Die leichte Brise, die unten am Fluß wehte, reichte nicht bis hierher.

»Kommt!« flüsterte sie und hielt die Tür einen Spaltbreit auf. »Es regt sich nichts. Folgt mir, die Böschung ist hier sehr uneben.« Sie hatte sogar daran gedacht, ihr helles Kleid, das sie am Nachmittag getragen hatte, gegen ein dunkleres zu vertauschen, damit sie nicht so leicht gesehen werden konnte. Torold hob FitzAlans Schatz an dem Seil hoch, mit dem das Bündel zusammengeschnürt war, und lehnte es ab, sich von Godith beim Tragen helfen zu lassen. Zu seiner Überraschung gehorchte sie sofort und ging schnell und geräuschlos vor ihm her zu der Stelle, wo das Boot unter den herabhängenden Zweigen der Weiden festgemacht war. Aline legte sich am Ufer auf den Boden und hielt das Boot, damit sie sicher einsteigen konnten. Aus einem braven und zurückhaltenden Mädchen war sehr schnell eine Frau geworden, die ihre eigenen Entscheidungen traf und ihre Mittel einzusetzen wußte.

Godith ließ sich in das Boot hinabgleiten, nahm das Bündel entgegen und legte es unter die Ruderbank. Das Fahrzeug war nur für zwei Leute gebaut und lag tief im Wasser, als Torold ebenfalls an Bord war, aber es war robust genug, um sie, wie schon eine Nacht zuvor, an ihr Ziel zu bringen.

Godith streckte die Arme aus und umarmte Aline, die immer noch auf den Knien an der Uferböschung saß. Es war zu spät für Dankesworte, aber Torold küßte die schmale, gepflegte Hand, die sie ihm hinhielt. Dann löste sie den Knoten und warf das Ende der Leine ins Boot. Langsam trieb es vom Ufer ab und wurde von den Wirbeln der Strömung erfaßt, die sie zur Einmündung in den Bach trug. Als Godith sich umsah, konnte sie nur noch den Umriß der Weide und das unbeleuchtete Haus dahinter erkennen.

Bruder Cadfael erhob sich aus dem hohen Gras, als Torold das Boot an das Ufer ruderte, das dem Kloster zugewandt war.

»Sehr gut!« flüsterte er. »Ging alles ohne Schwierigkeiten? Hat niemand etwas bemerkt?«

»Nein, es ging alles nach Plan. Jetzt müßt Ihr uns führen.«

Nachdenklich schaukelte Cadfael leise das Boot. »Setz Godith und das Gold auf der anderen Seite ab und hole dann mich. So bleibe ich wenigstens trocken.« Als sie alle drei am anderen Ufer standen, zog er das Boot aus dem Wasser auf das Gras, und Godith half ihnen, es bis zum nächsten Gebüsch zu tragen, wo sie es versteckten. In der Deckung konnten sie verschnaufen und den weiteren Verlauf des Unternehmens besprechen. Die Nacht war still, und fünf sinnvoll genutzte Minuten hier konnten ihnen später viele Mühen ersparen, sagte Cadfael.

»Wir können reden, aber leise. Und da, wie ich hoffe, niemand außer uns dieses Paket zu sehen bekommen wird, bis ihr auf dem Weg nach Westen seid, schlage ich vor, es zu öffnen und wieder in zwei Teile zu teilen. Die Satteltaschen sind viel leichter über der Schulter zu tragen, als dieses eine dicke Bündel.«

»Ich werde ein Paar nehmen«, sagte Godith eifrig.

»Das darfst du auch, für eine kurze Strecke vielleicht«, antwortete er gnädig. Er wickelte die beiden Satteltaschen aus den Säcken, in die sie eingehüllt waren. Sie waren mit breiten Lederriemen verbunden, die sich bequem über die Schulter legen ließen, und das Gewicht war gleichmäßig auf sie verteilt worden, damit es die Pferde nicht zu sehr belastete. »Ich hatte ursprünglich gedacht, wir könnten den ersten Teil des Weges auf dem

Fluß zurücklegen und auf diese Weise eine halbe Meile einsparen«, sagte er. »Aber wir sind zu dritt, und mit dieser Nußschale würden wir untergehen. Außerdem brauchen wir diese Sachen nicht sehr weit zu tragen – nur etwas mehr als drei Meilen vielleicht.«

Er hob das eine Paar Satteltaschen auf, und Torold legte sich das andere Paar über seine unversehrte Schulter. »Solche Schätze habe ich in meinem ganzen Leben noch nicht getragen«, sagte Cadfael, als sie losmarschierten, »und jetzt darf ich nicht einmal einen Blick darauf werfen.«

»Und für mich ist es bitter«, sagte Torold hinter ihm, »daß Nick ihretwegen sterben mußte und ich keine Gelegenheit habe, ihn zu rächen.«

»Denke an dein eigenes Leben und trage deine eigene Last«, antwortete Cadfael. »Sein Tod wird gesühnt werden. Richte du deine Gedanken auf das, was vor dir liegt, und überlaß Nick mir.«

Er führte sie auf einen anderen Weg als den, den er mit Beringar gegangen war. Anstatt nach der Überquerung des Baches direkt auf den Gutshof zu zumarschieren, hielt er sich mehr nach Westen, so daß sie sich, als sie auf der Höhe des Hofes waren, in einem dichten Wald eine gute Meile westlich von ihm befanden.

»Was ist, wenn wir verfolgt werden?« fragte Godith.

»Niemand folgt uns.« Er sprach mit solcher Bestimmtheit, daß sie die Feststellung akzeptierte und nicht weiter fragte. Wenn Bruder Cadfael es sagte, dann war es so. Sie hatte darauf bestanden, Torold seine Last für eine halbe Meile abzunehmen, aber sobald er bemerkte, daß ihre Schritte unsicherer wurden und ihr Atem schneller ging, hatte er sie ihr wieder abgenommen.

Vor ihnen schimmerte es heller zwischen den Zweigen. Vorsichtig hielten sie am Rand einer breiten, grasüberwachsenen Straße an, die in einem schiefen Winkel zu dem Weg verlief, den Bruder Cadfael sie führte, und dessen weiterer Verlauf durch den Wald auf der gegenüberliegenden Seite in der sternklaren Nacht besser als bisher zu erkennen war.

»Nun gebt gut acht«, sagte Cadfael, »denn nachher müßt Ihr ohne mich zu dieser Stelle zurückfinden. Dieser Waldweg ist ein Teil einer gut ausgebauten, geraden Straße, die noch die Römer angelegt haben. Nach Osten hin führt sie zur Severn-Brücke bei Atcham. In westlicher Richtung, also nach rechts, kommt Ihr auf ihr geradewegs über Poll nach Wales. Wenn Ihr auf irgendein Hindernis stoßt, könnt Ihr Euch weiter südlich halten und die Furt bei Montgomery benutzen. Ihr werdet auf dieser Straße gut vorankommen, obwohl sie stellenweise recht steil ist. Wir werden sie jetzt überqueren und noch eine halbe Meile bis zu einer Furt am Bach gehen. Merkt Euch also den Weg.«

Dieses Stück des Pfades wurde offenbar häufig benutzt, so daß er auch für Pferde begehbar war. Bald hatten sie eine breite, seichte Furt erreicht. »Wir werden das Gold hier zurücklassen«, sagte Cadfael. »Einen Baum unter vielen könnntet Ihr Euch wahrscheinlich nicht merken, aber bei einem Baum an der einzigen Furt, die Ihr zu überqueren habt, werdet Ihr keine Schwierigkeiten haben, es wieder zu finden.«

»Das Gold hier zurücklassen?« wiederholte Torold verwundert.

»Aber wir gehen doch nur die Pferde holen, und Ihr sagtet doch selbst, daß wir heute nacht nicht verfolgt werden.«

»Nein, verfolgt werden wir nicht.« Wenn man weiß, wo die Beute auftauchen wird, und sich des Zeitpunktes sicher ist, braucht man nur dort zu warten. »Wir dürfen keine Zeit verschwenden. Ihr müßt mir vertrauen und tun, was ich Euch sage.«

Er legte sein Paar Satteltaschen ab und sah sich in dem Dämmerlicht, an das sich ihre Augen längst gewöhnt hatten, nach einem geeigneten Versteck um. Zu ihrer Rechten, in einem Dickicht neben der Furt, stand ein knorriger alter Baum, dessen eine Seite abgestorben war. Der unterste Ast war von den Büschen verborgen. Cadfael legte seine Satteltaschen darüber, und ohne ein weiteres Wort hängte Torold sein Paar daneben. Dann trat er zurück, um sich zu vergewissern, daß sie nur von einem entdeckt werden konnten, der das Versteck kannte. Das dichte Blattwerk des Gebüsches verdeckte sie vollständig.

»Ausgezeichnet!« sagte Cadfael zufrieden. »Von hier aus halten wir uns nun nach Osten. Dieser Weg hier führt auf den anderen, kürzeren, den ich sonst immer benutzt habe. Wir müssen uns dem Gutshof nämlich von der richtigen Seite nähern. Es wäre nicht gut, wenn irgendein neugieriger Mensch dahinterkäme, daß wir schon eine Meile weiter in Richtung Wales waren.«

Ohne ihre beschwerliche Last setzten sie ihren Weg fort. Hand in Hand und vertrauensvoll wie Kinder gingen Godith und Torold hinter Bruder Cadfael her. Jetzt, da der Zeitpunkt ihrer eigentlichen Flucht immer näher rückte, sagten sie nichts mehr, sondern hielten sich aneinander fest und glaubten einfach daran, daß alles gutgehen würde.

Die Stelle, an der sie auf den anderen Weg trafen, war nur einige Minuten von der Waldlichtung entfernt, auf der der Gutshof stand. Die Bäume lichteten sich und gaben den Nachthimmel frei. Irgendwo im Haus schien ein kleines Binsenlicht zu brennen, denn ein schwacher

Lichtschimmer fiel durch die Pfähle der Palisaden. Die Nacht war friedlich und still.

Bruder Anselm war sofort zur Stelle und öffnete ihnen. Sicherlich hatte ein aufgebrachter Reisender aus Shrewsbury die Nachricht von den Aufregungen des vorangegangenen Tages auch hierher gebracht, und er hatte sich schon gedacht, daß jeder, der eine schlimmere Strafe als die Konfiszierung seiner Güter zu befürchten hatte, die Warnung verstehen und sich schleunigst auf den Weg machen würde. Eilig zog er sie hinein. Während er das Tor wieder verschloß, bedachte er Cadfaels Begleiter mit einem neugierigen Blick.

»Ich habe es gewußt! Irgendwie habe ich gespürt, daß Ihr heute nacht kommen würdet. Man sagt, Ihr hättet einige Schwierigkeiten gehabt.«

»So kann man es wohl nennen«, antwortete Cadfael seufzend. »Was wir durchgemacht haben, würde ich jedenfalls niemanden wünschen. Und diesen beiden hier am wenigsten. Diese Brüder haben auf Euer anvertrautes Gut aufgepaßt, meine Kinder, und es sicher für euch aufbewahrt. Anselm, dies ist Adeneys Tochter, und das ist ein Gefolgsmann FitzAlans. Wo ist Louis?«

»Als wir Euer Kommen bemerkten, ist er gleich in den Stall gegangen, um die Pferde zu satteln. Den ganzen Tag über haben wir uns schon gedacht, daß Ihr es eilig haben würdet. Ich habe etwas zu essen in diesen Beutel gepackt – es ist nicht gut, mit leerem Magen zu reisen. Ihr findet auch eine Flasche Wein darin.«

»Gut! Und ich habe diese Dinge mitgebracht«, sagte Cadfael und leerte seinen eigenen Beutel. »Es sind Arzneien. Godith weiß, wie man sie anwendet.«

Godith und Torold standen sprachlos vor Staunen. Der Jüngling konnte vor Dankbarkeit kaum sprechen. »Ich werde beim Satteln der Pferde helfen«, brachte er schließlich heraus und ging über den kleinen, grasüberwachsenen Hof in Richtung der Ställe.

»Bruder Anselm«, sagte Godith und schenkte dem Hünen einen bewundernden Blick, »ich möchte Euch in unser beider Namen von ganzem Herzen für alles danken, was Ihr für uns getan habt – obwohl es in Wirklichkeit für Bruder Cadfael war. Ich kann Euch gut verstehen – er ist schließlich acht Tage lang mein Lehrer gewesen. Wenn ich könnte, würde ich dasselbe für ihn tun, und mehr als das. Torold und ich werden Euch Eure Hilfe nie vergessen, das verspreche ich Euch.«

»Gottes Segen über dich, mein Kind«, sagte Bruder Anselm gerührt. »Du klingst wie ein Gebetbuch. Aber wenn eine junge Frau in Gefahr ist, bleibt einem anständigen Mann doch gar nichts anderes übrig, als ihr zu helfen! Ihr und ihrem Gefährten.«

Bruder Louis kam von den Ställen und führte den Rotschimmel, den Beringar in jener Nacht geritten hatte, als er und Cadfael die Pferde hierher gebracht hatten. Torold folgte mit dem Rappen. Das Fell der Tiere schimmerte in dem schwachen Licht. Sie waren ausgezeichnet gepflegt und versorgt worden und machten einen ausgeruhten Eindruck.

»Und Euer Gepäck«, sgte Bruder Anselm bedeutungsvoll, »haben wir auch hier. Am besten ladet Ihr es dem Pferd auf, das den leichteren Reiter tragen soll, aber das könnt Ihr machen, wie Ihr wollt.«

Die beiden Brüder gingen in das Haus, um das Bündel zu holen, das Cadfael vor einigen Nächten gebracht hatte. Anscheinend gab es einige Dinge, die sie nicht wußten, genauso wie Godith und Torold einiges gehört hatten, das sie nicht verstanden. Anselm kam mit dem Paket auf seinen mächtigen Schultern aus dem Haus und legte es neben die gesattelten Pferde auf den Boden.

»Hier sind auch Riemen, mit denen Ihr es am Sattel festschnallen könnt«, sagte er. Sie waren gerade dabei, diese Riemen durch das Seil zu ziehen, mit dem das Paket verschnürt war, als hinter ihnen der Beschlag des Torriegels von einer Schwertklinge durchgeschnitten wurde und eine ruhige, klare Stimme befahl: »Stehenbleiben und keine Bewegung! Dreht euch langsam um, und hebt eure Hände hoch, dann wird dem Mädchen nichts geschehen!«

Mit schreckgeweiteten Augen und wie im Traum wandten sie sich dem Tor zu, das jetzt weit offen stand. Dort stand Hugh Beringar, sein Schwert in der Hand; rechts und links von ihm kauerten zwei Männer mit gespannten Langbögen. Ihre Pfeile waren auf Godith gerichtet. Das Licht war zwar nur schwach, aber durchaus ausreichend – diese Schützen würden ihr Ziel nicht verfehlen.

»Sehr schön!« sagte Beringar anerkennend. »Ihr habt mich gut verstanden. Jetzt bleibt, wo ihr seid und rührt euch nicht von der Stelle!«

KAPITEL X

Jeder von ihnen reagierte, wie es seiner Natur entsprach. Bruder Anselm sah sich vorsichtg nach seinem Stock um, aber der war außer Reichweite. Bruder Louis hielt zwar, wie befohlen, seine Hände in die Höhe, brachte aber seine Rechte in die Nähe der Falte seines Umhangs, wo er seinen Dolch trug. Godiths anfängliches Entsetzen schlug sehr bald in Wut um, von der aber nur das Blitzen ihrer Augen und die maskenhafte Blässe ihres Gesichtes Zeugnis ablegten. Bruder Cadfael ließ sich in scheinbarer

Resignation auf das in Sackleinen gewickelte Bündel sinken, so daß die Schöße seiner Kutte es verbargen, falls es nicht schon bemerkt und seine Bedeutung erkannt worden war. Torold widerstand dem Impuls, nach Cadfaels Dolch zu greifen, der an seinem Gürtel hing, starrte Beringar herausfordernd ins Gesicht und tat zwei große Schritte, um sich zwischen Godith und die beiden Bogenschützen zu stellen. Bruder Cadfael mußte innerlich lächeln, auch wenn er den Mut des Jungen bewunderte.

»Was für eine rührende Geste«, bemerkte Beringar großzügig, »wenn auch nicht sehr wirksam. Ich bezweifle, daß die junge Dame über diese Aufstellung glücklicher ist. Und da alle hier Versammelten vernünftige Menschen sind, besteht auch gar kein Grund für sinnlose Heldentaten. Außerdem könnte Matthew ja auf diese Entfernung ohne weiteres einen Pfeil durch euch beide schicken, und damit wäre niemandem gedient, nicht einmal mir. Ihr werdet euch einfach damit abfinden müssen, daß im Augenblick ich es bin, der die Befehle gibt.«

Und so war es. Zwar hatte bisher keiner seiner Männer geschossen, wie sie es hätten tun können, wenn sie seinen Befehl, sich nicht zu rühren, zu wörtlich genommen hätten, aber es lag dennoch auf der Hand, daß keiner von ihnen die leiseste Chance hatte, Beringar anzugreifen und das Blatt zu wenden. Zwischen ihnen lagen einige Meter Entfernung, und gegen Pfeile konnte ein Dolch nichts ausrichten. Torold streckte einen Arm nach hinten aus, um Godith zu sich heranzuziehen, aber sie trat einen Schritt zurück, wich der Hand aus, mit der er sie zurückhalten wollte, und ging herausfordernd auf Hugh Beringar zu.

»Was für Befehle wollt Ihr mir geben?« fuhr sie ihn an. »Wenn Ihr es auf mich abgesehen habt – bitte, hier bin ich! Seid Ihr auf die Ländereien aus, die immer noch mir gehören? Wollt Ihr auf Eurem Recht bestehen und mich ihretwegen heiraten? Auch wenn mein Vater enteignet worden ist, könnte es dem König gefallen, mich und meinen Besitz seinem neuen Hauptmann zukommen zu lassen. Bin ich Euch soviel wert? Oder geht es Euch nur darum, Euch Stephens Gunst zu erkaufen, indem Ihr mich ihm als Geisel für weit tapferere Männer überlaßt?«

»Weder – noch«, erwiderte Beringar gelassen. Mit deutlicher Anerkennung ruhten seine Augen auf ihrer hoch aufgerichteten Gestalt und ihrem erregten, verachtungsvollen Gesicht. »Ich muß zugeben, meine Liebe, daß ich noch nie zuvor so versucht war, Euch zu heiraten – mit dem dicken kleinen Mädchen, das ich in Erinnerung hatte, habt Ihr nichts mehr gemein. Aber wenn ich Euren Gesichtsausdruck richtig deute, würdet Ihr lieber den Teufel heiraten als mich. Nein, ich habe andere Pläne, und Ihr vermutlich auch. Wenn jeder der Anwesenden sich vernünftig verhält, wird es also keinen Grund geben, sich zu streiten. Und zu Eurer Beruhigung: ich habe auch nicht die Absicht, den Mann Eures Herzens den Wölfen zum Fraß vorzuwerfen. Warum sollte ich einem ehrlichen Widersacher Böses wünschen? Besonders, da ich sehe, wie geneigt Ihr ihm seid.«

Er lachte, und sie wußte, daß er über sie lachte, und daß sie ihre Zunge hüten mußte. Sie fühlte sich beleidigt, obwohl es kein eigentlich bösartiges Gelächter war. Es lag Triumph darin, aber auch irgend etwas Leichtes, Neckendes – fast so etwas wie Zuneigung. Sie trat einen Schritt zurück und warf Bruder Cadfael einen hilfesuchenden Blick zu, aber der hockte zusammengesunken und teilnahmslos da und hatte die Augen niedergeschlagen. Noch einmal sah sie Hugh Beringar, dessen schwarze Augen mit kühler Bewunderung auf ihr ruhten, aufmerksam an.

»Ich glaube«, sagte sie langsam und verwundert, »daß Ihr es ehrlich meint.«

»Stellt mich auf die Probe! Ihr seid hierher gekommen, um Pferde für Eure Reise zu holen. Bitte – dort stehen sie! Ihr und Euer junger Edelmann könnt aufsteigen und davonreiten, wenn es Euch beliebt. Niemand wird Euch verfolgen. Außer mir und meinen Männern weiß niemand, daß Ihr hier seid. Am leichtesten reist es sich jedoch, wenn man nur das Allernötigste mitnimmt«, sagte Beringar unschuldig. »Jenes Bündel, das Bruder Cadfael so nachlässig als Sitzkissen mißbraucht, werde ich behalten – damit ich Euch nicht vergesse, liebe Godith, wenn Ihr fort seid.«

Bei diesen Worten konnte sich Godith nur mühsam beherrschen, Bruder Cadfael einen verblüfften Blick zuzuwerfen. Es kostete sie einige Anstrengung, ihre plötzliche Erkenntnis und ihren Triumph zu verbergen und nicht in lautes Gelächter auszubrechen, und genauso, das wußte sie, ging es Torold, der einige Schritte hinter ihr stand und ebenso überrascht sein mußte wie sie. Darum also hatten sie die Satteltaschen bei jenem Baum an der Furt zurückgelassen, eine Meile weiter westlich, auf dem Weg nach Wales. Dieses Bündel hier konnten sie leichten Herzens zurücklassen, aber sie durften sich diese Freude keinesfalls anmerken lassen, oder alles wäre zunichte gemacht. Bruder Cadfael hatte den Abschluß des Unternehmens in ihre Hand gelegt, und von dem Bestehen dieser schwersten Prüfung, der sie je unterzogen worden war, hing ihre ganz Selbstachtung ab. Dieser Mann, der vor ihr stand, war edelmütiger als sie gedacht hatte, und plötzlich schien es ihr, daß sie, indem sie ihn aufgab, fast ebenso großherzig handelte wie er, wenn er den Weg zu ihrem Glück mit einem anderen Mann und auf der Seite seiner Feinde freigab, und dafür nur etwas

Gold forderte. Er gab ihr zwei gute Pferde und die Gelegenheit zur Flucht nach Wales!

»Das ist Euer Ernst«, sagte sie. Es war keine Frage, sondern eine Feststellung. »Ihr laßt uns gehen!«

»Und Ihr solltet euch beeilen, wenn ich euch raten darf. Die Nacht ist noch nicht alt, aber sie wird nicht ewig dauern. Und Ihr habt einen weiten Weg vor euch.«

»Ich habe mich in Euch getäuscht«, sagte sie aufrichtig. »Ich habe Euch nie wirklich gekannt. Ihr hattet ein Recht, um diesen Preis zu kämpfen, aber ich hoffe, Ihr gebt zu, daß auch wir das Recht hatten, ihn zu verteidigen. Es war ein ausgewogener Kampf, und wir sollten keinen Groll gegeneinander hegen. Einverstanden?«

»Einverstanden!« sagte er erfreut. »Ihr seid eine Gegnerin nach meinem Geschmack, und Euer Freund sollte Euch baldigst fortbringen, bevor ich es mir noch einmal überlege. Nur euer Gepäck müßt ihr zurücklassen...«

»Es gehört Euch, daran ist wohl nichts zu ändern«, sagte Bruder Cadfael und erhob sich widerwillig. »Ihr habt es ehrlich verdient, und mehr gibt es dazu wohl nicht zu sagen.«

»Dann macht euch auf – und beeilt euch!« sagte Beringar. »Es wird noch einige Stunden dunkel bleiben.« Zum erstenmal fiel sein Blick auf Torold. Er musterte ihn genau. »Ich bitte um Verzeihung – ich kenne Euren Namen nicht.«

»Ich heiße Torold Blund und bin ein Gefolgsmann Fitz-Alans.«

»Es tut mir leid, daß wir uns nie begegnet sind. Ich bereue allerdings nicht, daß wir uns nie begegnet sind. Ich bereue allerdings nicht, daß wir uns nie im Kampf gegenübergestanden haben. Wahrscheinlich hätte ich in Euch meinen Meister gefunden.« Dies sagte er jedoch leichten Herzens, denn in diesem Kampf war er der Sieger geblieben, und daß Torold ihm an Körpergröße und Stärke überlegen war, beeindruckte ihn nicht sehr.

»Nun gut, Torold, dann bewacht Euren Schatz ebenso gut wie ich den meinen.«

Ernst und still und mit Augen, die immer noch ungläubig blickten, sagte Godith: »Küßt mich und wünscht mir alles Gute! Ich wünsche Euch dasselbe.«

»Von Herzen gern!« antwortete Beringar. Der Kuß dauerte lange, vielleicht um Torold zu reizen, aber Torold sah ihnen ohne Eifersucht zu. Diese beiden hätten Geschwister sein können, die innig voneinander Abschied nahmen. »Jetzt steigt endlich auf und reitet los!«

Sie ging erst noch zu Bruder Cadfael und bat auch ihn um einen Kuß. Niemand außer ihm sah ihr Gesicht oder hörte das Zittern in ihrer Stimme, das von aufsteigenden Tränen oder einem kaum zu unterdrückenden Lachen oder von beidem herrühren mochte. Diese Verwirrung ihrer Gefühle machte lange Dankesworte an Bruder Cadfael und die beiden Laienbrüder unmöglich. Sie mußte schnell von hier fort, bevor sie sich verriet. Torold wollte ihr den Steigbügel halten, aber Bruder Anselm hob sie einfach hoch und setzte sie in den Sattel. Als sie sich vorbeugte, um die Steigbügel kürzer zu ziehen, bemerkte sie ein flüchtiges Grinsen auf seinem Gesicht und wußte, daß auch er ahnte, was vorgefallen war, und insgeheim in ihr Lachen einstimmte. Wenn er und sein Genosse von Anfang an in den Plan eingeweiht gewesen wären, hätten sie ihre Rolle vielleicht nicht so überzeugend spielen können, aber auch so hatten sie die Komödie schnell durchschaut.

Torold bestieg Beringars Rotschimmel und sah auf alle, die im Hof standen, herab. Die Schützen hatten ihre Bogen entspannt und standen mit interessierten und leicht belustigten Gesichtern abseits, während der dritte Mann das Tor weit öffnete.

»Bruder Cadfael – ich werde nie vergessen, was ich Euch schulde.«

»Du kannst deine Schulden bei mir an Godith zurückzahlen«, sagte Cadfael beruhigend. »Und benimm dich, wie es sich geziemt, bis du sie ihrem Vater übergeben hast«, fügte er streng hinzu. »Sie hat sich dir anvertraut – also hüte dich davor, das auszunutzen.«

Torold lächelte ihn an, und im nächsten Augenblick waren Godith und er durch das Tor auf die Lichtung geritten und im Schatten der Bäume verschwunden. Sie hatten es nicht weit bis zu dem Pfad, der zu der Furt am Bach führte, wo die Satteltaschen auf sie warteten. Cadfael wartete, bis der dumpfe Klang der Hufe auf dem Waldboden und das gelegentliche Rascheln der Zweige in der Stille der Nacht verklungen war. Als er aus seiner reglosen Aufmerksamkeit erwachte, stellte er fest, daß die anderen ebenso angestrengt gelauscht hatten wie er. Sie sahen sich an, und einige Augenblicke lang sprach niemand ein Wort.

»Ich wette«, sagte Beringar schließlich, »daß sie keine Jungfrau mehr ist, wenn sie bei ihrem Vater ankommt.«

»Ich glaube eher«, erwiderte Cadfael, »daß sie als ordnungsgemäß getraute Ehefrau bei ihrem Vater ankommt. Es gibt viele Priester zwischen Shrewsbury und der Normandie. Sie wird zwar ihre liebe Mühe haben, Torold davon zu überzeugen, daß er sie auch ohne den Segen ihres Vaters heiraten darf, aber sie wird ihn schon überreden, dessen bin ich sicher.«

»Ihr kennt sie besser als ich«, sagte Beringar. »Ich habe sie niemals wirklich gekannt. Mir scheint, da ist mir etwas entgangen«, fügte er nachdenklich hinzu.

»Und doch habt Ihr sie, glaube ich, gleich beim erstenmal erkannt, als Ihr sie mit mir auf dem großen Hof des Klosters saht.«

»O ja, das habe ich. Ihr Aussehen hat sich nicht so sehr verändert, nur ihre Anlagen haben sich weiterentwickelt – zu ihrem Vorteil.« Er sah Cadfael an und lächelte. »Ja, ich habe nach ihr gesucht, aber nicht, um sie auszuliefern. Ich wollte sie auch nicht für mich selbst. Um mit Euren Worten zu sprechen: sie war mir anvertraut. Ich war es dem Bund, den andere für uns geschlossen haben, schuldig, sie in Sicherheit zu bringen.«

»Das scheint Euch gelungen zu sein«, stellte Cadfael fest.

»Das glaube ich auch. Und auch Ihr hegt keinen Groll gegen mich?«

»Nein. Und keine Rachegelüste. Das Spiel ist aus.« Es wurde Cadfael plötzlich bewußt, wie niedergeschlagen und resigniert seine Worte klangen, während es in Wirklichkeit nur Erleichterung war, die darin zum Ausdruck kam.

»Dann hoffe ich, daß Ihr mit mir zurück zum Kloster reiten werdet. Ich habe zwei Pferde mitgebracht. Meine Männer hier haben sich ihren Schlaf verdient und wenn Eure Brüder sie über Nacht bei sich aufnehmen, können sie morgen in aller Ruhe zu Fuß zurückkehren. Als Gastgeschenk habe ich in meinen Satteltaschen zwei Flaschen Wein und eine Pastete mitgebracht. Ich hatte mich nämlich auf eine längere Wartezeit eingestellt, obwohl ich mir sicher war, daß Ihr kommen würdet.«

»Bei all der Aufregung hatte ich doch gleich so ein Gefühl, daß nichts wirklich Schlimmes geschehen würde«, sagte Bruder Louis und rieb sich zufrieden die Hände. »Und für zwei Flaschen Wein und eine Pastete bieten wir Euch Betten und ein nettes Spielchen, wenn Euch der Sinn danach steht. Wir haben hier draußen nicht oft Gesellschaft.«

Einer der Bogenschützen holte aus dem Schatten des Waldes die beiden Pferde herbei, die Beringar geblieben waren: den großen, hochbeinigen Apfelschimmel und den stämmigen Braunen. Einträchtig luden die Laienbrüder und die Soldaten den Proviant ab und befestigten auf Beringars Geheiß das unhandliche Sackleinenbündel am Sattel des Apfelschimmels. »Nicht, daß ich Euch mißtraute«, versicherte Beringar Cadfael, »aber dieser große Bursche wird das Gewicht kaum spüren. Und sein Reiter braucht eine starke Hand, denn er ist sehr eigensinnig und hat ein hartes Maul. Ich habe mich an ihn gewöhnt. Und, um ehrlich zu sein, ich mag ihn sogar. Ich habe gerade zwei bessere Pferde verschenkt, aber dieser Kerl hier paßt zu mir, und von ihm würde ich mich nicht trennen.«

Er könnte nicht besser ausgedrückt haben, was Cadfael über ihn dachte. ›Dieser Kerl hier paßt zu mir, und ich würde mich nicht von ihm trennen!‹ Beringar hatte seine eigenen Nachforschungen angestellt, und er hatte großzügig zwei wertvolle Pferde fortgegeben, um sich von einer Ehe freizukaufen, an der ihm nie viel gelegen hatte. Und darüber hinaus hatte er geduldig und durch allerlei Schliche eine Situation geschaffen, die es ihm erlaubte, das Mädchen in Sicherheit zu bringen und seine Hand auf einen Schatz zu legen, den er weit mehr begehrte als sie. Nun ja, unsere Mitmenschen sind wie aufgeschlagene Bücher, und wer in ihnen zu lesen versteht, der lernt nie aus.

Beringar und Bruder Cadfael machten sich auf den Rückweg, nur sie beide und auf demselben Weg wie einige Nächte zuvor, aber heute ritten sie in noch größerer Eintracht nebeneinander. Sie hatten keine Eile. Die Nacht war still und warm, als müsse sie einen Ausgleich schaffen für die stürmischen Ereignisse der letzten Tage.

»Ich fürchte«, sagte Hugh Beringar zerknirscht, »Ihr habt duch meine Schuld die Frühmette und die Laudes versäumt. Wenn ich Euch nicht aufgehalten hätte, wärt Ihr um Mitternacht wieder zurückgewesen. Ich schlage vor, daß wir die Buße dafür teilen.«

»Das tun wir ohnehin schon«, antwortete Cadfael geheimnisvoll. »Aber ich könnte mir keine anregendere Gesellschaft vorstellen als die Eure. Laßt uns mein Vergehen dadurch vergrößern, daß wir diese Nacht in Ruhe genießen. In diesen schweren Zeiten hat man nicht oft die Gelegenheit zu einem friedlichen Nachtritt.«

Sie schwiegen wieder und hingen ihren eigenen Gedanken nach, die aber in dieselbe Richtung zu gehen schienen, denn nach einer Weile stellte Beringar fest: »Sie wird Euch fehlen.« In seinen Worten lag unverhohlene Sympathie. Auch er hatte in den letzten Tagen einiges hinzugelernt.

»Ja, sie ist ein Stück von meinem Herzen«, gab Cadfael ohne Wehmut zu. »Aber es werden andere kommen, die ihren Platz einnehmen. Sie war eine gute Frau und auch ein guter Helfer, wenn ich das so sagen darf. Sehr lernbegierig, und eine eifrige Arbeiterin. Ich hoffe, sie wird eine ebenso gute Ehefrau und Mutter sein. Der junge Mann paßt ausgezeichnet zu ihr. Habt Ihr bemerkt, daß er eine Schulter schonte? Ein Bogenschütze des Königs hat sein Bestes getan, ihn aus dieser Welt zu befördern, aber mit Godiths Hilfe wird er bald wieder ganz hergestellt sein. Sie werden Frankreich erreichen.«

Er dachte kurz nach und fragte mit unverhohlener Neugier: »Was hättet Ihr getan, wenn einer von uns Eurem Befehl zuwidergehandelt und Euch angegriffen hätte?«

Hugh Beringar mußte laut lachen. »Ich glaube, ich hätte recht dumm dreingesehen, denn natürlich hatte ich meine Männer angewiesen, nicht zu schießen. Aber ein Bogen ist ein sehr überzeugendes Argument, und ein so unberechenbarer Bursche wie ich *könnte* es ja doch ernst meinen. Warum – habt Ihr etwa gedacht, daß ich Godith etwas antun würde?«

Cadfael hielt es noch nicht für angebracht, alle seine Gedanken zu offenbaren, und legte sich nicht fest. »Wenn ich es Euch je zugetraut hatte, wurde ich bald eines Besseren belehrt. Eure Bogenschützen hätten sie töten können, bevor Torold sich zwischen sie und Godith stellte.«

»Und wart Ihr nicht überrascht, daß ich wußte, was Ihr zu dem Haus gebracht hattet, und zur Stelle war, um es zu holen?«

»Mich kann kein Beweis für Eure Schlauheit mehr verblüffen«, erwiderte Cadfael. »Ich nehme an, Ihr seid mir vom Fluß aus gefolgt, in jener Nacht, als ich es herbrachte. Und Ihr habt mich aus zweierlei Gründen gebeten, Euch zu helfen, die Pferde hier unterzustellen: nämlich, um mich zu verleiten, den Schatz aus seinem Versteck an denselben Ort zu bringen, und um den jungen Leuten eine Gelegenheit zur Flucht zu geben, während das Gold hierbleiben sollte. Die rechte Hand, die gegen die linke kämpft – das paßt zu Euch. Aber woher wußtet Ihr, daß wir heute nacht kommen würden?«

»Ganz einfach: Ich an Eurer Stelle hätte sie so schnell wie möglich auf den Weg geschickt, jetzt, da die Suche nach ihnen beendet und gescheitert ist. Ihr wäret ein Narr gewesen, wenn Ihr diese Gelegenheit hättet verstreichen lassen. Und ein Narr, Bruder Cadfael, seid Ihr nicht – das habe ich schon lange erkannt.«

»Wir haben viel gemeinsam«, pflichtete Cadfael ihm ernst bei. »Aber wenn Ihr doch wußtet, daß der Schatz, den Ihr jetzt bei Euch habt, im Gutshof auf Euch wartete, warum habt Ihr ihn nicht einfach an Euch gebracht und die beiden unbehelligt entkommen lassen? Das hätte an der jetzigen Situation doch nichts geändert.«

»Dann hätte ich also ruhig in meinem Bett liegen sollen, während sie flohen, und Godith wäre in dem Glauben nach Frankreich gegangen, daß ich ihr Feind und ein gemeiner Mensch bin? Nein, das wollte ich nicht. Auch ich habe meinen Stolz. Ich wollte klare Verhältnisse, und außerdem war ich neugierig. Dieser junge Mann, in den sie sich verliebt hat, interessierte mich. Der Schatz war so lange in Sicherheit, bis Ihr ihn von dort fortbringen wolltet – um ihn brauchte ich mir keine Sorgen zu machen. Darüber hinaus war es so auch viel spannender.«

»Das war es gewiß«, sagte Cadfael mit Nachdruck.

Sie hatten den Waldrand und die offene Straße nach Sutton erreicht und wandten sich gen Norden nach St. Giles. Die herzliche Freundschaft, in der sie nebeneinander herritten, schien keinen von ihnen zu verwundern.

»Dieses Mal«, sagte Beringar, »werden wir wie anständige Menschen durch das Haupttor reiten, auch wenn es eine etwas ungewöhnliche Zeit dafür ist. Wenn Ihr nichts dagegen habt, würde ich dieses Paket gerne in dem Schuppen in Eurem Garten unterbringen. Dort können wir den Rest der Nacht verbringen und begutachten, was wir da haben. Ich möchte mir zu gerne den Ort ansehen, wo Godith die letzten Tage verbracht hat. Wo mögen die beiden jetzt wohl sein?«

»Möglicherweise schon fast in Pool, vielleicht auch schon weiter. Die Straße ist gut ausgebaut. Ja, kommt mit, und seht es Euch an. – Ihr wart auch in der Stadt und habt Euch bei Edric Flesher nach ihr erkundigt. Petronilla hat eine sehr schlechte Meinung von Euch.«

»Das glaube ich«, sagte Beringar und lachte. »Für ihr Lämmchen war ihr keiner gut genug. Mich hat sie von

Anfang an gehaßt. Aber vielleicht seid Ihr jetzt in der Lage, ihre Ansicht über mich zu ändern.«

Die Klostersiedlung lag ruhig vor ihnen. Der Hufschlag ihrer Pferde zerriß die Stille, als sie zwischen den dunklen Häusern hindurchschritten. Einige ängstliche Bewohner öffneten die Fensterläden einen Spalt weit, um nachzusehen, wer dort kam, aber die beiden Reiter boten ein so friedliches Bild, daß niemand etwas Böses von ihnen fürchtete. Zu ihrer Linken erhob sich hinter der hohen Umfassungsmauer die große Kirche, und im dunklen Schatten des Tores war die schmale Öffnung der kleinen Tür zu sehen. Der Pförtner, ein Laienbruder, war etwas überrascht, zu so später Stunde zwei Reitern öffnen zu müssen, aber als er sie erkannte, dachte er sich wohl, daß sie in einem offiziellen Auftrag unterwegs gewesen waren – nichts Ungewöhnliches in so unruhigen Zeiten. Er war müde, und wartete nicht einmal, bis sie die Ställe erreicht hatten, wo sie, wie es sich für Reiter gehört, zuerst die Pferde versorgten, bevor sie weiter zum Schuppen gingen.

Beringar verzog das Gesicht, als er sich das Bündel auf die Schultern hob. »Und dieses Gewicht habt Ihr den ganzen Weg zum Waldhof geschleppt?« fragte er mit hochgezogenen Augenbrauen.

»Ja, Ihr habt es doch gesehen.«

»Das nenne ich ein edles Werk! Würde es Euch wohl etwas ausmachen, es noch die paar Schritte bis zum Garten zu tragen?

»Das würde ich mich nicht unterfangen«, antwortete Cadfael. »Schließlich gehört es jetzt Euch.«

»Das habe ich befürchtet!« Beringar war jedoch bester Laune. Er hatte sich vor sich selbst bestätigt, hatte sich vor Godith reingewaschen und den Preis errungen, auf den er es abgesehen hatte. In seinem schlanken Körper steckte mehr Kraft, als man vermutet hätte, denn er trug das in Sackleinen verschnürte Paket ohne erkennbare Anstrengung den kurzen Weg zum Herbarium.

»Ich habe irgendwo hier drinnen Feuerstein und Zunder«, sagte Cadfael und betrat den Schuppen als erster. »Wartet, bis ich Licht gemacht habe, es stehen viele zerbrechliche Sachen hier herum.« Er fand seine Utensilien, schlug einen Funken auf ein verkohltes Stück Tuch und entzündete mit der Glut den Docht eines kleinen Öllämpchens. In dem warmen, ruhigen Licht waren Mörser, Flaschen und seltsam geformte Destillationskolben zu erkennen. An den Wänden des Schuppens hingen büschelweise getrocknete Kräuter, die die Luft mit ihrem Aroma erfüllten.

»Ihr seid ein Alchimist«, sagte Beringar beeindruckt, »wenn nicht gar ein Magier.« Er setzte seine Last auf dem Boden ab und sah sich interessiert um. »Hier hat sie also geschlafen?« Er hatte das Bett bemerkt, das immer noch von Torolds unruhigem Schlaf zerwühlt war. »Das habt Ihr für sie hergerichtet. Ihr müßt sie schon am ersten Tag durchschaut haben.«

»Das stimmt. Es war gar nicht so schwer, und schließlich bin ich in der Welt herumgekommen. Wollt Ihr meinen Wein probieren? Ich mache ihn aus Birnen, wenn wir eine gute Ernte hatten.«

»Gern! Wir werden darauf trinken, daß Ihr beim nächstenmal mehr Erfolg habt – gegen alle Widersacher außer Hugh Beringar.«

Er lag auf den Knien und entknotete das Seil, mit dem seine Beute verschnürt war. Der Sack umhüllte einen zweiten, und dieser wiederum einen dritten. Beringars Miene verriet keine besondere Habgier oder fieberhafte Aufregung, sondern nur gespannte Erwartung. Aus dem dritten Sack kam ein Bündel aus schwarzem Stoff zum

Vorschein, das gleich darauf auseinanderfiel. In ihm lag ein weißes Hemd, in das drei große, glatte Steine, ein aufgerollter Ledergürtel und ein kurzer Dolch in einer Lederscheide eingewickelt waren. Zuletzt fiel ein kleiner, harter, funkelnder Gegenstand heraus und rollte über den Boden bis vor Beringars Füße, wo er wie ein kleiner Ball aus Gold und Silber liegen blieb.

Und das war alles.

Er lag auf den Knien und starrte mit hochgezogenen Brauen und verblüfft aufgerissenen Augen in stummer Fassungslosigkeit auf das geöffnete Bündel. Zum erstenmal verriet sein Gesicht seine Gefühle – es stand kein Entsetzen, keine Bestürzung, kein Schuldgefühl darin. Er beugte sich vor und breitete mit einer Handbewegung alles vor sich aus, befühlte den Stoff, betastete die Steine. Seine Augen blitzten verstehend; er warf Cadfael einen Blick zu, und dann brach er in ein lautes, unbändiges Lachen aus. Der Schuppen hallte davon wider, es kam aus tiefstem Herzen und es schüttelte ihn am ganzen Körper, so daß Cadfael selbst in dieser heiklen Situation davon angesteckt wurde und mitlachen mußte.

»Und ich habe Euch noch bemitleidet«, rief Beringar und rang nach Atem, »während Ihr doch die ganze Zeit wußtet, was auf mich wartete! Wie dumm ich war – zu denken, ich könnte Euch überlisten, wo ich doch eigentlich hätte wissen müssen, daß Ihr mir überlegen seid!« Wie ein Kind wischte er die Tränen, die ihm über die Wangen liefen, mit dem Handrücken ab.

»Hier, trinkt das«, sagte Cadfael und reichte ihm einen gefüllten Becher. »Laßt uns darauf anstoßen, daß Ihr beim nächstenmal mehr Erfolg habt – gegen alle Widersacher außer Cadfael!«

Beringar nahm den Becher und nahm einen großen

Schluck. »Diesen Triumph habt Ihr Euch verdient. Ihr habt zuletzt gelacht, aber wenigstens habt Ihr mir eine Weile meinen Spaß gelassen – ich habe schon lange nicht mehr so gelacht wie jetzt. Aber sagt mir: Wie habt Ihr das angestellt? Ich habe Euch doch keinen Augenblick aus den Augen gelassen! Ihr *habt* doch aus dem Fluß gezogen, was der junge Mann dort versenkt hatte, ich habe genau gehört, wie das Wasser ablief und auf die Steine plätscherte.«

»So war es, aber dann ließ ich es ganz vorsichtig wieder hinunter. Dieses Paket hier lag jedoch schon in dem Boot. Den echten Schatz haben Godith und Torold geborgen, als wir beide uns davongemacht hatten.«

»Und sie führen ihn jetzt mit sich?« fragte Beringar, der plötzlich ernst geworden war.

»Ja. Ich hoffe, sie sind jetzt schon in Wales, wo Owain Gwynedd dafür sorgt, daß ihnen nichts geschieht.«

»Dann wußtet Ihr also die ganze Zeit, daß ich Euch beobachtete und Euch verfolgte?«

»Ich wußte, daß Euch gar nichts anderes übrig blieb, wenn Ihr Euren Schatz bekommen wolltet. Nur ich konnte Euch zu ihm führen. Und wenn man einen Beobachter nicht abschütteln kann, dann muß man sich seiner eben bedienen.«

»Das ist Euch gelungen. Meinen Schatz!« wiederholte Beringar. Wieder warf er einen Blick auf die vor ihm ausgebreiteten Gegenstände und lachte. »Ja, jetzt verstehe ich Godith. ›Nach einem ausgewogenen Kampf sollte man keinen Groll gegeneinander hegen‹, hat sie gesagt. Nein, und das werde ich auch nicht!« Noch einmal betrachtete er den wertlosen Inhalt des Bündels vor sich und nach einer nachdenklichen Pause sah er Cadfael fragend an. »Die Steine und die Säcke, das verstehe ich. Schließlich mußten sich die Pakete ähneln«, sagte er langsam. »Aber wozu diese anderen Sachen? Was haben sie mit mir zu tun?«

»Ich weiß, Ihr erkennt sie nicht wieder. Sie haben nichts mit Euch zu tun. Diese Sachen«, sagte Cadfael, beugte sich vor und hob das Hemd und die dunkle Hose auf, »gehörten Nicholas Faintree. Er trug sie, als er in jener Nacht in einer Hütte bei Frankwell erwürgt und später unter die Hingerichteten geworfen wurde, um die Tat zu vertuschen.«

»Der eine, der zuviel war«, sagte Beringar sehr leise.

»Ja, jener eine. Er war Torold Blunds Gefährte. Als die Tat geschah, waren sie getrennt worden. Der Mörder lauerte auch Torold auf, aber bei ihm hatte er kein Glück – es gelang ihm, mit dem Gold zu entkommen.«

Beringar nickte. »Ja, ich weiß. Die letzten Worte, die in der Mühle zwischen Euch gewechselt wurden, habe ich gehört.« Ernst und offen sah er Cadfael an. »Ich verstehe. Ihr wolltet mich in einem unverhofften Augenblick mit diesen Dingen konfrontieren – wenn ich damit rechnete, etwas ganz anderes zu finden. Ich sollte sie sehen und schuldbewußt zurückschrecken. Die Tat geschah in jener Nacht, nachdem die Burg gefallen war. Ich erinnere mich, daß ich zur fraglichen Zeit alleine ausgeritten war. Und am selben Nachmittag war ich in der Stadt gewesen und habe, um ganz ehrlich zu sein, von Petronilla mehr erfahren, als sie dachte. Ja, mir war bekannt, daß zwei Männer in Frankwell auf den Einbruch der Dunkelheit warteten, damit sie nach Westen reiten könnten. Aber ich habe an der Tür gelauscht, um herauszufinden, wo Godith sich versteckt hielt, und auch das erfuhr ich. Ich muß zugeben, daß Ihr mich nicht zu Unrecht im Verdacht hattet. Aber seid ehrlich: Erscheine ich Euch wie ein Mann, der für den Plunder, den die beiden jetzt nach

Wales bringen, einen Mann umbringen würde – noch dazu auf solch hinterhältige Weise?«

»Plunder?« wiederholte Cadfael nachdenklich.

»Oh, ich weiß, es ist natürlich angenehm, so viel Geld zu besitzen. Aber wenn man genug hat, um seine Bedürfnisse zu stillen, ist alles weitere nur Plunder. Kann man es essen, anziehen auf ihm reiten, es lesen, Musik darauf machen oder es lieben?«

»Man kann sich die Gunst eines Königs damit erkaufen«, schlug Cadfael gelassen vor.

»Ich stehe aber schon in der Gunst des Königs. Hin und wieder läßt er sich von seinen Beratern beschwatzen, aber im Grunde seines Herzens weiß er, wer ein Mann ist und wer nicht. Wenn er zornig und verbittert ist, neigt er dazu, Unmögliches zu verlangen, aber er verachtet alle, die zu eilfertig sind und ihm keine Zeit lassen, seine Befehle noch einmal zu überdenken. An jenem Abend war ich bei ihm im Feldlager – er hat mir meine Burgen gelassen, und ich werde die Nordgrenze seines Reiches schützen. Die erforderlichen Mittel und Soldaten werde ich selbst bereitstellen, das paßt mir sogar sehr gut. Also sagt mir, Bruder Cadfael: Sehe ich aus wie ein Mann, der einen anderen von hinten erwürgt, nur seines Geldes wegen?«

»Nein! Ihr hättet zwar die Gelegenheit dazu gehabt, aber ich habe den Verdacht schon lange fallengelassen. Es wäre nicht Eure Art. Ihr seid zu stolz, um Eure Selbstachtung für etwas Gold zu opfern. Schon bevor ich Euch heute nacht auf die Probe stellte, war ich mir meiner Sache eigentlich sicher. Immerhin wolltet Ihr Godith aus der Gefahr bringen, und das Mittel dazu habt Ihr mir praktisch aufgedrängt. Daß Ihr gleichzeitig das Gold an Euch bringen wolltet, war nur verständlich. Nein, Ihr seid nicht der Mann, den ich suche. Es gibt nur wenige

Dinge, die Euch nicht zutraue«, gab Cadfael zu, »aber eines davon ist ein hinterhältiger Mord. Nun, ich sehe, Ihr könnt mir nicht weiterhelfen. Von diesen Dingen hier erkennt Ihr keins wieder.«

»Daß ich es wiedererkenne, kann ich nicht behaupten.« Beringar hob den gelben Topas in der silbernen Adlerklaue auf, erhob sich und hielt den Stein ins Licht, um ihn besser betrachten zu können. »Diesen Edelstein habe ich nie zuvor gesehen. Und doch könnte es sein, daß ich ihn kenne. Ich habe Aline zugesehen, als sie ihren Bruder für die Beisetzung herrichtete. Sie nahm alle seine Sachen an sich, um sie Euch zu geben, damit Ihr sie als Almosen verteiltet. Und da hörte ich sie etwas von einem fehlenden Dolch sagen, einem Familienerbstück, das immer der älteste Sohn erhielt. Sie hat ihn mir beschrieben, und ich glaube, dies könnte der Stein sein, der auf dem Griff war.«

Er betrachtete ihn stirnrunzelnd. »Wo habt Ihr ihn gefunden? Doch nicht bei dem Toten?«

»Nein, nicht bei ihm. Er lag auf dem Boden der Hütte, wo Torold mit dem Mörder gekämpft hat. Und Torold gehört er auch nicht. Es bleibt nur eine Folgerung: Der Mörder muß den Dolch getragen haben.«

»Wollt Ihr damit sagen«, fragte Beringar entsetzt, »daß Alines Bruder Faintree getötet hat? Bleibt ihr nicht einmal diese Schande erspart?«

»Ihr vergeßt, zum erstenmal übrigens, den zeitlichen Ablauf«, beruhigte ihn Bruder Cadfael. »Als Nicholas Faintree ermordet wurde, war Giles Siward schon seit mehreren Stunden tot. Nein, keine Angst, ihn trifft keine Schuld. Eher war es so, daß Nicholas Faintrees Mörder Giles Siwards Leiche beraubt hat und sich dann erst in den Hinterhalt legte.«

Beringar ließ sich auf Godiths Bett fallen und stützte

den Kopf in die Hände. »Ich bitte Euch, gebt mir noch etwas Wein! Mein Kopf arbeitet nicht mehr so recht.« Als sein Becher wieder gefüllt war, trank er ihn hastig aus, nahm den Topas auf und wog ihn in der Hand. »Dann haben wir also eine Spur des Mannes, den Ihr sucht. Er war, zumindest eine Zeitlang, bei der Hinrichtung in der Burg zugegen, denn dort hat er, wenn unser Schluß stimmt, die schön verzierte Waffe an sich genommen, zu der dieser Stein gehört. Aber er ging, bevor die Arbeit, die ja bis spät in die Nacht andauerte, beendet war, denn da lag er ja schon im Wald hinter Frankwell auf der Lauer. Wie hat er von ihrem Plan erfahren? Könnte nicht einer dieser armen Teufel versucht haben, sein Leben durch einen Verrat zu erkaufen? Der Mörder war in der Burg, als die Hinrichtung begann, aber er verschwand, bevor sie beendet war. Prestcote war gewiß dort, Ten Heyt und seine Flamen haben die schmutzige Arbeit gemacht, und Courcelle, so habe ich gehört, floh den Ort des grausigen Geschehens sobald er konnte und befehligte die Suche nach FitzAlan in der Stadt.«

»Nicht alle Flamen sprechen Englisch«, bemerkte Cadfael.

»Aber einige. Und von jenen vierundneunzig konnten sicher mehr als die Hälfte französisch. Jeder der Söldner hätte den Dolch nehmen können. Er ist ein wertvolles Stück, und ein Toter hat keine Verwendung mehr dafür. Bruder Cadfael – ich bin in diesem Punkt mit Euch völlig einer Meinung: Der Tod des jungen Mannes darf nicht ungesühnt bleiben. Meint Ihr, ich könnte Aline diesen Stein zeigen, damit wir wissen, ob er ihrem Bruder gehört hat oder nicht?«

»Ich denke schon. Und wenn Ihr einverstanden seid, werden wir uns nach der Versammlung der Brüder im

Kapitelsaal wieder hier treffen. Das heißt – wenn mir nicht eine solche Buße auferlegt wird, daß ich eine Woche lang mit Beten beschäftigt bin.«

Aber es kam alles ganz anders. Wenn sein Fehlen bei Frühmette und Laudes überhaupt bemerkt worden war, so war es schon vergessen, und nicht einmal Prior Robert stellte ihn zur Rede oder verlangte eine Buße. Denn nach den Aufregungen und Nöten des Vortages standen andere, erfreulichere Ereignisse bevor. König Stephen plante, mit verstärkten Truppen in südlicher Richtung nach Worcester weiterzuziehen, um einen Angriff auf die Burg des Grafen Robert von Gloucester zu versuchen, der ein Halbbruder der Kaiserin und ihr treu ergeben war. Die Vorhut der Armee sollte sich am nächsten Tag in Marsch setzen. Der König würde heute mit seiner Leibgarde für zwei Nächte die Burg von Shrewsbury beziehen, um die Verteidigungsanlagen zu inspizieren, bevor er der Vorhut folgte. Er war sehr zufrieden mit dem Ergebnis der Konfiszierung und schien geneigt, den Groll, den er noch hegte, zu vergessen, denn er hatte zu dem Festessen, das an diesem Dienstagabend stattfinden sollte, sowohl Abt Heribert als auch Prior Robert geladen. In der Aufregung, die die Vorbereitungen hierzu begleiteten, waren kleinere Sünden unwichtig.

Bruder Cadfael ging dankbar wieder in seinen Schuppen, legte sich auf die Bank und schlief, bis er von Hugh Beringar geweckt wurde. In seiner Hand hielt er den Topas; sein Gesicht war ernst und erschöpft, aber dennoch entspannt.

»Sie hat ihn sofort wiedererkannt. Ich wußte ja, daß dieser Stein einmalig ist. Jetzt gehe ich zur Burg, denn der König hält bereits seinen Einzug. Ten Heyt und seine Flamen werden auch dort sein. Wer es auch sein mag –

ich werde den Mann finden, der Giles Siwards Dolch gestohlen hat. Wenn wir ihn erst haben, ist der Mörder nicht mehr weit. Cadfael, könnt Ihr nicht Abt Heribert dazu bringen, Euch heute abend mitzunehmen? Er braucht einen Diener – warum nicht Euch? Er verläßt sich ja auch sonst immer auf Euch, und wenn Ihr ihn bittet, wird er es Euch nicht abschlagen. Auf diese Weise werdet Ihr in der Nähe sein, wenn ich etwas herausbekomme.«

Bruder Cadfael gähnte und betrachtete das Gesicht, das sich über ihn beugte. Tiefe Falten hatten sich darin eingegraben, es war das bleiche, entschlossene Gesicht eines Jägers. Er hätte keinen besseren Verbündeten gewinnen können.

»Ach, warum mußtet Ihr mich wecken«, murmelte er. »Gut, ich werde kommen.«

»*Ihr* habt mit dieser Sache angefangen«, erinnerte ihn Beringar und lächelte.

»Und ich werde sie zu Ende führen. Aber jetzt laßt mich um Himmels willen schlafen! Ihr habt mich ohnehin schon Jahre meines Lebens gekostet!«

Hugh Beringar lachte – aber es war diesmal ein leises und bedrücktes Lachen. Er machte das Kreuzzeichen über Bruder Cadfaels sonnenverbranntem Gesicht und verließ den Schuppen.

KAPITEL XI

Jeder Gast mußte einen Diener zum Festmahl beim König mitbringen, und so leuchtete es Abt Heribert ein, daß der Bruder, der das Massenbegräbnis in die Hand genommen und sogar mit dem König über das Verbrechen gesprochen hatte, ihn begleiten sollte, damit er gegebenenfalls über die Ergebnisse seiner Nachforschungen befragt werden konnte. Wie immer zu solchen Gelegenheiten nahm Prior Robert seinen Gehilfen Bruder Jerome mit, der sicher eilfertiger mit Fingerschale, Mundtuch und Weinkrug zur Stelle sein würde, als Bruder Cadfael, dessen Gedanken um andere Dinge kreisten.

Die Stadt war festlich geschmückt, weniger, um den König zu ehren, als um die Tatsache zu feiern, daß Stephen bald weiterziehen würde. Die Wirkung war jedoch dieselbe. Edric Flesher hatte seinen Laden verlassen und hatte sich an die Hauptstraße gestellt, um die Gäste vorbeiziehen zu sehen, und Cadfael grüßte ihn mit einer kleinen Handbewegung, die andeuten sollte, daß er später noch mit ihm sprechen wollte, und zwar über so angenehme Dinge, daß es noch Zeit damit hatte. Edric grinste und winkte mit seiner großen, fleischigen Hand zurück, um zu zeigen, daß er verstanden hatte. Bei aller Freude über Godiths Flucht und ihre Begleitung durch einen fähigen jungen Mann würde Petronilla doch weinen, weil ihr Lämmchen jetzt fort war. Sobald ich diese letzte Pflicht hinter mich gebracht habe, dachte Cadfael, muß ich mit ihnen sprechen.

Im Schatten des Stadttores hatte Cadfael den blinden alten Mann gesehen, der fast mit Stolz Giles Siwards Hose trug und die Hand mit einer würdevollen Geste um milde Gaben ausstreckte. An einer Kreuzung stand die alte Frau mit ihrem schwachsinnigen Enkel an der Hand. Die braune Jacke paßte ihm gut und verleih ihm ein zufriedenes Aussehen. Ach Aline, Ihr solltet die Früchte Eurer Mildtätigkeit sehen!, dachte Cadfael.

An der Zufahrt von der Stadt zum Burgtor hatten sich erwartungsvoll die Bettler postiert, die der Armee folgten. Bischof Robert von Salisbury, des Königs Justitiar, war angekommen und hatte in seinem Gefolge einflußreiche und vermögende Geistliche mitgebracht. Neben dem Torhaus stand Osberns kleiner Wagen. Die Holzgriffe, mit denen er sich am Boden abstieß, um die Knöchel seiner Hand zu schonen, hatte er ordentlich nebeneinander vor sich auf den zusammengefalteten Umhang gestellt, den er erst in der Kälte der Nacht brauchen würde. Er hatte ihn so gefaltet, daß die bronzene Spange, der Drache der Ewigkeit, der seinen Schwanz im Maul hielt, nach oben gekehrt war und sich glänzend vom schwarzen Tuch abhob.

Bruder Cadfael blieb stehen, um einige Worte mit dem Krüppel zu wechseln. »Nun, wie ist es dir ergangen, seit ich dich drüben beim königlichen Lager gesehen habe? Mir scheint, dies ist ein besserer Platz.«

»Oh, ich erinnere mich an Euch«, antwortete Osbern. »Ihr seid der Bruder, der mir diesen Umhang gegeben hat.«

»Und hat er dir gute Dienste geleistet?«

»Ja, allerdings, und ich habe für die Dame gebetet, wie Ihr gesagt habt. Aber diese Gabe bedrückt mich auch, Vater. Der Mann, dem sie gehört hat, ist sicher tot.«

»Ja«, sagte Cadfael. »Aber das braucht dich nicht zu belasten. Die Dame, die dir diesen Umhang schickte, ist seine Schwester, und, glaub mir, ihr guter Wille hat dies Geschenk gesegnet. Du kannst es also ohne böse Gedanken tragen.«

Er wollte sich zum Gehen wenden, aber Osbern hielt ihn eilig am Saum seiner Kutte fest und sagte flehend: »Aber ich fürchte, daß ich Schuld auf mich geladen habe, Vater. Ich habe nämlich den Mann gesehen, als er noch lebte und diesen Umhang trug...«

»Du hast ihn *gesehen*?« entfuhr es Cadfael. Vor Aufregung sprach er lauter, als er gewollt hatte.

»Ja, in jener Nacht vor dem Angriff. Es war kalt, und ich dachte bei mir: ›Ich wollte, der liebe Gott würde mir einen solchen Umhang schicken, damit ich es wärmer hätte!‹ Auch Gedanken sind Gebete, Vater! Und kaum drei Tage später schickte Gott mir tatsächlich diesen Umhang. Ihr habt ihn mir übergeben. Wie kann ich jetzt Frieden finden? Der junge Mann gab mir eine milde Gabe und bat mich, am nächsten Morgen ein Gebet für ihn zu sprechen. Das habe ich auch getan. Aber wenn nun mein erstes Gebet das zweite zunichte gemacht hat? Wenn ich nun, nur um einen Umhang zu bekommen, einen Mann ins Grab gewünscht habe?«

Stumm und verwundert sah Cadfael ihn an. Er fühlte einen kalten Schauder über seinen Rücken hinunterlaufen. Der Mann war nicht verrückt, er wußte, was er gesehen hatte und was er sagte, und seine Seelenqual war echt. Um sie mußte Cadfael sich zuerst kümmern, was immer sonst noch hinter dieser Sache steckte.

»Vertreibe diese Gedanken aus deinem Geist, mein Freund«, sagte er mit Bestimmtheit, »denn nur der Teufel kann sie dort hineingelegt haben. Wenn Gott dir sandte, was du dir wünschtest, dann nur, um ein klein wenig Gutes aus einem großem Übel zu erretten, an dem du keine Schuld trägst. Gewiß sind deine Gebete für den früheren Besitzer auch jetzt eine Labsal für seine Seele. Der junge Mann gehörte zu FitzAlans Leuten und wurde auf Befehl des Königs nach dem Fall der Burg hingerichtet. Du brauchst dich nicht zu sorgen – sein Tod kommt nicht über dein Haupt, du hättest ihn nicht retten können.«

Der gequälte Ausdruck verschwand aus Osberns Gsicht, aber dennoch schüttelte er ungläubig den Kopf. »FitzAlans Gefolgsmann? Aber wie kann das sein? Ich sah ihn doch im Lager des Königs ein- und ausgehen.«

»Du hast ihn gesehen? Bist du sicher? Woher weißt du, daß er diesen Umhang trug?«

»Ich erkenne ihn an der Spange. Als er mir das Almosen gab, hab' ich sie genau gesehen.«

Eine Verwechslung war unmöglich – es gab gewiß nicht eine zweite Spange, die genauso gearbeitet war, und Cadfael selbst hatte das Gegenstück auf Giles Siwords Gürtelschnalle gesehen.

»Wann war das?« fragte er leise. »Erzähl mir, was sich zugetragen hat.«

»Es war in der Nacht vor dem Angriff, etwa um Mitternacht. Um etwas von der Wärme des Feuers abzubekommen, hatte ich meinen Platz in der Nähe des Wachpostens bezogen. Er kam heimlich wie ein Schatten aus den Büschen. Als er angerufen wurde, blieb er stehen und bat, zum wachhabenden Offizier geführt zu werden. Er sagte, er habe Informationen zum Vorteil des Königs. Sein Gesicht konnte ich nicht sehen, aber er war jung und er hatte Angst – aber wer hätte in diesem Fall keine Angst gehabt? Sie führten ihn ins Lager und später sah ich ihn zurückkommen. Er sagte, er habe den Befehl erhalten, wieder zurückzugehen, und man dürfe keinen Verdacht schöpfen. Mehr konnte ich nicht hören. Er schien besseren Mutes zu sein, nicht mehr so verängstigt, und so bat ich ihn um ein Almosen. Er gab mir etwas Geld und sagte, ich solle für ihn beten. ›Sprich morgen ein Gebet für mich‹, das waren seine Worte – und am nächsten Morgen, sagt Ihr, wurde er hingerichtet! Damit hat er nicht gerechnet, als er mich verließ, das weiß ich gewiß.«

»Nein«, sagte Cadfael. Mitleid mit allen armen, verängstigten, fehlbaren Menschen ergriff ihn. »Keiner rechnet mit seinem Tod, und niemand von uns kennt die Stunde, in der er uns ereilt. Aber du kannst für ihn beten, und deine Gebete werden seiner Seele nützen. Vertreibe den Gedanken, daß du für seinen Tod verantwortlich bist, denn so ist es nicht. Du hast ihm nie etwas Schlechtes gewünscht, und Gott sieht auf das Herz.«

Osbern war beruhigt und getröstet, aber als Cadfael die Burg betrat, war er niedergedrückt und gequält von der Last, um die er den Lahmen erleichtert hatte. So ist es immer: Man muß selber tragen, was man anderen abgenommen hat, dachte er. Eine letzte Frage, die wichtigste von allen, fiel ihm noch ein, und er ging zurück, um sie zu stellen.

»Erinnerst du dich, wer der wachhabende Offizier in jener Nacht war, mein Freund?«

Osbern schüttelte den Kopf. »Ich habe ihn nicht gesehen, er hat das Zelt nicht verlassen. Nein, Vater, ich weiß es nicht.«

»Mach dir keine Gedanken mehr«, sagte Cadfael. »Du hast dir dein Gewissen erleichtert, und du weißt, daß dieser Umhang dir mit einem Segen gegeben wurde, nicht mit einem Fluch.«

Bruder Cadfael fand den Abt im Gewimmel des Burghofes. »Vater, wenn Ihr mich bis zum Essen nicht mehr braucht, so würde ich mich gerne um einige Dinge kümmern, die zur Aufklärung des Todes von Nicholas Faintree beitragen könnten.«

König Stephen hielt Audienz im Rittersaal, und am Hof drängten sich so viele Geistliche, Bischöfe und kleine Adelige aus der Umgebung von Shrewsbury, daß für einfache Diener, die erst beim Essen gebraucht werden würden, ohnehin kein Platz war. Der Abt entließ Bruder Cadfael also fürs erste. Osberns Geschichte ging ihm im Kopf herum, während er sich auf die Suche nach Hugh Beringar machte. Obwohl die letzte Frage noch unbeantwortet war, hatte er einen Teil des traurigen Geheimnisses gelüftet. FitzAlans Plan war nicht von einem verzweifelten Gefangenen verraten worden, der zusammengebrochen war, als man ihm die Schlinge um den Hals legte. Nein, der Verrat hatte einen Tag früher stattgefunden, als der Ausgang der Schlacht noch unentschieden gewesen war. Ein Mann hatte sich dadurch sein Leben erkaufen wollen und war betrogen worden. Er war heimlich ins Zeltlager geschlichen und hatte sich zum wachhabenden Offizier bringen lassen, denn er hatte Informationen zum Vorteil des Königs!

Wie war es ihm gelungen, die Burg zu verlassen? Vielleicht hatte er sich erboten, die Lage des Feindes zu erkunden. Jedenfalls hatte er den Befehl, wieder in die Burg zu gehen, befolgt, um keinen Verdacht aufkommen zu lassen. Er war zurückgekehrt, damit ihn der Tod ereilte, dem er hatte entkommen wollen.

Hugh Beringar stand auf der Treppe, die zum Rittersaal führte, und hielt in dem Gedränge unter ihm nach Bruder Cadfael Ausschau, aber der war kleiner als die meisten anderen und erblickte Beringar, bevor dieser ihn bemerkte. Energisch bahnte er sich einen Weg zur Treppe. Beringar faßte ihn am Arm und zog ihn in einen ruhigen Winkel.

»Kommt, laßt uns auf den Wehrgang gehen, dort wird uns niemand stören außer der Wache. In diesem Gewimmel können wir unmöglich reden.« Als sie die Zinnen der Mauer erreicht hatten, sah er Cadfael forschend an und fragte: »Was habt Ihr herausgefunden?«

Cadfael erzählte, was er von Osbern erfahren hatte. Beringar verstand sofort, was das bedeutete. Er lehnte sich an ein Mauerstück zwischen zwei Schießscharten, als wollte er sich gegen einen Angriff verteidigen. Sein Gesicht verzerrte sich.

»Ihr Bruder! Es gibt keinen Zweifel, ein anderer kann

es nicht gewesen sein. Heimlich verließ er in der Nacht die Burg, sprach mit einem Offizier des Königs und kehrte zurück wie er gekommen war. Damit man keinen Verdacht schöpfte! Ach, es macht mich ganz krank!« rief Beringar wütend aus. »Und das alles für nichts! Er war ein Verräter, aber er wurde noch schmählicher verraten. Ihr wißt es noch nicht, Cadfael, Ihr wißt noch nicht alles! Und ausgerechnet *ihr Bruder* mußte es sein...!«

»Es ist nicht zu ändern«, erwiderte Cadfael, »er war es. In seiner Todesangst bedauerte er die Wahl, die er getroffen hatte, und lief zu den Belagerern, um sich sein Leben zu erkaufen. Und womit? Mit etwas, das zum Vorteil des Königs sein würde! Am selben Abend hatte man in der Burg beratschlagt, was mit FitzAlans Gold geschehen sollte. Und so hat irgend jemand rechtzeitig von Nicholas Faintreees und Torolds Blunds Auftrag erfahren und wußte, welchen Weg sie nehmen würden. Jemand, der nichts davon verriet, auch nicht dem König, sondern selber handelte, und zu seinem eigenen Gewinn. Sonst hätte es nicht so geendet. Der junge Mann, sagt Osbern, hatte den Befehl erhalten, in die Burg zurückzukehren. Er schien erleichtert und beruhigt gewesen zu sein.«

»Man hatte ihm sein Leben versprochen«, sagte Beringar verbittert. »Und wahrscheinlich auch die Gunst des Königs und einen Platz am Hofe – kein Wunder, daß er erleichtert war. Der wahre Grund, warum man ihn in die Burg zurückschickte, war jedoch der, daß er wie die anderen Soldaten gefangengenommen und getötet werden sollte, damit niemand erfuhr, was er verraten hatte. Ich habe von einem der Flamen erfahren, was bei der Hinrichtung geschah. Nachdem Arnulf von Hesdin gehängt worden war, sagte er, wies Ten Heyt auf einen jungen Mann, der, auf Befehl von oben, als nächster sterben sollte. Und so geschah es. Sie fanden es sehr spaßig, daß er sich nicht wehrte, zweifellos, weil er anfangs glaubte, sie wollten ihn unter einem Vorwand von den anderen Männern trennen. Erst als er sah, daß sie es ernst meinten, schrie er, dies sei ein Irrtum, man habe ihm sein Leben versprochen, und sie sollten sich erkundigen...«

»Bei Adam Courcelle«, vollendete Bruder Cadfael den Satz.

»Nein, ein Name wurde nicht genannt. Jedenfalls hat der Flame, der mir das alles erzählte, keinen gehört. Wie kommt Ihr auf Adam Courcelle? Er kam nur einmal, sagt mein Informant, und warf einen kurzen Blick auf die Leichen, die sie schon in den Burggraben geworfen hatten. Da lagen noch nicht viele dort, es war noch früh. Danach ging er in die Stadt und wurde nicht mehr gesehen.«

»Und der Dolch? Trug Giles ihn noch, als sie ihn hängten?«

»Ja, denn der Flame, den ich fragte, hatte selber ein Auge darauf geworfen. Aber dann wurde er für eine Weile abgelöst, und als er wieder zurückkam, um sich den Dolch zu holen, hatte ihn schon ein anderer genommen.«

»Selbst einer, der es auf einen großen Schatz abgesehen hat, wird einen kleinen Gewinn am Rande nicht verachten«, sagte Cadfael traurig.

Lange sahen sie sich schweigend an. »Aber warum seid Ihr Euch so sicher, daß Courcelle der Täter ist?«

»Ich habe an das Entsetzen gedacht, das ihn befiel, als Aline kam, um ihren Bruder zu holen, und ihm klar wurde, was er getan hatte«, sagte Cadfael. »›Hätte ich das gewußt, dann hätte ich sein Leben um Euretwillen geschont! Lieber Gott, sei mir gnädig!‹ Das waren seine Worte, aber in Wirklichkeit wollte er sagen: Aline, vergib mir! Obwohl das aus tiefstem Herzen kam, würde ich es nicht Reue nennen. Und er gab ihr den Umhang zurück, wie Ihr Euch erinnert. Ich glaube, er hätte ihr auch den Dolch gegeben, wenn er es gewagt hätte. Aber das konnte er nicht, denn da war er schon beschädigt. Was hat er wohl damit gemacht? Einer, der einem Toten etwas wegnimmt, trennt sich nicht so leicht wieder davon, auch nicht für eine Frau.«

Beringar hatte immer noch Zweifel. »Wenn Ihr Recht habt, brauchen wir den Dolch als Beweis. Und dennoch, Cadfael, was sollen wir jetzt tun, um Himmels willen? Ich kann, weiß Gott, nichts Gutes daran finden, wenn ein Mann versucht, sich sein Leben zu erkaufen, während seine Gefährten dem Tod ins Auge sehen. Aber weder Ihr noch ich können diese Sache aufklären, wenn dadurch einer unschuldigen und ehrenhaften Dame eine solche Schmach zugefügt wird. Daß sie ihren Bruder verloren hat, ist schlimm genug. Laßt ihr wenigstens den Glauben, daß er bis zum Ende zu seiner falschen Entscheidung gestanden und sein Leben dafür hingegeben hat! Sie darf nie erfahren, daß er in den letzten Minuten seines Lebens feige gewinselt hat, man habe ihm für diesen schändlichen Verrat das Leben versprochen!«

Bruder Cadfael mußte ihm beipflichten. »Aber wenn wir Courcelle anklagen und man ihn vor Gericht stellt, wird alles herauskommen. Soweit können wir es nicht kommen lassen, und darin liegt unsere Schwäche.«

»Und unsere Stärke«, sagte Beringar entschlossen. »Denn auch er darf es nicht soweit kommen lassen. Er will befördert werden und sich die Gunst des Königs erhalten, aber er will auch Aline – glaubt Ihr, das sei mir entgangen? Wie stünde es um seine Aussichten, wenn sie je von dieser Sache erführe? Nein, wenn Ihr die Gelegenheit bekommt, diese Angelegenheit ohne Verhandlung zu regeln, dann wird er sie ohne Zögern ergreifen.«

»Ich verstehe, daß Ihr Aline beschützen wollt«, sagte

Cadfael. »Ich bitte Euch jedoch, auch für meine Einwände Verständnis zu haben. Auch ich habe eine Verantwortung: der Mord an Nicholas Faintree muß gesühnt werden.«

»Dann vertraut mir und unterstützt mich in allem, was ich beim Festessen heute Abend unternehmen werde«, antwortete Hugh Beringar. »Sein Tod soll gesühnt werden – aber auf meine Weise.«

Verwirrt und voller Zweifel nahm Cadfael seinen Platz hinter dem Stuhl des Abtes ein. Er konnte sich nicht vorstellen, was Beringar beabsichtigte, und war alles andere als sicher, daß eine Klage gegen Courcelle ohne den fehlenden Dolch als Beweis Aussicht auf Erfolg hatte. Der Flame hatte nicht gesehen, wer die Waffe an sich genommen hatte, und was Courcelle zu Aline gesagt hatte, bewies gar nichts. Und dennoch schien Hugh Beringar zur Rache entschlossen – sowohl für Aline Siward als auch für Nicholas Faintree. Das Wichtigste für ihn war im Augenblick, daß Aline nie erfuhr, wie ihr Bruder seinen Namen entehrt hatte, und dafür würde Beringar nicht nur Adam Courcelles, sondern auch sein eigenes Leben opfern. ›Aber irgendwie‹, dachte Cadfael mit Wehmut, ›habe ich eine große Zuneigung zu diesem jungen Mann gefaßt, und es würde mir leid tun, wenn ihm etwas zustieße. Es wäre mir lieber, wenn dieser Fall vor einem Gericht verhandelt würde, aber dafür bräuchten wir den unumstößlichen Beweis, daß Giles Siwards Dolch im Besitz von Adam Courcelle ist. Denn sonst bräuchte er nur alles abzustreiten und zu sagen, daß er den Topas oder den Dolch, zu dem er gehört, noch nie gesehen hat. Nein, ohne einen Beweis macht ihn seine Position beim König unangreifbar.‹

Das Festessen wurde aus einem rein politischen Anlaß

gegeben, daher waren keine Damen anwesend; der große Saal war jedoch mit Wandbehängen geschmückt worden und wurde von zahlreichen Fackeln erleuchtet. Von seinem Platz hinter Abt Heribert, der an dem erhöhten Tisch des Königs saß, konnte Cadfael den ganzen Saal übersehen. Er schätzte die Zahl der Gäste auf etwa fünfhundert. Seine Augen suchten Beringar, der an einem der unteren Tische saß und sich angeregt mit seinen Nachbarn unterhielt, als habe er keine finsteren Absichten. Er hatte sich völlig in der Hand; nicht einmal der kurze Blick, den er Courcelle zuwarf, verriet, daß er etwas gegen ihn im Schilde führte.

Courcelle hatte seinen Platz am Tisch des Königs, wenn er auch von den Würdenträgern, die an diesem Essen teilnahmen, an sein Ende verdrängt worden war. Er war groß, stattlich, ein ausgezeichneter Kämpfer und stand in der Gunst des Königs – wie seltsam war es doch, daß ein Mann wie er es nötig zu haben schien, sich auf so heimtückische Weise zu bereichern! Un doch: Im Chaos dieses Bürgerkrieges, wo die Gunst des einen Königs die Hinrichtung durch einen anderen bedeuten konnte, wo Barone je nach dem Stand des Kriegsglücks die Seiten wechselten, wo sogar Grafen lieber ihren eigenen Vorteil suchten, als eine Sache zu unterstützen, die über einen zusammenbrechen und sie unter sich begraben konnte – war da eine Haltung wie die Adam Courcelles wirklich so seltsam? Er war ja lediglich ein Kind seiner Zeit. In einigen Jahren würde es in jedem Winkel des Landes Hunderte seinesgleichen geben.

Der Kurs, den England nimmt, gefällt mir nicht, dachte Cadfael mit einem unguten Vorgefühl. Und noch weniger gefällt mir das, was sich hier anbahnt. Denn – so gewiß, wie Gott ein Auge auf uns alle hat – Hugh Beringar ist im Begriff, sich auf einen zweifelhaften Kampf einzulassen, für den er schlecht gerüstet ist.

So sorgte er sich während des ganzen langen Festmahles. Abt Heribert gab ihm kaum etwas zu tun. Es entsprach seiner Gewohnheit, sich beim Wein zurückzuhalten und nur sehr wenig zu essen. Cadfael legte vor und schenkte nach, hielt Fingerschale und Mundtuch bereit, und wartete in düsterer Resignation.

Als der Tisch abgeräumt war, die Musikanten spielten und nur noch der Wein auf den Tischen stand, waren die Diener entlassen und durften in die Küche gehen, um sich zu holen, was übriggeblieben war. Die Köche und Küchenjungen hatten sich schon die besten Stücke herausgesucht. Cadfael nahm sich ein großes Stück Brot, belegte es mit kleinen Fleischstückchen und brachte es dem Krüppel Osbern vor dem Tor. Auch einen Becher Wein nahm er mit. Warum sollten sich nicht auch die Armen einmal auf Kosten des Königs satt essen, selbst wenn die Gaben erst den langen Weg durch die Hierarchie gehen mußten, bis sie die Bedürftigen erreichten? Viel zu oft zahlten sie den Preis, den Nutzen jedoch genossen sie selten genug.

Auf dem Rückweg zum Festsaal fiel Cadfaels Blick auf einen etwa zwölfjährigen Jungen, der im Inneren des Torhauses an eine Wand gelehnt saß und sein Fleisch mit einem Messer in kleine Stücke schnitt. Cadfael hatte ihn schon vorher in der Küche bemerkt, als er damit Fisch zerteilte, aber da hatte er das Heft des Messers nicht gesehen, und auch jetzt wäre es ihm nicht aufgefallen, wenn der Junge es beim Essen nicht neben sich auf den Boden gelegt hätte.

Es war kein Küchenmesser, sondern ein fein gearbeiteter Dolch. Sein schlanker, silberner Griff, dessen Krümmung der Rundung der Hand angepaßt war, wies feine

Filigran-Linien auf, und der Ansatz der Klinge war mit kostbaren Edelsteinen verziert. Am oberen Ende des Griffes war eine Bruchstelle zu erkennen. Cadfael konnte es kaum glauben. Vielleicht sind Gedanken wirklich Gebete...

Sehr sanft und beiläufig sprach er den Jungen an; er durfte dieses Kind, das zum Werkzeug der Gerechtigkeit geworden war, auf keinen Fall erschrecken. »Wo hast du dieses schöne Messer her, mein Junge?«

Arglos sah der Kleine ihn an und lächelte. »Ich habe es gefunden. Es ist nicht gestohlen.«

»Gott bewahre, das habe ich auch nicht angenommen. Wo hast du es gefunden? Hast du auch die Scheide, die dazu gehört?«

Sie lag im Schatten neben ihm, er tätschelte sie stolz. »Ich habe es aus dem Fluß geholt. Ich mußte tauchen, aber ich habe es gefunden. Es gehört wirklich mir, Vater, der Mann wollte es nicht mehr haben, er hat es weggeworfen. Wahrscheinlich, weil ein Stück abgebrochen ist. Aber es ist das beste Fischmesser, das ich je hatte.«

Also weggeworfen hatte er es! Allerdings wohl kaum nur deswegen, weil der Griff zerbrochen war.

»Du hast gesehen, wie er es in den Fluß warf? Wo war das, und wann?«

»Ich habe am Fluß geangelt, unten am Fuß der Burg. Ein Mann kam vom Flußtor her zum Ufer, warf es ins Wasser und ging zur Burg zurück. Als er weg war, tauchte ich an der Stelle und fand es. Es war früh am Abend, am selben Tag, an dem die Leichen ins Kloster getragen wurden, also morgen vor einer Woche.«

Ja, es paßte alles zusammen. Am selben Nachmittag hatte Aline die Leiche ihres Bruders nach St. Alkmund gebracht und Courcelle hatte sich mit Gewissensbissen herumgequält. Er wußte, daß er einen Gegenstand besaß, der Aline, sollte sie ihn jemals zu sehen bekommen, für immer gegen ihn einnehmen würde. Und folgerichtig hatte er den einzigen Ausweg gewählt und den Dolch in den Fluß geworfen, nicht ahnend, daß der Racheengel in Gestalt eines Fischerjungen das Beweisstück wieder zum Vorschein bringen und ihn damit konfrontieren würde, wenn er am wenigsten damit rechnete.

»Weißt du, wer der Mann war? Wie sah er aus? Wie alt war er?«

Es blieben noch immer Zweifel; Bruder Cadfaels Verdacht stützte sich nur auf seine Erinnerung an Courcelles entsetztes Gesicht und seine brechende Stimme, mit der er über Giles Siwards Leiche um Vergebung bettelte.

Der Junge zuckte die Schultern. Er wußte nicht, wie er einem anderen das Bild beschreiben sollte, das er deutlich in Erinnerung hatte. »Ein Mann eben. Ich kannte ihn nicht. Er war nicht so alt wie Ihr, Vater, aber ziemlich alt.« Für einen Zwölfjährigen war eben jeder Erwachsene alt.

»Würdest du ihn unter mehreren Leuten wiedererkennen?«

»Natürlich!« antwortete der Junge beinahe vorwurfsvoll.

»Dann nimm dein Messer und komm mit mir«, sagte Cadfael entschlossen. »Oh, du brauchst dir keine Sorgen zu machen, niemand wird dir deinen Schatz wegnehmen. Und solltest du ihn später abgeben müssen, dann wird man dich gut dafür bezahlen. Du brauchst nur zu erzählen, was du mir schon gesagt hast. Es wird dein Schaden nicht sein.«

Als er mit dem Jungen den Saal betrat, sah er, daß sie fast zu spät kamen. Die Musik hatte aufgehört. Hugh Beringar war aufgestanden und ging auf die Plattform zu, auf der der Tisch des Königs stand. Alle Gäste konnten ihn hören, als er die Stufen emporgestiegen war und mit heller, klarer Stimme zu sprechen begann: »Euer Gnaden, bevor Ihr nach Worcester weiterzieht, bitte ich Euch, in einer bestimmten Angelegenheit Recht zu sprechen. Ich fordere Gerechtigkeit von einem Mann, der hier unter uns weilt und der Euer Vertrauen mißbraucht hat. Er hat einen Toten beraubt, und damit seinen Adelsrang entehrt, und er hat das abscheuliche Verbrechen eines Mordes begangen. Ich klage ihn hiermit an und bin bereit, mit meinem Leben dafür einzustehen. Hier ist das Zeichen meiner Herausforderung!«

Trotz seiner Zweifel hatte er sich auf Cadfaels Intuition so sehr verlassen, daß er bereit war, sein Leben dafür aufs Spiel zu setzen. Er beugte sich vor und ließ einen kleinen, glänzenden Gegenstand über den Tisch rollen. Mit einem leisen Klingen stieß er an den Becher des Königs und blieb liegen. Plötzlich herrschte ein lastendes Schweigen. Alle Augen am Tisch des Königs verfolgten den Weg der gelb glitzernden Kugel und richteten sich dann auf den jungen Mann, der die Anklage vorgebracht hatte. Der König hob den Topas auf und betrachtete ihn von allen Seiten. Sein zunächst verständnisloses Gesicht wurde nachdenklich und aufmerksam. Auch er sah Hugh Beringar mit einem langen Blick an. Bruder Cadfael bahnte sich einen Weg zwischen den unteren Tischen hindurch. Er zog den verwirrten Jungen hinter sich her und behielt Adam Courcelle im Auge, der hoch aufgerichtet und aufmerksam an seinem Platz saß. Sein Gesicht war beherrscht, er sah nicht erstaunter oder neugieriger als die anderen Gäste aus; nur die Hand, die sich um seinen Becher krampfte, verriet seine Bestürzung. Oder war das nur eine Einbildung, die eine vorgefaßte Meinung stützen sollte? Ärgerlich und wütend bemerkte

Cadfael, daß er sich seines Urteils nicht mehr so sicher war.

»Ihr habt einen unpassenden Zeitpunkt für Eure Anklage gewählt«, sagte der König schließlich und sah finster zwischen Beringar und dem Stein in seiner Hand hin und her.

»Es war keineswegs meine Absicht, einen Mißklang in dieses Fest zu bringen, Euer Gnaden. Aber ich hielt es für meine Pflicht, eine Sache vorzubringen, die keinen Aufschub duldet.«

»Ihr werdet einiges erklären müssen. Was ist dies für ein Ding?«

»Das ist das Ende eines Dolchgriffes. Der Dolch, zu dem dieser Stein gehört, ist jetzt das rechtmäßige Eigentum von Lady Aline Siward, die Euer Gnaden den Treueeid geschworen hat. Sein früherer Besitzer war ihr Bruder Giles, der unter jenen war, die die Leute dieser Burg für Eure Feinde gehalten und mit dem Leben dafür bezahlt haben. Ich sage nun, daß man diese Waffe seiner Leiche abgenommen hat, eine Tat, die eines einfachen Soldaten würdig ist, nicht aber eines Adeligen und Ritters. Das ist das erste Verbrechen. Das zweite ist Mord – der Mord, von dem Euer Gnaden schon von Bruder Cadfael, einem Mönch des Benediktinerklosters hier in Shrewsbury, erfahren hat, nachdem die Leichen der Hingerichteten gezählt worden waren. Ihr selber und die Männer, die Eure Befehle ausführten, seid, wie Ihr Euch erinnert, als Schutzschild von einem Verbrecher mißbraucht worden, der hinterrücks einen Mann erwürgte.«

»Ich erinnere mich«, antwortete der König grimmig. Er war hin- und hergerissen zwischen einer wachsenden Neugier auf diese Angelegenheit und dem Mißvergnügen, eine Klage hören und ein Urteil fällen zu müssen, wo er, in seiner natürlichen Trägheit, sich doch ausschließlich den Freuden eines Festes hatte hingeben wollen. »Was aber hat dieser Stein mit jenem Mord zu tun?«

»Euer Gnaden, Bruder Cadfael ist ebenfalls anwesend und wird bezeugen, daß er den Tatort des Mordes herausgefunden hat und dort auf diesen Stein gestoßen ist, der in einem Handgemenge abgebrochen sein muß. Ebenso wie ich ist er bereit zu beschwören, daß der Mann, der den Dolch gestohlen hat, derselbe ist, der Nicholas Faintree tötete, und daß der Mörder, ohne es zu wissen, diesen Beweis seiner Schuld zurückließ.«

Cadfael hatte sich dem Podest genähert, aber jedermann verfolgte die Vorgänge mit solcher Spannung, daß niemand auf ihn achtete. Courcelle saß entspannt und mit interessiertem Gesicht zurückgelehnt in seinem Stuhl. Was hatte das zu bedeuten? Zweifellos erkannte er sehr deutlich die Schwachstelle der Argumentation; er brauchte gar nicht zu bestreiten, daß der Mann, der den Dolch gestohlen hatte, auch der Mörder war, denn niemand konnte beweisen, daß er die Waffe an sich genommen hatte. Sie lag für immer auf dem Grund des Severn. Mochte die Theorie also aufrechterhalten und das Verbrechen scharf verurteilt werden, solange nur kein Name genannt, kein weiterer Beweis vorgelegt wurde. Andererseits sprach aus seiner Haltung möglicherweise nur die Gelassenheit eines Unschuldigen.

»Daher«, fuhr Hugh Beringar fort, »wiederhole ich meine Anschuldigung: Ich klage einen der hier Anwesenden des Diebstahls und des Mordes an, und ich bin bereit, mit Leib und Leben dafür einzustehen. Ich fordere zum Zweikampf auf Leben und Tod den Hauptmann des Königs, Adam Courcelle.«

Erschrocken und verwirrt war Adam Courcelle aufgesprungen, doch das ungläubige Entsetzen, das sich auf seinem Gesicht spiegelte, schlug schnell in Wut um. So hätte auch ein Unschuldiger ausgesehen, der sich unvermittelt einer Beschuldigung ausgesetzt sieht, die so absurd ist, daß sie zum Lachen reizt.

»Euer Gnaden, ist dies Torheit oder Niedertracht? Wie darf mein guter Name in einer solchen Schmährede genannt werden? Es mag sein, daß einem toten Mann sein Dolch genommen wurde, und es mag auch sein, daß der Dieb einen anderen Mann ermordete und diesen Beweis zurückließ. Aber ich würde gerne von Hugh Beringar hören, wie er dazu kommt, mich dieser Verbrechen zu beschuldigen – wenn es sich überhaupt nicht bloß um die Lügen eines Neiders handelt. Wann habe ich diesen angeblichen Dolch schon einmal gesehen? Wann habe ich ihn besessen, und wo ist er jetzt? Hat irgend jemand ihn jemals an meinem Gürtel bemerkt? Laßt meine Habseligkeiten durchsuchen, Euer Gnaden, und laßt es mich wissen, wenn ein solcher Gegenstand sich unter ihnen befindet!«

»Haltet ein!« sagte der König gebieterisch und sah mit zusammengezogenen Brauen vom einen zum anderen. »Diese Angelegenheit verlangt in der Tat nach Aufklärung, und wenn diese Beschuldigungen in böswilliger Absicht erfolgt sind, wird Hugh Beringar teuer dafür bezahlen müssen. Was Adam sagt, trifft den Kern der Sache. Ist dieser Mönch tatsächlich hier? Kann er bestätigen, daß er den Stein am Tatort des Mordes gefunden hat, und daß er zu jenem Dolch gehörte?«

»Ja, Euer Gnaden, ich bin hier«, sagte Cadfael, der vor dem Podium stand und seinen Arm um die Schultern des Jungen gelegt hatte. Er trat einen Schritt vor.

»Könnt Ihr bestätigen, was Beringar sagte?« fragte König Stephen. »Habt Ihr den Stein an der Stelle gefunden, wo der Mord geschah?«

»Ja, Euer Gnaden. Er steckte dort im Boden; offensichtlich hatte ein erbitterter Kampf stattgefunden.«

»Und wer sagt, daß er ein Teil des Dolches war, der Lady Siwards Bruder gehörte? Allerdings, das muß ich sagen, es dürfte keine Schwierigkeiten bereiten, sich an eine so auffällige Waffe zu erinnern.«

»Lady Siward selbst hat es bestätigt. Ich habe ihr den Stein gezeigt, und sie hat ihn wiedererkannt.«

»Das mag ein hinreichender Beweis dafür sein«, sagte der König, »daß der Dieb und der Mörder ein und dieselbe Person ist. Aber wie Ihr und Beringar dazu kommt, zu behaupten, diese Person sei Adam, das kann ich beim besten Willen nicht verstehen. Es besteht keine Verbindung zwischen ihm und dem Dolch oder dem Mord. Ihr könntet ebensogut irgendeinen anderen Edelmann beschuldigen oder Euer Messer mit verbundenen Augen in eine Liste der Anwesenden stechen. Wo bleibt die Logik Eures Verdachtes?«

»Ich bin froh«, sagte Courcelle mit einem gezwungenen Lachen, »daß Ihr so deutlich auf den Fehlschluß dieser Argumentation hinweist, Euer Gnaden. Ich pflichte diesem frommen Bruder bei, wenn er einen gemeinen Diebstahl und einen heimtückischen Mord verurteilt, aber ich warne Euch, mich oder irgendeinen anderen rechtschaffenen Mann damit in Verbindung zu bringen, Beringar. Geht der Spur dieses Steines nach, wenn es denn eine ist, aber solange Ihr nicht beweisen könnt, daß der Dolch sich in meinem Besitz befindet, solltet Ihr mit Euren Herausforderungen zu einem Zweikampf auf Leben und Tod sehr vorsichtig sein, junger Mann, sonst könnte es geschehen, daß man Euch beim Wort nimmt!«

»Meine Herausforderung liegt auf dem Tisch«, erwiderte Hugh Beringar unerbittlich und gelassen. »Ihr braucht sie nur anzunehmen. Ich habe sie nicht zurückgezogen.«

»Euer Gnaden«, sagte Cadfael und erhob seine Stimme

über das Gemurmel der Gäste, die für die eine oder andere Seite Partei ergriffen, »es gibt einen Zeugen, der in der Lage ist, eine Verbindung zwischen dem Dolch und einem bestimmten Mann herzustellen. Und zum Beweis, daß der Stein und der Dolch zusammengehören, habe ich diese Waffe mitgebracht. Ich bitte Euer Gnaden, sie selbst in Augenschein zu nehmen.«

Er hielt den Dolch hoch. Beringar, der am Rand der Plattform stand, nahm ihn entgegen und starrte ihn an, als sei er ein Trugbild, bevor er ihn ehrfürchtig schweigend dem König übergab. Die Augen des Jungen folgten ihm ängstlich, während Courcelle ihn mit ungläubigem Entsetzen ansah, als sei ein Ertränkter aus den Fluten aufgetaucht, um ihn heimzusuchen. Stephen betrachtete anerkennend die feine Arbeit, in der der Dolch ausgeführt war, zog ihn aus der Scheide und fügte schließlich die Bruchstelle an der silbernen Drachenklaue, die den Topas umfaßte, und die am Griff der Waffe zusammen.

»Kein Zweifel – diese beiden gehören zusammen.« Er sah auf Cadfael nieder. »Wo habt Ihr ihn her?«

»Sprich, Kind«, sagte Cadfael ermunternd. »Erzähl dem König alles, was du mir erzählt hast.«

Die Aufregung des Jungen war größer als seine Scheu. Sie trieb ihm die Röte ins Gesicht, aber er stand da und beschrieb in denselben schlichten Worten, die er Cadfael gegenüber gebraucht hatte, was sich ereignet hatte, und es gab keinen, der an der Wahrheit seiner Geschichte zweifelte.

». . . und ich saß zwischen den Büschen am Ufer, und er konnte mich nicht sehen. Aber ich habe ihn deutlich gesehen. Als er weg war, tauchte ich an der Stelle und fand es. Ich behielt das Messer und dachte mir nichts Böses dabei, da er es ja nicht mehr haben wollte. Und das ist das Messer, Herr, und ich möchte es gerne wiederhaben, wenn Ihr es nicht mehr braucht.«

Der König war für einen Augenblick vom Ernst der Angelegenheit, über die er hier zu richten hatte, abgelenkt und lächelte das Kind an. »Der Fisch, den wir heute abend aßen, wurde also mit einem juwelenbesetzten Messer zerlegt. Eine fürstliche Art der Zubereitung, fürwahr! Und er hat gut gemundet. Hast du ihn auch gefangen?«

Der Junge antwortete schüchtern, er habe beim Fang geholfen.

»Nun, du hast deine Sache gut gemacht. Jetzt aber sage mir: Kanntest du den Mann, der das Messer in den Fluß warf?«

»Nein, Herr, ich weiß nicht, wie er heißt. Aber ich bin sicher, daß ich ihn wiedererkenne.«

»Dann sieh dich um! Ist er hier im Saal?«

»Ja, Herr«, sagte der Junge und zeigte mit dem Finger auf Adam Courcelle. »Das war der Mann.«

Aller Augen richteten sich auf Courcelle, und am finstersten und nachdenklichsten war der Blick des Königs. Die Stille, die sich über den Saal legte, dauerte zwar nur einen tiefen Atemzug lang an, aber sie schien die Burg in ihren Grundfesten zu erschüttern. Dann sagte Courcelle mit mühsam beherrschter Wut: »Euer Gnaden, das ist völlig ausgeschlossen. Ich habe diesen Dolch nie gesehen, also konnte ich ihn auch nicht in den Fluß werfen.«

»Wollt Ihr behaupten, daß das Kind lügt?« fragte der König mit schneidender Schärfe. »Wer sollte es dazu angestiftet haben? Beringar gewiß nicht – ich habe den Eindruck, daß er von diesem Zeugen so überrascht war wie Ihr oder ich. Wollt Ihr mich glauben machen, daß ein Benediktinermönch dem Jungen diese Geschichte eingeredet hat? Mit welcher Absicht sollte er das wohl getan haben?«

»Ich sage nur, daß hier ein Mißverständnis vorliegen muß, Euer Gnaden. Es mag stimmen, daß sich alles so zugetragen hat, wie der Junge sagt. Aber wenn er behauptet, ich sei es gewesen, der den Dolch weggeworfen hat, dann irrt er sich. Ich bin nicht jener Mann. Ich weise alle Beschuldigungen gegen mich zurück.«

»Und ich erhalte sie aufrecht«, sagte Hugh Beringar. »Und ich bitte um Erlaubnis, sie beweisen zu dürfen.«

Krachend fuhr die Faust des Königs auf den Tisch nieder, daß die Becher tanzten. »Irgend jemand lügt hier, aber ich bin entschlossen, Licht in diese Angelegenheit zu bringen.« Er kämpfte seine Wut nieder, wandte sich wieder an den Jungen und fragte ihn mit sanfter Stimme: »Sieh noch einmal genau hin und sage mir: Bist du sicher, daß dies der Mann ist, den du gesehen hast? Wenn du irgendeinen Zweifel hast, dann sage es. Es ist kein Verbrechen, sich zu irren. Es könnte ja ein Mann gewesen sein, der diesem hier nur ähnlich sieht. Wenn du dir aber sicher bist, dann sage es ohne Furcht.«

»Ich bin sicher«, sagte der Junge, zitternd, aber standhaft. »Ich weiß, was ich gesehen habe.«

Der König lehnte sich in seinem hohen Stuhl zurück, ballte die Fäuste und überlegte. Er sah Hugh Beringar mit einem grimmigen Blick an: »Ausgerechnet in einem Augenblick, da ich unbehindert und schnell handeln muß, habt Ihr mir einen Mühlstein um den Hals gehängt. Was hier vorgefallen ist, kann ich unmöglich ungeschehen machen. Ich bin gezwungen, dieser Sache auf den Grund zu gehen. Dieser Fall muß entweder vor ein Gericht... aber nein, weder für Euch noch für irgend jemand anderen werde ich meinen Abmarsch übermorgen auch nur um einen Tag verschieben! Meine Pläne stehen fest – ich kann es mir nicht leisten, sie zu ändern.«

»Es braucht keinen Aufschub zu geben, Euer Gnaden«, warf Beringar ein, »wenn Ihr mit einem Gottesurteil einverstanden seid. Ich habe Adam Courcelle des Mordes angeklagt, und ich wiederhole diese Beschuldigung. Wenn er die Herausforderung annimmt, bin ich bereit, mit ihm zu kämpfen. Morgen schon kann die Entscheidung fallen, und übermorgen könnt Ihr ungehindert abmarschieren.«

Während Beringar sprach, hatte Bruder Cadfael Adam Courcelle nicht aus den Augen gelassen, und die Anzeichen wiedergewonnener Selbstsicherheit waren ihm nicht entgangen. Die Schweißperlen auf seiner Stirn waren verschwunden, die Verzweiflung in seinen Augen war blanker Berechnung gewichen. Er begann sogar zu lächeln. Da er nun in die Enge getrieben war und es nur zwei mögliche Auswege gab, nämlich entweder lange Untersuchungen und Verhöre oder aber einen einfachen Kampf, betrachtete er die letztere Möglichkeit als seine Rettung. Cadfael bemerkte den abschätzenden Blick, mit dem er Hugh Beringar von Kopf bis Fuß musterte, und konnte die Gedanken hinter diesen Augen lesen. Sein Gegner war jünger, leichter gebaut und einen halben Kopf kleiner als er, ein Mann, der sowohl unerfahren als auch übermäßig selbstsicher war – mit einem Wort: eine leichte Beute. Es dürfte keine Schwierigkeit sein, ihn aus der Welt zu schaffen, und dann hatte Courcelle nichts mehr zu befürchten. Ein Gottesurteil würde gefällt sein, und niemand dürfte es wagen, danach noch mit dem Finger auf ihn zu zeigen. Aline würde dann immer noch erreichbar für ihn sein, und sein Rivale wäre ohne Schuld des fälschlich angeklagten Courcelle endgültig aus dem Weg geräumt. Nein, die Situation war gar nicht so aussichtslos. Im Gegenteil, es sah sehr günstig aus.

Er beugte sich über den Tisch, nahm den Topas auf und rollte ihn verächtlich Beringar zu.

»Gebt Eure Einwilligung, Euer Gnaden. Ich bin mit einem Kampf morgen einverstanden, und Ihr werdet am folgenden Tag abmarschieren können.« Seine selbstsichere Miene drückte aus, daß er damit rechnete, unter den Begleitern des Königs zu sein.

»So sei es denn!« verkündete der König mit finsterer Entschlossenheit. »Da Ihr es zwischen Euch ausgemacht habt, mich eines guten Mannes zu berauben, gebe ich mich damit zufrieden, den Besseren zu behalten. Morgen also, um neun Uhr, nach der Messe. Nicht hier in der Burg, sondern auf offenem Feld – die Wiese vor der Stadt, zwischen der Straße und dem Fluß, eignet sich am besten. Prestcote, Ihr und Willem werdet den Kampfplatz vorbereiten. Und es werden keine Pferde aufs Spiel gesetzt«, sagte er aus einer praktischen Erwägung heraus. »Ihr werdet zu Fuß mit dem Schwert kämpfen!«

Hugh Beringar machte eine zustimmende Verbeugung. Courcelle sagte: »Einverstanden!« und lächelte.

»*A l'outrance*!« befahl der König und erhob sich vom Tisch, um das durch den Streit vergällte Festbankett zu beenden.

KAPITEL XII

Auf dem Rückweg durch die Straßen der Stadt lenkte Hugh Beringar sein grobknochiges Pferd neben Bruder Cadfael und ließ es eine Weile im Schritt gehen, ohne Bruder Jerome, der sich in Hörweite befand und aufmerksam die Ohren spitzte, auch nur im geringsten zu beachten. Vor ihnen gingen Abt Heribert und Prior Robert und unterhielten sich leise. Es bedrückte sie, daß morgen ein Mensch sterben sollte, aber sie konnten nichts dagegen unternehmen. Zwei junge Männer hatten sich in bitterer Feindschaft den Tod geschworen. Wenn beide die Bedingungen für einen Kampf erst einmal angenommen hatten, gab es kein Zurück mehr; über den Verlierer hatte der Himmel seinen Urteilsspruch gefällt. Falls er das Schwert überlebte, wartete der Galgen auf ihn.

»Ihr könnt mich einen Narren nennen«, schlug Hugh Beringar freundlich vor, »wenn Euch das Erleichterung verschafft.« Seine Stimme hatte immer noch ihren leichten, spöttischen Beiklang, aber Cadfael ließ sich nicht täuschen.

»Gerade für mich ziemt es sich nicht, Euch zu tadeln oder zu bemitleiden«, antwortete er. »Was Ihr getan habt, tut mir nicht einmal leid.«

»Sprecht Ihr als Mönch?« fragte die sanfte Stimme, in der ein Lächeln nur so eben mitschwang.

»Ich spreche als Mann! Der Teufel soll Euch holen!«

»Ich habe Euch wirklich gern, Bruder Cadfael«, sagte Hugh herzlich. »Ihr wißt so gut wie ich, daß Ihr an meiner Stelle dasselbe getan hättet.«

»Das hätte ich nicht! Ich hätte mich nicht auf das undeutliche Gefühl eines alten Toren verlassen, den ich kaum kannte! Was würdet Ihr wohl sagen, wenn ich unrecht gehabt hätte?«

»Aber Ihr hattet doch recht! Er ist der Mörder – ein Doppelmörder sogar! Hat er nicht ihren armen feigen Bruder genauso gemein dem Tode überantwortet, wie er Faintree erdrosselte? Vergeßt übrigens nicht, daß Aline von dieser Sache nichts erfahren darf, bis alles vorbei ist – so oder so.«

»Wenn sie mich nicht fragt, werde ich ihr nichts sagen. Aber glaubt Ihr nicht, daß sich die Nachricht jetzt schon verbreitet hat?«

»Das mag wohl sein, aber ich hoffe, daß sie schon lange schläft, und daß sie nichts davon erfährt, bis sie morgen um zehn Uhr zum Hochamt geht. Und wer weiß – bis dahin könnte alles schon entschieden sein.«

»Und Ihr werdet jetzt auf Euren Knien Nachtwache halten und Euch mit Selbstzweifeln und Gebeten erschöpfen, noch bevor der Kampf beginnt?« fragte Bruder Cadfael sarkastisch. Er mußte dem Schmerz, den er verspürte, irgendwie Luft machen.

»Nein, so dumm bin ich nicht«, sagte Beringar tadelnd und drohte seinem Freund mit dem Finger. »Schämt Euch, Cadfael! Ihr seid ein Mönch und könnt Gott nicht vertrauen, daß er Gerechtigkeit walten lassen wird? Nein, ich werde zu Bett gehen, gut schlafen und erfrischt aufstehen. Aber ich nehme an, daß *Ihr* die Nacht damit verbringen werdet, ein gutes Wort für mich im Himmel einzulegen.«

»Nein«, erwiderte Cadfael mürrisch, »ich werde schlafen und erst aufstehen, wenn mich die Glocke weckt. Soll ich etwa weniger Gottvertrauen haben als ein mißratener Heide wie Ihr?«

»So gefallt Ihr mir, Cadfael! Und doch könntet Ihr Gott bei Frühmette und Laudes das eine oder andere Wort zu meinen Gunsten zuflüstern«, gab Beringar zu. »Wenn er seine Ohren vor Euch verschließt, hat es ohnehin keinen Sinn, daß wir anderen uns die Knie wund scheuern.« Er beugte sich hinunter und berührte mit der Hand ganz leicht Cadfaels Tonsur, als wolle er ihn segnen. Dann gab er seinem Pferd die Sporen, grüßte den Abt im Vorbeireiten mit einer ehrerbietigen Verbeugung und verschwand im Dunkel der Nacht.

Gleich nach der Prim erschien Bruder Cadfael beim Abt. Heribert schien nicht sehr verwundert über die Bitte, die er vorbrachte.

»Vater, ich war es, der Hugh Beringar in dieser Sache geholfen hat. Meine Nachforschungen haben die Beweise zutage gefördert, auf die sich seine Beschuldigungen stützten. Daher erbitte ich von Euch die Erlaubnis, dem Kampf beiwohnen zu dürfen. Ganz gleich, ob ich ihm helfen kann oder nicht – ich muß dort sein. Ich darf meinen Freund jetzt nicht im Stich lassen.«

Der Abt seufzte. »Auch mich hat diese Angelegenheit sehr aufgeregt«, sagte er. »Der Entscheidung des Königs zum Trotz kann ich nur beten, daß der Kampf nicht auf Leben und Tod ausgetragen wird.« Und ich, dachte Cadfael niedergeschlagen, wage nicht einmal dafür zu beten. Der Sinn dieses Gottesurteils ist es ja in diesem Fall, einen Menschen zum Schweigen zu bringen. »Sagt mir:« fuhr Heribert fort, »verhält es sich wirklich so, daß Courcelle diesen armen jungen Mann ermordet hat, den wir in der Kirche begraben haben?«

»Ja, Vater, es kann keinen Zweifel daran geben. Er allein hatte den Dolch, und nur er kann den Edelstein am Tatort verloren haben. Dieses Duell ist ein Kampf zwischen Recht und Unrecht.«

»So geht denn«, sagte der Abt. »Bis der Kampf entschieden ist, seid Ihr von allen Pflichten befreit.« Denn diese Gottesurteile dauerten manchmal einen ganzen Tag, so lange, bis keiner der Kontrahenten mehr sehen, stehen oder zuschlagen konnte, so daß schließlich einer von beiden zusammenbrach, sich nicht mehr erheben konnte und einfach verblutete. Und selbst wenn die Waffen zerbrachen, mußten sie mit Händen und Füßen weiterkämpfen, bis die Kräfte erlahmten und einer um Gnade bettelte; das geschah allerdings selten, denn die Niederlage wurde als Urteilsspruch des Himmels gedeutet, der sogleich am Galgen vollstreckt wurde – ein schmählicherer Tod als der auf dem Kampfplatz. ›Eine schlimme

Sache ist das‹, dachte Cadfael, als er durch das Klostertor ging, ›und nicht wert, sie als ein Urteil Gottes zu bezeichnen. Habe ich also weniger Vertrauen in Gott als Beringar? Ich frage mich, ob er wirklich gut geschlafen hat.‹ Seltsamerweise konnte er es sich vorstellen. Sein eigener Schlaf dagegen war sehr unruhig gewesen.

Giles Siwards Dolch und den dazugehörigen Edelstein hatte er gestern abend mitgenommen und in seiner Zelle verwahrt. Dem Fischerjungen hatte er versprochen, er werde ihn entweder zurückbekommen oder aber eine angemessene Entschädigung erhalten. Mit Aline hatte er noch nicht über diese Sache gesprochen. Er mußte erst das Ergebnis des Kampfes abwarten. Wenn alles gut ging, sollte Beringar ihr den Dolch übergeben. Wenn nicht – nein, an diese Möglichkeit durfte er nicht denken.

›Der Ärger mit mir ist‹, dachte er unglücklich, ›daß ich weit genug in der Welt herumgekommen bin, um zu wissen, daß Gottes Pläne, wie unermeßlich weise sie auch sein mögen, sich nicht immer mit unseren Wünschen decken. Und ich weiß auch, wie sehr ich mich dagegen auflehnen würde, wenn es Gott gefallen sollte, Hugh Beringar zu sich zu rufen und Adam Courcelle am Leben zu lassen.‹

Die Burgsiedlung vor dem nördlichen Stadttor von Shrewsbury war ein kleiner Vorort der Stadt. Jenseits dieser kleinen Siedlung lagen rechts und links der Straße nur noch Wiesen, die, wie die Stadt selbst, zu beiden Seiten von einer Schleife des Severn eingefaßt waren. Auf der ersten flachen Wiese links der Straße hatten die Soldaten des Königs ein großes Rechteck abgesperrt; an jeder Seite stand eine Reihe flämischer Söldner, die ihre Lanzen gekreuzt hielten, damit kein Zuschauer den

Kampfplatz betreten und keiner der Kämpfenden fliehen konnte. Auf einer kleinen Anhöhe war ein Sessel für den König aufgestellt worden, und von dort aus würden auch die Adeligen den Verlauf des Kampfes verfolgen. Hinter der Absperrung drängten sich jetzt schon die Bürger der Stadt. Die Nachricht von diesem Gottesurteil hatte sich wie ein Lauffeuer in Shrewsbury verbreitet. Das Merkwürdigste an dieser Menge war ihre Ruhe. Es wurde natürlich gesprochen, aber in einem so verhaltenen Flüsterton, daß nur ein leises, stetiges Summen, nicht unähnlich dem eines Bienenschwarmes, über dem Platz lag.

Die schräg einfallende Morgensonne warf lange Schatten, und der Himmel war von einem leichten Wolkenschleier bedeckt. Cadfael stand an dem Weg, den die Wachen für den König und die Adligen freihielten, als in der dunklen Öffnung des Tores plötzlich glänzende Rüstungen und leuchtende Farben zu sehen waren. König Stephen begab sich an der Spitze seiner Gefolgschaft zum Kampfplatz. Das Duell würde ihn eines Offiziers berauben. Er hatte eingesehen, daß dies die beste Lösung des Problems darstellte, und er war entschlossen, nichts zuzulassen, was den Kampf unnötig verlängert hätte. Es würde keine Ruhepausen und keine Einschränkung der Mittel geben. König Stephen wollte diese Sache so schnell wie möglich hinter sich bringen.

Nach ihm kamen die beiden Kämpfer. Sie trugen weder Schild noch Rüstung, sondern nur ein einfaches Lederwams. Ja, dem König war an einem schnellen Ende gelegen, und nicht an einem gerechten Turnier, das den ganzen Tag währte, so lange, bis einer von beiden nicht mehr die Kraft hatte, die Hand zu heben. Morgen würde die Armee aufbrechen und der Vorhut folgen, ganz gleich, wer Sieger geblieben war, und Stephen hatte vor dem Abmarsch noch entsprechende Anordnungen zu treffen. Beringar, der Ankläger, kniete zuerst vor dem König nieder und erwies ihm seine Ehrerbietung, sprang dann auf und wandte sich zur Arena. Er bemerkte Cadfael, der ein wenig abseits stand. Die schwarzen Augen in seinem ernsten, angespannten Gesicht lächelten.

»Ich wußte doch, daß Ihr mich nicht im Stich lassen würdet«, sagte er.

»Seht lieber zu«, erwiderte Cadfael, »daß Ihr mich nicht im Stich laßt!«

»Keine Sorge«, sagte Hugh selbstsicher und gelassen. »Meine Seele ist so rein wie die eines Lammes. Ich bin bereit, und Euer Arm wird mir beistehen.«

›Ja, bei jedem Streich‹, dachte Cadfael hilflos. Er bezweifelte, daß all die Jahre des ruhigen Klosterlebens wirklich eine Veränderung an seinem schon einst so sprunghaften und widerspenstigen Charakter bewirkt hatten. Er fühlte sein Herz klopfen, als sei er es, der diesen Kampf austragen sollte.

Auch Courcelle war niedergekniet und folgte jetzt seinem Herausforderer auf den Kampfplatz. Sie nahmen in gegenüberliegenden Ecken Aufstellung; Prestcote stand, seinen Marschallstab erhoben, zwischen ihnen und wartete auf das Zeichen des Königs. Der Name des Herausforderers, seine Anklage sowie ihre Zurückweisung durch den Beschuldigten wurden verlesen. Ein Murmeln ging durch die Menge – es klang wie ein langer, tiefer Seufzer. Cadfael konnte Beringars blasses Gesicht sehen. Kein Muskel regte sich darin, und seine Augen, die jetzt nicht mehr lächelten, waren auf seinen Gegner gerichtet.

Der König hob seine Hand. Prestcote senkte den Marschallsstab und verließ den Kampfplatz, während Beringar und Courcelle aufeinander zugingen.

Auf den ersten Blick schienen die Kräfte ungleich verteilt. Courcelle war erheblich größer und älter, er konnte mehr Wucht hinter seine Schläge setzen und war zweifellos ein erfahrener Kämpfer. Im Vergleich dazu sah Beringar nur wie ein schmaler, leichtgewichtiger Jüngling aus, und wenn ihm sein geringes Gewicht auch Wendigkeit und Flinkheit verlieh, so stellte sich doch nach wenigen Sekunden schon heraus, daß auch Courcelle sehr behende war. Als zum erstenmal Stahl auf Stahl schlug, führten Cadfaels Arm und Körper unwillkürlich dieselbe Abwehrbewegung aus, die Beringar machte; der Schwung zog ihn herum, so daß er auf das Stadttor sah.

Durch das Tor kam eine junge Frau auf den Kampfplatz zugelaufen. Sie hatte ihre Röcke bis fast zu den Knien geschürzt, und weit hinter ihr rannte eine zweite junge Frau, so schnell sie konnte. Constance verschwendete ihren Atem mit beschwörenden Rufen, ihre Herrin solle stehenbleiben, nicht dorthin gehen sondern mit nach Hause kommen; aber Aline ließ sich nicht aufhalten und rannte weiter auf den Kampfplatz zu, wo die beiden Männer in der erklärten Absicht aufeinandertrafen, sich umzubringen. Cadfael trat ihr entgegen. Schwer atmend warf sie sich ihm in die Arme.

»Bruder Cadfael, was hat das zu bedeuten? Was hat er getan? Ihr wußtet es – Ihr wußtet es, und habt mir nichts gesagt! Wenn Constance nicht zufällig davon erfahren hätte ...«

»Ihr hättet nicht hierherkommen sollen«, sagte Cadfael und hielt sie fest. Sie zitterte am ganzen Körper. »Was könnt Ihr schon tun? Ich habe ihm versprechen müssen, Euch nichts zu sagen, er hat es verboten. Ihr solltet das hier nicht mitansehen.«

»Aber ich will es sehen!« rief sie mit leidenschaftlicher Entschlossenheit. »Glaubt Ihr, ich würde jetzt fügsam nach Hause gehen und ihn im Stich lassen? Sagt mir nur:

Ist es wahr, was man erzählt – daß er Adam des Mordes an dem jungen Mann beschuldigt? Und daß Giles' Dolch der Beweis ist?«

»Ja, das ist wahr«, antwortete Cadfael. Sie sah über seine Schulter auf den Kampfplatz, wo die Schwerter zischend durch die Luft fuhren und mit einem hellen Klingen wieder und wieder aufeinanderschlugen. Ihre großen blauen Augen blickten verwirrt.

»Und die Beschuldigung – ist sie auch wahr?«

»Ja, auch sie ist wahr.«

»Oh, mein Gott! Und er ist so schmächtig... wie kann er das überleben? Nur halb so groß wie der andere... und doch hat er es gewagt, diesen Weg zu gehen! Bruder Cadfael, wie konntet Ihr das zulassen?«

›Wenigstens weiß ich jetzt‹, dachte Cadfael merkwürdig erleichtert, ›wer *er* ist, auch wenn sie keinen Namen genannt hat. Bis jetzt war ich mir nicht sicher, und sie sich vielleicht auch nicht.‹ – »Wenn es Euch je gelingt«, sagte er, »Hugh Beringar von etwas abzuhalten, das er sich in den Kopf gesetzt hat, dann müßt Ihr kommen und mir erzählen, wie Ihr das angestellt habt. Er hat seine Entscheidung getroffen, und es gab gute Gründe, die dafür sprachen. Wir müssen sie akzeptieren, so wie er es tut.«

»Aber wir sind zu dritt«, sagte sie ungestüm. »Wenn wir zu ihm halten, *muß* er einfach siegen! Ich kann beten und ich kann zusehen, und das werde ich tun. Bringt mich weiter nach vorne. Ich muß diesen Kampf sehen!«

Sie war im Begriff, sich durch die Menge zu drängen, als Cadfael sie zurückhielt. »Ich glaube«, sagte er, »es ist besser, wenn er *Euch* nicht sieht. Noch nicht jedenfalls!«

Aline lachte kurz und bitter auf. »Er würde mich jetzt gar nicht wahrnehmen«, sagte sie, »es sei denn, ich würde zwischen sie treten. Und glaubt mir, das würde ich, wenn ich nur dürfte. – Nein!« nahm sie das gleich darauf wieder zurück. »Nein, das würde ich nicht tun. Ich weiß ja, daß es nichts nützen würde. Ich kann nur zusehen und schweigen.«

›In einer Welt, in der die Männer unablässig kämpfen, ist das das Schicksal aller Frauen‹, dachte Cadfael mitleidig. ›Aber diese Rolle ist doch nicht so passiv, wie sie erscheinen mag.‹ Er führte sie an eine Stelle, von wo aus sie sehen konnte, mit welch tödlicher Entschlossenheit Hugh Beringar kämpfte. Die Spitze seines Schwertes war blutig; er hatte Courcelle einen Kratzer auf der Wange beigebracht, und auch aus einer Wunde an seinem rechten Arm tropfte Blut.

»Er ist verwundet«, flüsterte sie verzweifelt und steckte ihre Faust in den Mund, um einen Schrei zu ersticken.

»Das ist nichts«, beruhigte sie Cadfael. »Und er ist schneller. Seht euch diese Parade an! Er mag nicht besonders kräftig aussehen, aber er hat ein Handgelenk aus Stahl. Was er sich vorgenommen hat, wird er ausführen. Die Wahrheit steht auf seiner Seite.«

»Ich liebe ihn«, sagte Aline verwundert in einem kaum hörbaren Flüstern. »Ich wußte es noch gar nicht, aber jetzt liebe ich ihn!«

»Mir geht es nicht anders«, sagte Cadfael. »Auch ich liebe ihn!«

Seit zwei Stunden kämpften sie nun schon ohne Pause. Die Sonne stand hoch am Himmel, und beide litten unter der Hitze, aber beide gingen sparsam mit ihren Kräften um. Als sie jetzt, Schwerter und Körper aneinandergepreßt, kurz verharrten, stand in ihren Augen keine persönliche Feindschaft mehr, sondern nur eine unbeugsame Entschlossenheit, die Wahrheit zu beweisen oder sie zu widerlegen, und zwar durch das einzige Mittel, das ihnen jetzt noch blieb: durch töten. Sie hatten inzwischen festgestellt, daß der Kampf, trotz der offensichtlichen Vorteile, über die Courcelle verfügte, sehr ausgewogen war. Sie waren sich ebenbürtig hinsichtlich der Erfahrung und fast gleich schnell. Hier und da war das Gras mit Blut befleckt, das aus kleineren Wunden floß.

Es war fast Mittag, als Beringar seinen Gegner mit einem plötzlichen Ausfall zurücktrieb. Courcelle glitt aus und nahm im Fallen den Arm hoch. Beringars nächster Schlag riß ihm fast das Schwert aus der Hand. Klirrend brach die Klinge ab. Adam Courcelle lag rücklings auf dem Boden, in seiner Hand nur noch den nutzlosen Griff.

Beringar trat sofort zurück, um seinem Gegner die Gelegenheit zum Aufstehen zu geben. Er stieß die Spitze seines Schwertes in den Boden und sah zu Prestcote hinüber, der wiederum auf ein Zeichen des Königs wartete.

»Setzt den Kampf fort!« sagte der König nur.

Courcelle kam langsam wieder auf die Beine, sah auf den Schwertgriff, den er in der Hand hielt, und stieß einen verzweifelten Seufzer aus, bevor er ihn wütend von sich schleuderte. Beringar blickte zwischen ihm und dem König hin und her, runzelte die Stirn und machte einige Schritte zur Seite, um zu überlegen. Mit einer ungeduldigen Handbewegung bedeutete Stephen ihnen weiterzukämpfen. Unvermittelt schritt Beringar zum Rand des Kampfplatzes, warf sein Schwert vor den gekreuzten Lanzen der Flamen auf den Boden und griff langsam nach dem Dolch an seinem Gürtel.

Courcelle begriff nicht sogleich; als er aber erkannte, welches Angebot ihm hier gemacht wurde, flammte sein Kampfesmut erneut auf, und Siegesgewißheit erfüllte ihn.

›So so!‹ ging es König Stephen durch den Kopf. ›Sollte

ich mich in meiner Annahme, Adam Courcelle sei der bessere Mann, getäuscht haben?‹

Sie kämpften jetzt nur noch mit den Dolchen, und es mußte bald eine Entscheidung fallen. Courcelles Waffe war deutlich länger als die Beringars. Der König beugte sich vor. Er war gepackt von der Wendung, die dieses Duell genommen hatte.

»Er ist verrückt!« stöhnte Aline an Cadfaels Seite und klammerte sich an seinen Arm. »Er hätte ihn gefahrlos töten können. Oh, er ist völlig verrückt. Und ich liebe ihn!«

Der entsetzliche Kampf wurde fortgesetzt. Die Sonne stand jetzt im Zenit, und die Kämpfer umkreisten einander in der prallen Mittagshitze, stießen vor und wichen aus. Beide waren schweißüberströmt. Da seine Waffe kürzer und leichter war, befand Beringar sich jetzt in der Defensive. Im Bewußtsein seines Vorteils setzte Courcelle immer wieder nach. Nur Beringars Behendigkeit rettete ihn vor den schnellen Vorstößen seines Gegners, aber auch er ermüdete langsam. Sein Auge war nicht mehr so sicher, seine Bewegungen wurden langsamer. Und Courcelle hatte entweder wieder Atem geschöpft oder aber alle seine Kräfte zusammengenommen, und unternahm einen letzten, verzweifelten Versuch, den Kampf zu beenden. Blut tropfte aus einer Wunde an Hugh Beringars rechter Hand und machte den Griff seines Dolches schlüpfrig, und Courcelles linker Ärmel, den er zerfetzt hatte, flatterte bei jeder Bewegung und beeinträchtigte seine Konzentration. Mehrmals hatte er es mit Blitzangriffen versucht, aber er hatte den kürzeren Arm und den kürzeren Dolch – zwei entscheidende Nachteile. Durch ständiges Zurückweichen versuchte er nun zäh, seine Kräfte zu schonen. Einmal mußten Courcelles Kräfte ja erlahmen.

»O Gott!« flüsterte Aline fast unhörbar. »Er war zu großmütig, er hat sein Leben verschenkt... Dieser Mann spielt mit ihm!«

»Kein Mann spielt ungestraft mit Hugh Beringar«, sagte Cadfael bestimmt. »Er ist immer noch der frischere von beiden. Courcelle sucht die Entscheidung, aber er wird dieses Tempo nicht lange durchhalten können.«

Schritt um Schritt wich Hugh zurück, jedoch immer nur so weit, daß die Klinge seines Gegners ihn knapp verfehlte, und Schritt um Schritt stieß Courcelle mit kraftvollen Attacken nach und trieb ihn vor sich her. Anscheinend wollte er seinen Gegner in eine Ecke des Kampfplatzes treiben, aber immer wieder machte er im letzten Moment eine falsche Bewegung, oder aber es gelang Beringar aufgrund seiner Flinkheit, aus der Falle zu schlüpfen, und dann begann die Verfolgung an der Umgrenzung des Kampfplatzes entlang von neuem. Der rettende Ausbruch zur Mitte der Arena blieb Beringar verwehrt, während Courcelle seinerseits nicht in der Lage war, seine Deckung zu durchbrechen.

Die Flamen standen wie eine Mauer und ließen das Auf- und Abwogen des Kampfes an sich vorbeiziehen. Plötzlich machte Courcelle, anstatt nachzustoßen, einen großen Schritt zur Seite, warf seinen Dolch fort und bückte sich mit einem heiseren Triumphschrei nach dem Schwert, das Hugh Beringar vor mehr als einer Stunde aus der Hand gelegt hatte, um die Ausgewogenheit der Kampfmittel zu wahren.

Hugh hatte gar nicht bemerkt, daß sie wieder an jene Stelle gekommen waren, und er wußte auch nicht, daß er mit Bedacht hierher getrieben worden war. Irgendwo in der Menge schrie eine Frau auf. Courcelle wollte sich, das Schwert in der Hand, gerade aufrichten. In seinem Blick lag wilder Triumph, aber er hatte sein Gleichgewicht noch nicht ganz wieder gefunden, als Beringar ihn ansprang. Sein Angriff kam keine Sekunde zu früh. Er warf sich mit seinem ganzen Gewicht gegen Courcelle, umfaßte seinen Oberkörper mit dem rechten Arm und griff mit der Linken nach der Hand, die das Schwert führte. Einen Augenblick lang standen sie in stummer Umklammerung, dann fielen sie beide zu Boden und wälzten sich auf der Erde.

Aline biß sich auf die Lippen, um nicht ein zweites Mal aufzuschreien. Verzweifelt schloß sie die Augen, riß sie jedoch im nächsten Moment wieder auf. »Nein, ich will alles sehen, ich muß... ich muß es ertragen! Er soll sich meiner nicht schämen müssen! Oh, Cadfael... was passiert jetzt? Ich kann nichts erkennen...«

»Courcelle hat das Schwert, aber er ist noch nicht dazu gekommen, es zu benutzen. Wartet – jetzt steht einer auf...«

Zwei waren zu Boden gefallen, aber nur einer erhob sich und stand verblüfft und halb betäubt da, denn der Körper seines Gegners war plötzlich erschlafft und rührte sich nicht mehr; und da lag er nun, mit offenen, blicklosen Augen. Aus einer Wunde auf seinem Rücken floß langsam Blut, das eine kleine Lache auf dem zerstampften Boden bildete.

Hugh Beringar sah zuerst auf das Blut und dann auf den Dolch, den er immer noch in seiner rechten Hand hielt. Verwirrt schüttelte er den Kopf. Geschwächt und erschöpft, wie er war, begriff er das unerklärliche, abrupte Ende dieses Kampfes nicht. Auf seinem Messer war kein frisches Blut, und das Schwert lag in Courcelles entspannter Hand. Und doch war er tot. Was für ein Wunder war dies? Hugh beugte sich nieder und hob den leblosen Körper an seiner linken Schulter an, um die tödliche Wunde zu sehen. Zwischen den Schulterblättern steckte der Dolch des Toten, den dieser weggeworfen hatte, als er sich nach dem Schwert bückte. Anscheinend war er mit dem schweren Griff zuerst in den Grund gefahren, und Hughs Angriff hatte Courcelle in das Messer gestürzt, das sich, als sie in ihrer tödlichen Umklammerung über den Boden rollten, immer tiefer in sein Fleisch gebohrt hatte. ›Also habe ich ihn eigentlich gar nicht getötet‹, dachte Beringar. ›Er ist durch seine eigene Arglist zu Tode gekommen.‹ Er war zu erschöpft, um sagen zu können, ob er darüber froh war, oder ob es ihm leid tat. Cadfael jedenfalls würde zufrieden sein: Nicholas Faintree war gerächt, sein Tod war gesühnt worden. Der Mörder war öffentlich angeklagt worden, und der Himmel hatte sein Urteil gesprochen. Der Mann, der einen Jüngling hinterrücks erwürgt hatte, war tot.

Beringar hob sein Schwert auf, grüßte den König mit Ehrerbietung und verließ hinkend und aus mehreren Wunden an Hand und Unterarm blutend den Kampfplatz. Schweigend ließen ihn die Flamen durch.

Aline Siward eilte auf ihn zu und ließ ihn durch eine innige Umarmung seine Erschöpfung vergessen. Das blonde Haar fiel ihr über die Schultern, und ihr Gesicht war ebenso müde, erleichtert und verzückt wie das seine. »Hugh... Hugh...«, flüsterte sie und berührte zärtlich die blutenden Wunden auf seiner Wange und seiner Hand.

»Warum hast du mir nichts gesagt? Warum nur, warum? Oh, ich bin so viele Tode gestorben! Aber heute ist uns beiden das Leben geschenkt worden... Küß mich!«

Er küßte sie. Entgegen seiner Befürchtung verschwand sie nicht wie ein flüchtiges Traumbild. Ohne jeden Zweifel: Sie gehörte ihm.

»Ich darf mich noch nicht ausruhen«, sagte er und richtete sich auf. »Der König wartet. Wenn du dich wirklich für mich entschieden hast, dann leih mir deinen Arm und stütze mich, damit ich nicht vor ihm zusammenbreche.«

»Hast du dich denn für mich entschieden?« fragte Aline.

»Gewiß! Und um diese Entscheidung zu widerrufen, ist es jetzt zu spät, mein Herz!«

Sie war an seiner Seite, als Hugh Beringar vor den König trat. Aus einem geheimen Bereich seiner Seele, dem weder Müdigkeit noch Verletzungen etwas anhaben konnten, strömte ihm neue Kraft zu. »Euer Gnaden«, sagte er, »ich habe meine Beschuldigungen gegen einen Mörder bewiesen und bitte hiermit um die Bestätigung des Urteils.«

»Euer Gegner hat sich selbst gerichtet«, antwortete Stephen und sah die beiden nachdenklich an. Das Bild, das dieses junge Glück bot, irritierte ihn. »Es könnte aber sein, daß Ihr noch einen weiteren Nutzen aus diesem Sieg zieht. Ihr habt mich eines guten Offiziers beraubt, junger Mann, der immerhin, ganz abgesehen davon, was er sonst noch gewesen sein mag, ein fähiger Statthalter und Vertreter der Krone in dieser Grafschaft war. Als Vergeltung könnte ich erwägen, die Position, deren Inhaber Ihr getötet habt, mit Euch zu besetzen. Das Hausrecht auf Euren eigenen Besitzungen wäre hiervon nicht berührt. Was ist Eure Antwort?«

»Mit Eurer Erlaubnis, Euer Gnaden«, antwortete Beringar ohne eine Miene zu verziehen, »möchte ich mich erst mit meiner Braut beraten.«

»Was immer mein Herr will, will auch ich«, sagte Aline feierlich.

›So so‹, dachte Bruder Cadfael. ›Das war das öffentlichste Ehegelöbnis, das ich je gehört habe. Sie werden ganz Shrewsbury zu der Hochzeit einladen müssen.‹

Vor der Komplet ging Bruder Cadfael hinüber zum Gästehaus. Er hatte nicht nur ein Töpfchen Labkraut-Salbe für Hugh Beringars zahlreiche kleinere Wunden dabei, sondern auch Giles Siwards Dolch. Er war repariert worden; die silberne Adlerklaue, die den Topas hielt, befand sich wieder an ihrem Platz.

»Bruder Oswald ist ein guter Silberschmied; dies ist sein und mein Geschenk an Eure Dame. Übergebt es ihr selber, aber bittet sie, dem Jungen, der den Dolch aus dem Fluß geholt hat, eine gute Entschädigung zu geben – ich weiß, das wird sie gerne tun. Diesen Teil der Geschichte werdet Ihr ihr wohl erzählen müssen. Über den Rest, soweit es ihren Bruder betrifft, bewahrt jedoch Schweigen, jetzt und immer. Für sie war er nur einer von vielen, die die glücklose Seite wählten und dafür sterben mußten.«

Beringar nahm den Dolch in die Hand und betrachtete ihn lange und feierlich. »Und doch ist dies nicht Gerechtigkeit«, sagte er langsam. »Ihr und ich, wir haben die Sünden eines Mannes ans Licht gebracht und die eines anderen zugedeckt.«

Trotz seines Sieges war er sehr ernst und ein wenig traurig, und dies nicht nur, weil ihn seine Wunden und seine geschundenen Muskeln bei jeder Bewegung schmerzten. Sein Triumph hatte ihm auch das Angesicht eines Schicksals vor Augen geführt, dem er nur knapp entronnen war. »Gibt es Gerechtigkeit nur für die Reinen? Hätte Giles ihn nicht aufgesucht und in Versuchung geführt, dann hätte er vielleicht nie so gemeine Verbrechen begangen.«

»Wir wollen an das denken, was ist«, sagte Cadfael. »Überlaßt das, was hätte sein können, getrost dem, der es erkennen kann. Ihr seid rechtmäßiger und ehrenhafter Sieger, also freut Euch dessen, das steht Euch zu. Ihr seid Statthalter dieser Grafschaft, genießt die Gunst des Königs und werdet die beste Frau heiraten, die man Euch nur wünschen kann. Das hattet Ihr Euch ja auch schon in den Kopf gesetzt, als Ihr sie zum ersten Male saht. Glaubt nicht, daß ich das nicht gemerkt hätte!«

Beringars Gesicht hellte sich auf. »Ich würde nur zu gerne wissen«, sagte er, »wo die anderen beiden jetzt sind.«

»Sie sind irgendwo an der Küste von Wales und warten auf ein Schiff, das sie nach Frankreich bringt. Ich bin sicher, daß es ihnen gut geht.« Cadfael fühlte sich weder Stephen noch Maud verpflichtet, wohl aber diesen jungen Menschen, obwohl zwei von ihnen auf Stephens und die anderen beiden auf Mauds Seite standen. Denn ihnen gehörte eine Zukunft ohne Bürgerkrieg, in einem Land, das von der gegenwärtigen Gesetzlosigkeit befreit sein würde.

»Jeder findet schließlich Gerechtigkeit«, sagte Bruder Cadfael nachdenklich. Zur Komplet würde er ein Gebet für die Seele Nicholas Faintrees sprechen, eines jungen, unschuldigen Mannes, der jetzt gewiß seinen Frieden gefunden hatte. Aber er würde auch ein Gebet sprechen für Adam Courcelle, der schuldbeladen gestorben war; denn jeder unzeitige Tod, jeder Mann der auf der Höhe seiner Kraft und ohne Gelegenheit zur Umkehr und Reue niedergestreckt wird, ist einer zuviel. »Nein, Euer Gewissen braucht Euch nicht zu plagen. Ihr habt die Aufgabe erfüllt, vor die Ihr Euch gestellt saht, und das war gut. Gott allein entscheidet alles – das Schicksal aller Menschen, vom Edelsten bis zum Gemeinsten, liegt in seiner Hand. Und nicht nur seine Gerechtigkeit und seine Strafe erreichen uns, sondern letztendlich auch seine Barmherzigkeit.«